中央高校基本科研业务费专项资金资助
中央司法警官学院学术创新团队资助项目

RENGONG ZHINENG
YUANLI YU JINGWU YINGYONG

人工智能原理与警务应用

叶建森　高冠东
沈伯玮　苏令德　吴　昊　／著

法律出版社
LAW PRESS · CHINA
北京

图书在版编目(CIP)数据

人工智能原理与警务应用／叶建森等著. -- 北京：法律出版社，2024
ISBN 978-7-5197-9120-9

Ⅰ. ①人… Ⅱ. ①叶… Ⅲ. ①人工智能-应用-公安工作-研究-中国 Ⅳ. ①D631-39

中国国家版本馆 CIP 数据核字(2024)第 091024 号

人工智能原理与警务应用
RENGONG ZHINENG YUANLI YU JINGWU YINGYONG

叶建森　高冠东　沈伯玮　苏令德　吴　昊　著

责任编辑　冯高琼
装帧设计　鲍龙卉

出版发行 法律出版社
编辑统筹 法规出版分社
责任校对 张红蕊
责任印制 耿润瑜
经　　销 新华书店

开本 710 毫米×1000 毫米　1/16
印张 20.5　**字数** 335 千
版本 2024 年 5 月第 1 版
印次 2024 年 5 月第 1 次印刷
印刷 天津嘉恒印务有限公司

地址：北京市丰台区莲花池西里 7 号(100073)
网址：www.lawpress.com.cn
投稿邮箱：info@lawpress.com.cn
举报盗版邮箱：jbwq@lawpress.com.cn

销售电话：010-83938349
客服电话：010-83938350
咨询电话：010-63939796

书号：ISBN 978-7-5197-9120-9　**定价**：78.00 元

引　言

随着人工智能技术的不断发展，智慧警务成为警察工作的新趋势。智慧警务建设的核心是人工智能技术在警务工作中的应用，以实现深入挖掘规律、提供智能决策、提高警务能力、提升工作效率等。人工智能技术是一门研究如何使计算机能够像人一样思考和行动的学科，它涵盖了诸多领域，包括机器学习、自然语言处理、计算机视觉等领域。智能技术的发展也为司法行政工作提供了新的解决方案。本书主要介绍人工智能技术的基本概念、原理和应用，并探讨其在司法行政警务工作这一特殊环境中的应用。

人工智能技术在警务领域具有广泛的应用价值，人工智能技术可以对执法中的各类数据进行深度分析，挖掘潜在的犯罪模式并预测犯罪行为，从而提高警务工作者的工作效率。人工智能技术中的智能监控技术可以实现对公共区域的全方位、无死角的监控，智能识别异常情况并预警报警，提示干警及时干预处置。另外，通过人工智能技术分析罪犯的犯罪原因、心理状况等因素可以制定有针对性的改造方案，实现对犯人的个性化教育改造，提高改造效果。因此，"数字法治、智慧司法"已成为推进司法行政信息化工作的建设目标和重点任务，随着人工智能技术的逐步推广和应用，将会为警务工作带来巨大的发展变化。

本书的主要使用对象是警察院校公安技术类相关专业的专科学生、本科学生、研究生，以及在职的警务工作者等。本书探讨了人工智能技术在警务工作中的应用，并对相关的智能技术原理和应用实例进行详细分析，为警校学生提供一本更加贴合应用的图书，警校学生可以通过本书了解人工智能技术的基本概念和原理，以及人工智能技术在警务工作中的具体应用，为警务工作的智能化建设提供理论和实践支撑。

本书共分为十章,涵盖了警务智能概述、警务知识表示、警务确定性推理方法、警务搜索求解策略、警务不确定性推理方法、智能计算及其应用、数据挖掘与机器学习、深度学习、人工智能在监狱中的应用、人工智能未来发展和趋势。本书的编排方式采用了概念讲解、代码示例和示例练习相结合的模式。通过这种方式,读者可以深入理解人工智能及数据挖掘的基础概念,并掌握相关知识和技能。

本书可以为阅读者提供有关人工智能技术在警务应用中的知识,更好地理解和应用这一领域的先进技术。同时,我们也期待您的反馈和建议,以便我们不断改进和完善本书的内容。

目 录

第 1 章

警务智能概述

1.1　智能的基本概念

1.1.1　智能的定义

智能是以计算机科学为基础，由计算机、信息科学、心理学、哲学等多学科交叉融合的，研究、开发用于模拟、延伸和扩展人的智能的理论、方法、技术及应用系统的一门新的技术科学。这个定义试图了解智能的实质，并生产出一种新的能以与人类智能相似的方式做出反应的智能机器，该领域的研究包括机器人、语言识别、图像识别、自然语言处理和专家系统等。

人类通过智能可以获得运用知识解决实际问题的能力，包括在经验中学习或理解的能力、获得保持知识的能力、迅速而又成功地对新情境做出反应的能力，以及运用推理有效地解决问题的能力。智能涉及感知、记忆、注意和思维等一系列认知过程。智能以能应用知识解决问题为主要特点，而在这一过程中，推理、学习与联想又是智能中非常重要的因素。一般来说，智能可按如下界定，智能就是知识集和智力相统一的组合。智力是一个人的多种认知能力综合体，它尤其强调对新问题的解决能力，主要表现在抽象思维、学习和适应环境等方面。

1.1.2　智能的分类

根据霍华德·加德纳提出的多元智能理论，常见的人工智能（Artificial Intelligence，AI）主要有语言智能（Linguistic Intelligence）、数学逻辑智能（Logical – Mathematical Intelligence）、空间智能（Spatial Intelligence）、身体运动智能（Bodily –

kinesthetic Intelligence)、音乐智能(Musical Intelligence)、人际智能(Interpersonal Intelligence)、自我认知智能(Intrapersonal Intelligence)以及自然认知智能(Naturalist Intelligence),每个智能的研究都有不同的侧重点。

1. 语言智能

语言智能技术是运用计算机信息技术模仿人类的智能,分析和处理人类语言的科学。它是基于人脑生理属性、言语认知路径、语义生成规律,利用大数据与人工智能技术对语言信息进行标注、抽取、加工、存储和特征分析,构拟人机语义同构关系,让机器实施类人言语行为,即让机器说话、写作、翻译、评测,实现人机语言交互的技术。

智能音箱,就采用了智能语言功能。其工作原理是在内置的语音交互系统中,通过语音算法本地处理单元和音频解码单元,收集用户的语音,将语音信号转为数字信号,处理过后上传到云端服务器。云端服务器对其进行编码识别和语义理解,再将信息传递给智能音箱。智能音箱随后将数字信号通过音效单元还原为语音信号并播放出来。可以有效地运用口头语言或书面语言来表达自己的思想,并且能够理解他人的表达。具备良好的语音、语义和语法掌握能力,能够灵活运用言语思维,表达和欣赏语言的深层内涵。这种智能适合政治活动家、主持人、律师、演说家、作家、记者、教师等人群。语音智能将会是智能技术发展的一个重要方向,或许将来语音智能技术将会代替甚至超过人类的语言表达。

语言智能是人工智能的重要组成部分及人机交互认知的重要基础和手段。在语言智能这个前沿领域,需要科技工作者不断进行科技创新,在基础理论、关键技术、产品研发及应用场景上持续发力。语言智能实现关键技术上的突破,相关认知智能的知识和推理就会得到快速发展,从而带动整个人工智能体系的发展。

2. 数学逻辑智能

数学逻辑智能是指有效地进行计算、测量、推理、归纳和分类,以及进行复杂的数学运算的能力。数学逻辑智能包括对逻辑方式和关系的敏感性,能够陈述和主张观点,以及对功能和其他相关的抽象概念有深入的理解。数学逻辑智能适合科学家、会计师、统计学家、工程师、计算机软件开发人员等人群。

数学逻辑智能在面对需要解决的问题或应对新的挑战时以及在识别图形,如数字图形结构、几何图形和单词图形的情景中，这种智能容易被唤醒和激发。培养策略包括运用多元智能理论提供的抽象符号/公式、计算、解码、建立联系、图形/认知组织者、逻辑/图形游戏、数字序列/图形、概述、解决问题、演绎推理等常用工具来组织课堂教学，完成导人问题的探究，培养学生的逻辑——数学智能。数学逻辑智能通过计算、测量、推理、归纳分类等，进行各种数学运算，充分发挥其数学逻辑智能，完成质能方程等一系列具有划时代意义的研究。

3. 空间智能

空间智能是人工智能领域的一个分支，主要研究在空间环境中的智能行为和决策。空间人工智能涉及多个领域，包括机器人技术、计算机视觉、自然语言处理、模式识别等。在空间环境中，由于环境的复杂性和不确定性，需要智能系统能够自主感知、理解和决策，以实现空间任务的有效执行。空间人工智能的研究内容包括空间感知、空间认知、空间决策等方面。空间感知是指通过传感器等设备获取空间环境中的信息，包括图像、声音、温度、湿度等。空间认知是指对获取的信息进行理解和分析，以建立对空间环境的认知模型。空间决策是指根据认知模型和任务要求，制定有效的决策方案，以实现空间任务的目标。

空间智能的研究成果可以应用于多个领域，如航天器自主导航、空间机器人控制、空间环境监测等。同时，随着人工智能技术的不断发展，空间智能的研究也在不断深入，为未来的空间探索和发展提供了新的可能性和机遇。

空间智能是指准确感知视觉空间及周围环境，并能以图画形式表现出所感知的物体和空间的能力。这种智能表现为对色彩、线条、形状、空间关系的敏感和理解。适合室内设计师、建筑设计师、摄影师、飞行师、绘画家等人群。如何准确地感知视觉空间和周围环境是空间智能能否发挥其功效的关键，在各种环境下将对不同的色彩、线条、形状、空间关系作出合理的判断理解，最终完成目标。

4. 身体运动智能

身体运动智能是一个相对较新的领域，它结合了人工智能和机器人技术的最新发展，以创建能够模仿、理解和执行人类身体运动的智能系统。这些系统可以应用于各种领域，如医疗、运动训练、娱乐和虚拟现实等。身体运动智能的核心在于对人体运动的捕捉、分析和模拟。通过使用先进的传感器和算法，智能系统可以捕捉人体运动的细微差别，并对其进行深入分析和理解。这使智能系统能够模仿人类在各种运动场景中的表现,并根据需求提供个性化的运动建议和指导。在医疗领域,身体运动智能可以帮助医生更准确地评估患者的运动能力和康复进展。例如,通过捕捉和分析患者的步态、姿势和动作,智能系统可以提供关于患者行走能力、平衡感和协调性的客观数据,从而为医生制定个性化的治疗方案提供有力支持。在运动训练领域,身体运动智能可以为运动员提供精准的运动分析和反馈。通过分析运动员的动作和表现,智能系统可以识别出他们的技术缺陷和潜在的改进空间,并提供有针对性的训练建议。这有助于运动员更快地提高技术水平,并减少受伤的风险。此外,身体运动智能还可以在娱乐和虚拟现实领域发挥重要作用。例如,在游戏开发中,智能系统可以模拟人类在各种场景中的运动表现,从而为玩家提供更加真实和沉浸式的游戏体验。在虚拟现实应用中,身体运动智能可以帮助用户以更加自然的方式与虚拟世界进行交互,提升用户体验的真实感和舒适度。总之,身体运动智能是一个充满潜力和机遇的新兴领域。随着技术的不断进步和应用场景的不断拓展,我们有理由相信,身体运动智能将在未来为我们的生活带来更多便利和乐趣。

5. 音乐智能

音乐智能是指利用人工智能技术来处理、分析、创作和推荐音乐的一种技术。它可以通过学习和分析已有的音乐作品,生成新的音乐作品,或者对音乐进行编辑、分类和推荐等。在音乐生成方面,音乐智能可以学习和分析已有的音乐作品,从而生成新的音乐作品。这种技术可以用于电影配乐、广告音乐、游戏音乐等领域。在音乐推荐方面,音乐智能可以分析用户的听歌历史、兴趣爱好、社交网络等信息,为用户推荐个性化的音乐内容。这种应用可以用于音乐平台、流媒体平台、广播电台等。

此外,音乐智能还可以对音乐进行降噪、混响、升降调等处理,从而改善音乐的质量和效果。这种技术可以用于音乐和唱片制作、电影音效等领域。同时,它还可以根据音乐的风格、情感、类型等属性对音乐进行分类和标记,从而方便音乐管理和检索。音乐智能是一个非常广泛和有潜力的领域,它可以帮助人们更好地创作、处理和欣赏音乐,同时也为音乐产业带来了新的机遇和挑战。人工智能在音乐创作中的应用,主要利用人工智能技术生成、创作音乐。人工智能音乐生成的技术原理是通过对大量音乐资料进行分析、学习和模拟,并应用深度学习、神经网络等算法得出新的音乐作品。

6. 人际智能

人际智能是指理解和应对人与人之间关系的能力，包括有效沟通、建立和维护关系、解决冲突以及理解非语言信号等方面的能力。人际智能主要涉及社会交往、人际关系、团队合作、领导力等方面。具备较高人际智能的人通常能够很好地理解和应对人与人之间的情感和需求，善于倾听和表达，能够建立和维护良好的人际关系，解决冲突和处理复杂的人际关系问题。在日常生活和工作中，人际智能的重要性不言而喻。无论是在家庭、学校、工作中，还是在社会中，我们都需要与不同的人进行交往和沟通。因此，具备较强的人际智能的人往往更受欢迎，也更能够获得成功。人际智能在我们的日常生活中扮演着非常重要的角色。无论是在家庭、学校、工作中，还是在其他社交场合中，我们都需要处理人际关系和与他人交往，这就需要我们运用人际智能。在社交场合中，人际智能能够帮助我们更好地融入群体，与他人建立良好的关系。我们需要理解社交场合的规则和文化，与不同背景的人交往，建立广泛的人脉关系。同时，我们也需要处理与他人之间的矛盾和问题，提高自己的社交技巧和应变能力。

7. 自我认知智能

自我认知智能是指对自己的深入了解，包括自己的需求、情感、价值观、信念、能力等方面的认知。具备自我认知智能的人能够清晰地认识自己的内心世界，了解自己的优点和不足，从而更好地应对生活中的挑战和机遇。自我认知智能对于个人的成长和发展非常重要。通过深入了解自己的需求和情感，我们可以更好地管理自己的情绪和行为，提高自己的自我控制力和自我激励能力。同时，了解自己的价值观和信念，可以帮助我们明确自己的人生目标和追求，从而更好地实现自己的梦想和愿望。提高自我认知智能的方法有很多种。首先，我们需要学会反思和内省，认真思考自己的内心世界和行为表现，从中发现自己的优点和不足。其次，我们需要积极寻求他人的反馈和建议，通过与他人的交流和互动，了解别人对自己的看法和评价，从而更全面地认识自己。最后，我们也可以通过心理测试、冥想、写日记等方式来提高自我认知智能。

自我认知智能是指个体深入了解自己内在的思想、情感和需求的能力。具备自我认知智能的人能够清晰地认识自己的内心世界，了解自己的优点、缺点、价值观和目标,从而更好地应对生活中的挑战和机遇。自我认知智能的核心要素包括自我意识、自我调节和自我激励。自我意识是指个体对自己的存在、情感和思维过程的认识;自我调节是指个体对自己的行为、情绪和思维的控制和管理;自我激励是指个体对自己的积极评价和追求卓越的动力。

8. 自然认知智能

自然认知智能是指善于观察自然界中的各种事物,并对物体进行辨别和分类的能力。具备自然认知智能的人通常有着强烈的好奇心和求知欲,能够敏锐地观察和分辨自然界中的各种事物,了解各种事物的细微差别。自然认知智能对于理解和保护自然环境非常重要。具备自然认知智能的人通常能够更好地理解生态系统的运作机制,从而制定出更加科学合理的环境保护措施。同时,他们也能够更好地发现和解决环境问题,为可持续发展做出贡献。自然认知智能是一种非常重要的能力,它可以帮助我们更好地了解和保护自然环境。通过提高自然认知智能,我们可以更好地理解生态系统的运作机制,发现和解决环境问题,为可持续发展做出贡献。

自然认知智能是指利用人工智能技术来模拟和实现人类对自然环境的认知和理解。这种技术可以用于智能机器人、智能家居、无人机等领域的环境感知和智能决策。自然认知智能的核心是模拟人类对自然环境的感知和理解,包括视觉、听觉、触觉等方面的感知。通过利用人工智能技术,如深度学习、机器学习等,自然认知智能可以对自然环境进行实时感知和识别,进而实现智能化的决策和控制。自然认知智能是一种非常有前景的技术领域,它可以帮助我们更好地了解和适应自然环境,提高各种设备和系统的智能化水平,为人类的生活和工作带来更多的便利。

感知智能与自然环境有充分的接触,对各种各样的自然环境、人文社会环境进行评估判断,了解各事物之间的差异,充分运用了其自然认知智能。

1.1.3 人工智能

1. 人工智能的概念

人工智能是将人类智能转化为机器智能的研究领域,起源可以追溯到丘奇、图灵等学者对计算本质的思考,他们开始研究形式推理概念与即将发明的计算机之间的关系,并提出了关于计算和符号处理的理论。人工智能旨在通过机器来模拟、实现或复制人类的智能。

不同的人工智能科学家对人工智能有着不同的定义:Michael 和 Nils J. Nilsson 提出的定义是,“人工智能是研究智能行为的科学。人工智能有两个分支,一个为科学人工智能,一个为工程人工智能”。科学人工智能旨在发展概念和词汇,以帮助我们理解人类和其他动物的智能行为。工程人工智能则研究建立智能机器的概念、理论和实践。Elaine Rich 给出的定义是:“人工智能是研究怎样让电脑模拟人脑从事推理、规划、设计、思考、学习等思维活动,解决至今认为需要由专家才能处理的复杂问题。”A. Barr 和 Feigenbaum E. 认为,“人工智能是计算机科学的一个分支,它关心的是设计智能计算机系统,该系统具有我们通常与人的行为相联系的智能特征”,如语言理解、学习、推理和问题求解能力等。

2. 人工智能领域的主要流派

人工智能作为一门学科的重要里程碑是在 1956 年夏季,美国达特茅斯大学举办了为期两个月的研讨会,聚集了当时年轻的数学家 John McCarthy 以及他的伙伴们,包括明斯基、纽维尔、西蒙、香农、塞缪尔、莫尔等来自数学、心理学、神经学、信息论和计算机科学领域的学者。在这次研讨会上,McCarthy 提出了“人工智能”这一术语,而后 Allen Newell 和 H. A. Simon 提出了物理符号系统假设,为人工智能学科的建立奠定了基础。随后又形成了联结主义学派和行为主义学派。

(1)符号主义学派,也被称为逻辑主义、心理学派或计算机学派,是人工智能研究中的一种学派。符号主义学派认为人工智能是建立在数理逻辑基础之上的,将逻辑系统与智能行为紧密联系起来。随着 19 世纪数理逻辑的迅速发展,20 世纪 30 年代开始将其应用于对智能行为的描述。随着计算机的出现,人们成功地将逻辑演绎系统与计算机相结合,其中著名的成果之一是逻辑理论家(LT)这一启发式程序。根据物理符号系统的假设,符号主义学派认为人类的认知是基于符号的,并且人的认知过程可以看作是在符号层面进行的操作过程。人类本身就是一个物理符号系统,同样地,计算机也是一个物理符号系统,因此可以利用计算机的符号操作来模拟人类的智能行为,即用计算机来模拟人的认知过程。符号主义学派的核心观点在于人类的思维是可操作的。人工智能的核心问题是知识的表示、推理和应用。在这一假设下,符号主义学派建立了以知识为核心的人类智能和机器智能的理论体系。至今,符号主义学派仍然是人工智能研究的一支主流派别。

(2)联结主义学派,也被称为仿生学派或生理学派,是一种基于生物进化论的人工智能学派。其主要理论基础是神经网络及其连接机制与学习算法。联结主义学派认为人工智能源于仿生学,特别是对人脑模型的研究。与符号主义学派强调符号处理不同,联结主义学派认为人的思维基元是神经元。它提出了联结主义的大脑工作模式,用以否定基于符号操作的计算机工作模式。联结主义学派试图从微观层面解析人类的认知功能,以探索认知过程的微观结构。联结主义学派以人脑模型为基础,主张通过网络层次模拟人的认知过程。因此,联结主义本质上是以人脑的并行分布处理模式来表达认知过程。人工神经网络(Artificial Neural Network,ANN)的研究兴起,作为模拟人的智能和形象思维能力的重要途径,吸引了众多人工智能研究者的关注。近年来,随着新型的 ANN 模型和强大的学习算法的出现,联结主义学派取得了一些具有代表性的重要成果。例如,Hopfield 教授提出了用硬件模拟神经网络的方法;Rumthart 提出了多层网络中的反向传播(Backpropagation,BP)算法。

(3)行为主义学派,又被称为进化主义学派或控制论学派,以控制论和"感知—动作"型控制系统为基础。该学派认为智能行为是通过感知和行动实现的,人工智能可以逐步演化,通过与现实环境的交互来展现智能行为。该学派的代表人物之一是美国人工智能专家 Brooks。在 1991 年第 12 届国际人工智能联合会议上,Brooks 以其在麻省理工学院多年从事人造动物机器研究和实践,以及提出的"假设计算机体系结构"研究为基础,发表了题为《没有推理的智能》的论文,对传统的人工智能提出了批评和挑战。

1.2 人工智能发展简史

1.2.1 孕育阶段

在 20 世纪五六十年代,人工智能的概念正式被提出。1950 年,一位名叫马文·明斯基的大四学生与他的同学邓恩·埃德蒙共同建造了世界上第一台神经网络计算机,这被认为是人工智能发展的一个重要起点。同年,阿兰·麦席森·

图灵提出了一个备受瞩目的想法——图灵测试。根据图灵的设想,如果一台机器能够与人类进行对话而无法被辨别出其为机器,那么这台机器就被认为具备智能。此外,图灵还大胆预言了真正具备智能的机器的可行性。

亚里士多德(公元前384~322年):古希腊伟大的哲学家和思想家,创立了演绎法。他提出的三段论至今仍然是演绎推理的最基本出发点。

莱布尼茨(1646~1716年):德国数学家和哲学家,把形式逻辑符号化,奠定了数理逻辑的基础。

图灵(1912~1954年):英国数学家,1936年创立了自动机理论亦称图灵机,1950年在其著作《计算机器与智能》中首次提出"机器也能思维"。

莫克(1907~1980年):美国数学家、电子数字计算机的先驱,1946年研制成功了世界上第一台通用电子数字计算机ENIAC。

麦克洛奇和皮茨:美国神经生理学家,1943年建成第一个神经网络模型(MP模型)。

维纳(1874~1956年):美国著名数学家、控制论创始人。1948年提出了控制论对人工智能的影响,形成了行为主义学派。

1.2.2　形成阶段

1956年,在达特茅斯学院举办的一次会议上,计算机专家约翰·麦卡锡首次提出了"人工智能"这个词汇。这次会议被认为是人工智能正式诞生的标志。随后,麦卡锡从达特茅斯学院搬到了麻省理工学院(Massachusetts Institute of Technology,MIT)。同年,马文·明斯基也搬到了MIT,并与麦卡锡共同创建了世界上第一座人工智能实验室——MIT AI LAB实验室。这次会议正式确立了"人工智能"这一术语,并且从学术角度对人工智能展开了严肃而专业的研究。随后不久,一批最早的人工智能学者和技术开始涌现。达特茅斯会议被广泛认为是人工智能诞生的里程碑,从此人工智能走上了快速发展的道路。

AI诞生于一次历史性的聚会——达特茅斯会议:1956年夏季,年轻的美国学者麦卡锡、明斯基、朗彻斯特和香农共同发起,邀请莫尔、塞缪尔、纽厄尔和西蒙等参加在美国达特茅斯学院举办的一次长达两个多月的研讨会,热烈地讨论用机器模拟人类智能的问题。会上,首次使用了"人工智能"这一术语。这是人类历史上第一次人工智能研讨会，标志着人工智能学科的诞生。

1956～1970 年为人工智能的形成期，这一时期人工智能迅速发展。

1956 年，塞缪尔在 IBM 计算机上研制成功了具有自学习、自组织和自适应能力的西洋跳棋程序。1957 年，纽厄尔和西蒙等研制了一个称为逻辑理论机（LT）的数学定理证明程序。1958 年，麦卡锡建立了行动规划咨询系统。1960 年，纽厄尔等研制了通用问题求解（GPS）程序，麦卡锡研制了人工语言 LISP。1961 年，明斯基发表了《走向人工智能的步骤》的论文，推动了人工智能的发展。

1.2.3 发展阶段

1. 人工智能的第一次高峰

在 1956 年的达特茅斯会议之后，人工智能迎来了它的首个黄金时期。在接下来的十余年里，计算机被广泛应用于数学和自然语言领域，用来解决代数、几何和英语问题。这让许多研究学者对机器向人工智能发展充满信心。当时甚至有许多学者相信："在二十年内，机器将能够完成人类能够做到的一切。"

2. 人工智能的第一次低谷

20 世纪 70 年代，人工智能进入了一段困难而艰苦的时期。由于科研人员对人工智能项目难度的预估不足，导致与美国国防高级研究计划署的合作计划失败，这给人工智能的前景蒙上了阴影。与此同时，社会舆论的压力也逐渐对人工智能产生了负面影响，导致许多研究经费被转移到其他项目上。在这个时期，人工智能面临着三个主要的技术"瓶颈"。第一，计算机性能的不足导致早期的许多程序无法在人工智能领域得到应用。第二，问题的复杂性也是一个挑战，早期的人工智能程序主要解决特定的问题，因为这些问题的对象较少且复杂性较低。但是，一旦问题的维度增加，程序很快就无法承受重负。第三，数据量的严重缺失也是一个问题，当时很难找到足够大的数据库来支持程序进行深度学习，这导致机器无法获取足够的数据进行智能化。

3. 人工智能的崛起

在 1980 年，卡内基梅隆大学为数字设备公司设计了一套名为 XCON 的"专家系统"。这种系统采用了人工智能程序，可以简单地理解为"知识库＋推理机"的组合。XCON 是一套具备完整专业知识和经验的计算机智能系统。该系统在

1986 年之前每年为公司节省了超过 4000 美元的经费。这种商业模式催生了一批硬件和软件公司，如 Symbolics、Lisp Machines、IntelliCorp 和 Aion 等。在这个时期，仅专家系统产业的价值就达到了 5 亿美元。

4. 人工智能的第二次低谷

人工智能在维持了 7 年之后，这个曾经轰动一时的人工智能系统宣告结束历史进程。到了 1987 年，苹果和 IBM 公司生产的台式机性能已经超过了 Symbolics 等厂商生产的通用计算机，从此，专家系统的光芒不再。

5. 人工智能的再次崛起

20 世纪 90 年代中期，随着人工智能技术，尤其是神经网络技术的逐步发展，以及人们对人工智能的客观理性认知，人工智能技术进入了平稳发展时期。1997 年 5 月 11 日，IBM 的计算机系统"深蓝"战胜了国际象棋世界冠军卡斯帕罗夫，再次引发了公众对人工智能的讨论。这是人工智能发展的一个重要里程碑。

2006 年，Hinton 在神经网络的深度学习领域取得了突破性进展，再次让人们看到机器超越人类的希望。谷歌、微软、百度等互联网巨头以及众多初创科技公司纷纷加入人工智能产品的竞争，掀起了一轮智能化的热潮。随着技术的日益成熟和大众的广泛接受，这一次的热潮或许将架起现代文明与未来文明的桥梁。

1.3 人工智能的主要研究领域

1.3.1 多学科交叉研究

从理论基础上来看，人工智能是多个学科相互渗透的结果，其中包括信息论、控制论、系统工程论、计算机科学、心理学、神经学、认知科学、数学和哲学等。信息论为人工智能提供了重要的理论基础。信息论研究信息的表示、传输和处理，它的概念和方法对于理解和处理人工智能中的数据和信息具有重要意义。控制论和系统工程论为人工智能提供了建模和控制的方法。控制论关注如何通过反馈机制来实现系统的稳定和优化，而系统工程论则关注如何设计和管理复杂的人工智能系统。计算机科学是人工智能的核心学科，它提供了人工智能算法和技术的基础。计算机科学的发展为人工智能的实现提供了强大的计算能力和算法支持。心理学、神经学和认知科学研究人类的思维和认知过程，这对于理解和模拟人类智能至关重要。人工智能借鉴了这些学科的研究成果,尝试构建能够模拟人类思维和认知的智能系统。数学在人工智能中扮演着重要的角色,特别是概率论、统计学和优化理论。这些数学方法被广泛应用于机器学习、模式识别和决策推理等人工智能的关键技术领域。哲学则提供了人工智能的一些基本思考框架,如人工智能的伦理问题、意识与智能的关系等。哲学的思考有助于我们深入思考人工智能的本质和局限性。人工智能的理论基础涉及多个学科的相互渗透,这种跨学科的合作为人工智能的发展提供了坚实的基础,如图 1 – 1 所示。

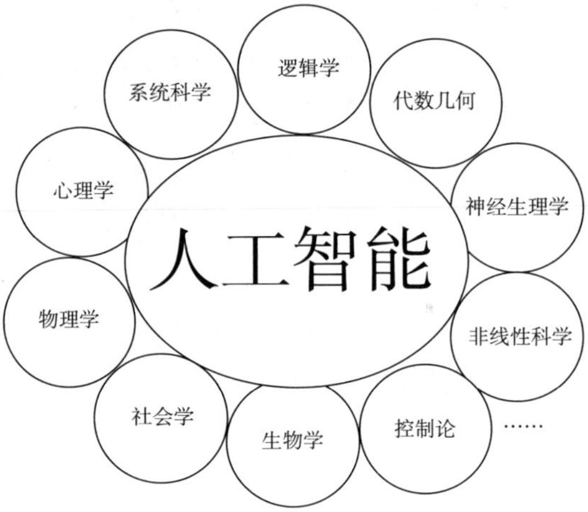

图 1 – 1　人工智能与多学科相互渗透

1.3.2　智能应用和智能产业

人工智能的应用领域之一是问题求解系统。最早的尝试是解决智力难题和开发下棋程序,也称为博弈。至今仍然在进行这方面的研究。另一种问题求解系统是将各种数学公式和符号组合在一起,搜索解答空间,寻找最优解。一些程序还能够通过经验改善其性能。

自然语言理解和处理系统一直是人工智能研究的热门课题之一。早期的工作是开发语言翻译系统,人们通过键盘输入自然语言进行交互。随着技术的发展,现在已经有文字识别和语音识别系统,能够识别和理解书面语言和口头语言。语言处理在电子商务等领域有广泛的应用。目前,基于语义理解的自然语言处理和机器翻译已经取得显著进展。智能翻译系统能够实现对话，将口语翻译成文字，并用另一种语言表示出来。更高级的系统还能够回答文本信息中的问题和提取摘要。

自动定理证明系统是将人类证明定理的过程自动化的一种方法。自动定理证明是指利用计算机实现符号推理的过程。早期的尝试包括纽厄尔的逻辑理论家程序，它模拟人类使用数理逻辑证明定理的思维方式，并在 1963 年证明了《数学原理》第一章的全部定理。吴文俊先生的几何定理证明也获得了国家最高科技奖。

智能控制、智能系统和智能接口是人工智能的重要应用领域。智能控制是指能够独立驱动智能机器实现目标的自动控制系统，它结合了人工智能理论和技术与经典控制理论、现代控制理论等。智能系统通常是指配备有智能化软件和硬件的计算机控制系统或计算机信息系统，具有问题求解和高层决策功能。智能接口是指在计算机系统中引入具有智能化的人机接口或用户界面。理想的智能接口是采用自然语言理解和多媒体技术，与知识库和数据库相结合，实现自然交互的用户界面。

总之，人工智能在问题求解、自然语言理解和处理、自动定理证明、智能控制以及智能系统和智能接口等方面取得了显著进展，并在各个领域得到了广泛应用。上述领域里的典型系统包括但不限于以下几种。

1. 监管系统

随着大型办公楼和商业大厦变得日益复杂，智能监管系统成为一种重要工具，能够控制能源、电梯、空调等基础设施，并具备安全监测、计费、顾客导购等各项功能。

2. 银行监控系统

美国一家重要的银行公司 American Express，每年由于恶意透支和欺诈损失了 1 亿美元。其中一个关键问题是如何在短时间内确定是否允许客户使用信用卡。通常情况下，需要一个系统在 90 秒内做出判断。然而，人员无法在 50 秒内根据 16 个屏幕的信息做出决策。因此，该银行研发了一个名为“Authorize Assistant”的系统，将 16 个屏幕的信息缩减至 2 个屏幕。第一个屏幕给出建议决策，第二个屏幕则提供支持决策的相关信息。这个系统的应用使该银行每年能够减少几千万美元的损失。

3. 专家系统

专家系统是一种智能计算机程序系统，其内部含有大量的某个领域专家水平的知识与经验。它能够应用人工智能技术和计算机技术，根据系统中的知识与经验，进行推理和判断，模拟人类专家的决策过程，以便解决那些需要人类专家处理的复杂问题。专家系统是一种模拟人类专家解决领域问题的计算机程序系统，专家系统被认为是人类智慧和专业知识的最高水平，是一个计算机应用程序，可以解决特定域中最复杂的问题。它可以解决通常需要人类专家处理的许多问题，基于从专家那里获得的知识表达和推理某些知识领域。专家系统通常由人机交互界面、知识库、推理机、解释器、综合数据库、知识获取等 6 个部分构成。其中尤以知识库与推理机相互分离而别具特色。

4. 智能调度和规划系统

智能调度和规划系统广泛应用于汽车运输调度、列车编组与指挥、空中交通管制以及军事指挥等系统。例如，空中交通管制系统在大型机场每天控制和管理数千架飞机的起降，帮助安排飞机的起降顺序。军事指挥系统在 20 世纪 90 年代初的“沙漠风暴行动”中发挥了重要作用。当时，美国需要迅速运送 50 万人的军队和 1500 万磅的装备到沙特阿拉伯等国家，以应对伊拉克与科威特之间紧张的局势。为了解决物资运输“瓶颈”问题，美国开发了一个规划系统，并提出了必须开辟第二个运输港口的建议。

5. 模式识别(Pattern Recognition)系统

模式识别是人工智能领域最早且最重要的研究领域之一。在广义上，模式识别指任何可以被观察到的事物形式，如图形、景物、语言、波形、文字等。模式识别的研究目标是通过电子计算机和外部设备对复杂事物进行鉴别和分类，这些事物可以是物理的、化学的或生理的对象，这些对象可以是具体对象，如文字、声音、图像，也可以是抽象对象，如状态、程度等。模式识别技术已经广泛应用于各个领域。

(1)图形识别：用于心电图、脑电图、X 射线、CAT 医学图像处理技术，以及地球资源勘测、气象预报、自然灾害和军事侦察等领域。

(2)语音识别：研究各种语言、语音的识别和翻译，以及计算机人机界面等领域。

(3)机器人视觉:用于景物识别、三维图像识别,解决机器人的视觉和听觉问题,以控制机器人的行动。

(4)图像识别:在图像处理和图像识别技术中,利用指纹识别、面部识别和各种痕迹识别帮助破案。

(5)染色体识别:用于遗传因子研究,识别和研究人体和其他生物细胞的染色体。

6. 智能检索系统

当前,数据库检索技术取得了巨大的发展,其中一些技术已经具备了智能化的人机交互界面和推理回答系统。此外,还出现了一种被称为自动个人助手(Automated Personal Assistants)的系统,它主动帮助人们在计算机网络上查找信息。这些助手可以搜索广告、过滤电子邮件,使用户只需阅读最重要和感兴趣的广告和邮件。同时,它们还能帮助用户查找信息、寻找服务部门以及通过网络寻找人员。这类人工智能系统,也被称为软件机器人(softbot),扮演着自动个人助手的角色。

7. 数据挖掘和知识发现系统

巨大的数据库和其中蕴含的海量数据是一个极为丰富的信息源。然而,仅仅依靠传统的数据检索机制和统计分析方法已经远远无法满足需求。因此,一门新兴的自动信息提取技术——数据挖掘和知识发现迅速崛起并得到了快速发展。它的出现为将海量数据自动且智能地转化为有用的信息和知识提供了手段。数据挖掘和知识发现作为一个新兴的研究领域,涉及人工智能的多个分支,如机器学习、模式识别和海量信息搜索等。特别值得一提的是,它可以被视为数据库理论和机器学习的交叉学科。作为一种独立于应用的技术,数据挖掘和知识发现受到了越来越多的关注。

8. 智能机器人

智能机器人是人工智能研究中受到广泛关注的一个领域。该领域涉及的问题范围很广,从机器人手臂的最佳移动到实现机器人目标的动作序列的规划方法都在研究之中。机器人是一种可再编程的多功能操作装置。随着电子计算机的出现,尤其是 20 世纪 60 年代中期微处理机的出现,机器人进入了大规模的生产和使用阶段。目前全球有近 10 万个机器人在运行,其中大多数并不像人的形态,它们只是在人类的指挥下代替人类从事各种工作。

研究机器人的目的有两个方面。一方面是技术上的考虑,即如何提高工作质量和生产效率,降低成本,代替人类在高温、高压、深水、放射性和有毒有害物质等特殊环境中从事繁重或危险的工作。例如,在困难条件下,机器人可以从事汽车装配、空间探索、海底或高空作业、爆破、排雷、处理废物和放射性物质等工作,这些机器人广泛应用于核工业、医院、矿山、水下抢救、建筑、农业和太空探测等领域。另一方面是出于科学研究的需求。基于当前人工智能研究的进展,计算机已经部分地成为新一代机器人,它们能够在一定程度上感知周围世界,进行记忆、推理、判断,具备下棋、写字、绘画、进行简单对话和操作规定工具的能力,从而模仿人类的智力和行为。显然,对机器人的研究将为人工智能研究提供一个综合试验场,全面检验计算机视觉、模式识别、博弈、智能控制、规划技术以及这些技术的综合应用。

1.4 警务智能技术

1.4.1 警务智能的特征

警务智能是指将人工智能及相关技术应用于警务领域,以达到提高警务工作效率、精确预测和打击犯罪、优化资源调配等目的。警务智能技术是指利用人工智能、大数据、云计算等技术,实现警务工作的智能化和高效化。警务智能有以下几个特征。

1. 数据驱动

警务智能依赖大数据和相关数据分析技术,通过收集、整合和分析各种数据源(如犯罪数据、人口统计数据、社交媒体数据等),从中找出模式和关联性,并生成有用的洞察和决策支持。

2. 预测能力

警务智能利用机器学习和数据模型等技术,可以预测犯罪模式、犯罪热点区域、潜在的犯罪嫌疑人等。通过准确的预测,警方可以提前采取相应的预防措施,有针对性地部署资源,从而更有效地预防和打击犯罪。

3. 视频和图像分析

警务智能可以通过视频和图像分析技术,快速准确地检测和识别关键信息,如人脸识别、行人和车辆追踪、异常行为检测等。这些功能能够帮助警方实时监测和应对潜在的安全问题。

4. 自然语言处理

自然语言处理技术在警务智能中扮演着重要角色，能够帮助警方分析和理解大量的文本数据。通过语言智能技术，警务智能系统可以完成自动提取关键信息、发现线索、进行情感分析和文本分类等任务。

5. 实时决策支持

警务智能系统能够实时处理和分析大量的数据，并根据分析结果提供即时的决策支持。这有助于警方在处理紧急情况或制订应急响应计划时做出准确的决策。

6. 自动化任务处理

警务智能可以自动化部分警务工作，如案件比对、证据收集、报告生成等。这有助于提高工作效率，让警务人员更多地专注于关键任务和战略决策。

1.4.2　警务智能应用

1. 警务智能公安系统应用

人工智能在公安系统领域具有广泛的应用，以下是一些常见的应用。

(1) 视频监控和分析

人工智能可用于视频监控系统，通过图像识别和分析技术，自动识别、跟踪和分析监控画面中的人和物体，从而快速发现和应对潜在的安全威胁。利用大数据技术，对海量数据进行处理和分析，挖掘出有价值的信息，为警务工作提供数据支持和决策依据。

(2) 人脸识别和身份验证

人脸识别是公安领域最常见的应用之一。通过人脸识别技术，警方可以迅速准确地识别出监控图像、照片或视频中的人物身份，有助于追踪犯罪嫌疑人、找到失踪人员等。

(3) 智能巡逻和预测犯罪

基于历史犯罪数据和模式，人工智能可以预测犯罪发生的时间和地点，帮助公安机关优化巡逻路线和调配资源，从而增强战略和预防性的效果。

(4) 周界安全和入侵检测

通过利用传感器、监控摄像头和行为分析技术等，人工智能可以实现对安全周界的实时监测和入侵检测。当有可疑行为发生时,系统会发出警报通知警方,促使警方做出及时的应对。

(5)智能指挥调度和资源管理

人工智能可用于自动化的指挥调度和资源管理,根据实时数据和情报分析,提供决策支持。这有助于提高指挥中心的响应速度和决策的准确性。

(6)物品追踪和自动化辅助调查

通过物联网和人工智能技术,公安机关可以实现对物品的实时追踪和监控,从而更好地打击盗窃和贩毒等犯罪活动。此外,人工智能还可以帮助自动化一些调查工作,如数据挖掘和文本分析,以支持案件侦破和情报分析。

2. 智能警务监狱领域应用

人工智能在监狱领域同样有许多应用,可以提供更高效、更安全和更智能的监狱管理。以下是一些常见的人工智能在监狱领域的应用。

(1)安全监控和预警系统:通过监控摄像头和传感器等设备,结合人工智能技术如图像分析和行为识别,可以实现监狱环境的实时监测和异常行为的自动检测。一旦发现违规或危险行为,系统会自动触发警报并通知相关工作人员,以保障管理人员做出及时应对。

(2)自动化访客管理:利用人脸识别和身份验证技术,可以自动识别和核实访客的身份。这样可以提高访客管理的效率和准确性,减少风险。

(3)智能化监狱设备和设施管理:人工智能可以应用于监狱设备和设施的监测、维护和管理。通过传感器和自动化系统,可以实现设备故障预测和维修,提高设施的运行效率和安全性。

(4)数据分析和预测:人工智能可以分析大量的监狱数据,包括犯罪数据、囚犯行为数据和人员管理数据等,从中挖掘模式和关联性,提供有价值的信息和洞察结论。通过数据分析和预测,监狱管理人员可以更好地判断罪犯行为背后的意图,预测潜在的安全问题,并采取相应的措施。

(5)个性化教育和康复计划:通过人工智能技术,可以根据罪犯的个性化需求和特征,为其提供定制化的教育和康复计划。这样可以提高罪犯重新融入社会的准备程度,降低再犯罪率。

1.5 人工智能的发展趋势

1. 强人工智能(Strong AI)

强人工智能是指具有通用智能的人工智能系统,它能够胜任人类的工作,并且可以在各种任务中表现出超越人类的智能水平。强人工智能系统不仅具备基本的感知、记忆、理解、推理、学习和知识表达等能力,还具备情感、推理和自我意识等更为复杂的心理功能。强人工智能的实现需要克服许多技术难题和伦理问题,目前还处于研究和发展阶段。强人工智能的观点认为,未来有可能创造出真正能够进行推理和解决问题的智能机器。这样的机器将被认为具有知觉和自我意识。强人工智能可以分为两类:类人的人工智能与非类人的人工智能。

2. 弱人工智能(Top - down AI)

弱人工智能是指专注于特定领域、专门任务的人工智能系统,不具备通用性,其智能水平也低于人类智能。弱人工智能系统通常只能处理特定的问题,如语音识别、图像识别、自然语言处理等,并且在这些特定任务中表现出较高的性能。弱人工智能的实现相对较为容易,已经广泛应用于许多领域中,如金融、医疗、交通等。弱人工智能的观点认为,无法制造出真正能够进行推理和解决问题的智能机器。这些机器看起来像是智能的,但实际上并不真正具备智能,也没有自主意识。目前,主流科研集中在弱人工智能领域,并且已经取得了可观的成就。相比之下,强人工智能的研究进展相对较慢,仍处于停滞状态。

3. 多方面资源进一步整合

随着人工智能技术的覆盖范围不断扩大,各行业及场景中的机遇巨大。各个厂商根据自身的优势融入产业链中,并与其他厂商展开合作,整合技术、硬件、算法、数据、平台和应用等多方面资源,共同推动人工智能技术的实际应用,并进一步推动了平台的崛起。在这个过程中,生态化布局显得越发重要。人工智能技术的应用需要强大的计算能力,因此硬件整合也是未来的一个重要发展方向。通过硬件整合,可以将不同硬件资源进行统一管理和调度,提高硬件资源的利用效率,为人工智能技术的应用提供更好的硬件支持。人工智能技术的核心是算法,因此算法整合也是未来的一个重要发展方向。通过算法整合,可以将不同算法的优势结合起来,提高算法的准确性和可靠性,同时降低算法的复杂度,为人工智能技术的应用提供更好的算法支持。人工智能技术的发展依赖于大量的数据,因此数据整合成了一个重要的发展方向。通过数据整合,可以将不同来源的数据进行统一管理和利用,提高数据的质量和可用性,为人工智能技术的发展提供更好的数据支持。人工智能技术的发展需要一个统一的平台,因此平台整合也是未来的一个重要发展方向。通过平台整合,可以将不同的人工智能技术进行统一管理和调度,提高平台的可扩展性和可维护性,为人工智能技术的应用提供更好的平台支持。

4. 人工智能技术将继续向垂直行业下沉

通用型人工智能技术已无法满足各行业的需求,不同行业在应用上有不同的侧重点,数据资源也各有不同。人工智能技术将继续向垂直行业发展,这是由于垂直行业具有巨大的潜力和需求。在零售、交通运输和自动化、制造业及农业等各行业垂直领域,人工智能技术的应用数量不断增加,尤其是改善对终端消费者的服务。将人工智能技术引入垂直产业中,可以提升垂直行业的效率、优化用户体验、提高产品质量等。因此,市场从业者需要根据各行业的特点,设计出相应的解决方案,从具体场景出发,实现技术的具体应用。随着人工智能技术的不断成熟和完善,其将在更多垂直行业中得到广泛应用,为各行业的发展带来更多机遇和挑战。

5. “产学研”相结合,人才仍是抢夺的重点

“产学研”三者的结合将成为趋势,而人才的培养仍然是各个厂商争夺的重点。人工智能和物联网成为主流发展趋势,而人才在其中的价值也越来越大。在“产学研”的发展路径下,行业发展速度和人才培养的速度之间的矛盾将得到缓解。专业型人才将会增加,而那些拥有核心知识的专家仍然是厂商争夺的焦点。厂商将进入卡位战,不断探索新的商业模式。

6. 伦理之争不止,AI 是否能取代部分人工

针对人工智能引发的伦理问题,至今尚未达成共识。人工智能技术的确有可能最终取代部分人工,尤其是一些重复性、简单性的工作。随着科学技术的发展,人工智能在语音识别、图像识别、自然语言处理等方面的能力越来越强,可以自动化地完成许多以前需要人工完成的任务。这不仅可以提高生产效率,减少人力成

本,还可以减少人为错误,提高工作质量。业界普遍认为,人工智能的发展将经历三个关键阶段:第一阶段是当前人工智能浪潮,其产业红利有望在 3 ~ 5 年逐渐明朗化;第二阶段将出现在未来 10 年内,预计将有超过一半的现有工作岗位被人工智能替代;第三阶段预计在未来 30 年内到来,届时人工智能可能具备自我认知的能力。

1.6　本章小结

本章概述了智能的定义,并从概念到实例系统地介绍了包括语言智能、数学逻辑智能等八种智能的特征。基于此延伸出人工智能,界定了人工智能概念,并介绍了人工智能的流派。本章介绍了智能的发展简史,可以让读者对智能发展有初步的认识。人工智能的诸多研究领域,包括多学科的交叉研究以及智能应用和智能产业。本章重点:警务智能,即将人工智能和相关技术应用于警务领域,以提高警务工作效率、精确预测和打击犯罪、优化资源调配等方面的能力。本章内容还包括对警务智能特征的分析,警务智能取得的成就以及对警务智能未来应用的探索。本章最后探讨了人工智能的发展趋势,可使读者在对未来如何发展智能、合理利用人工智能方面,有进一步的思考。

习　题

1. 简述人工智能的定义。
2. 简述警务智能的特征。
3. 简述人工智能主要研究领域。
4. 简述人工智能的警务应用案例分析。
5. 简述人工智能的发展趋势。

第2章

警务知识表示

2.1 知识和知识表示

知识是人类认识世界的产物,也是一种信息,一种对世界的理解和认识。知识可以通过语言、文字、符号、图像等方式进行传播和表达,也可以通过学习和实践来获得和提升。知识可以分为不同的类型,通常分为事实知识、原理知识、技能知识等。事实知识是指关于事物的具体信息,如名称、日期、地点等;原理知识是指关于事物本质、规律、原理的认识,如科学、哲学、数学等;技能知识是指关于如何做某事的知识,如技术、技巧、方法等。

知识的表示是知识处理的基础,它涉及如何将知识以计算机能够理解和处理的方式进行编码和存储。不同的表示方法适用于不同的应用场景,需要根据具体需求选择合适的方法。

一种常见的知识表示方法是使用规则和逻辑,通过定义规则和逻辑关系来表达知识,这种方法通常用于专家系统、决策支持系统等领域,可以用于实现基于知识的推理和决策。深度学习技术也为知识的表示提供了新的可能性,通过训练神经网络,可以将知识转化为神经网络的权重和结构,从而实现知识的内隐表示,这种表示方法可以用于分类、识别、生成等各种任务。

2.1.1 知识的概念

1. 知识、认识和经验

知识:一般是指人类在客观世界改造和实践过程中总结出来的认识和经验。

认识:一般是指对客观事物的现象、本质、状态、属性、联系和运动等特性的认识。

经验:一般是指解决问题常用的方法,例如过程、步骤、规则、操作、技巧等。

2. 知识的有代表性的定义

(1)费根鲍姆对知识的定义:知识是经过剪裁、塑造、选择、解释、转换的信息。

(2)伯恩斯坦对知识的定义:知识是根据特定领域的描述、关系和过程。

(3)海斯对知识的定义:知识由事实、信念和启发三部分组成。

3. 数据、信息和知识

数据、信息和知识是对客观事物感知的3个阶段。

(1)数据是对客观事物按照某种规则感知而记录的原始数据记录。数据可以直接通过传感器,也可以通过人的认识实时采集并记录。一般大量的数据是借助测量仪器和数据处理系统,持续地、自动地从数据源采集和处理。

(2)信息是根据数据及其目的处理加工出来的。信息系统是一种用于加工、处理信息的系统。根据数据对象、加工目的和加工深度的不同,将信息产品进行一次信息处理、二次信息处理直至多次信息处理。

(3)知识是通过大脑对获取的信息进行系统的提炼、加工、处理和分析的结果,知识可以精确地反映客观事物的本质。

2.1.2　知识的特性

1. 知识的相对正确性:在一定的条件下,知识一般是正确的。

2. 知识的不确定性:是指认识事物的过程中没有确定性的性质。

3. 知识的可表示性:是对知识的一种形式描述,是通过对知识的约定,一种让计算机可以接受的用于描述不同知识的数据结构。

4. 知识的可利用性:是指学习新知识时,在原有的知识结构中是否有固定作用的知识观念可以利用。

2.1.3　知识的表示

1. 知识表示的概念

知识表示是对知识的描述,通过一组符号对知识进行编码,成为计算机可以识别的某种数据结构。通常情况下,知识的表示方法一般不唯一。

2. 知识表示的基本要求

(1)知识的表示能力:知识能否正确、完整地表示问题。包括表示的广泛性、表示的高效性、非确定性的知识可以表示支持程度。

(2)可利用性:可以通过这些知识做有效推理。包括推理的适应性、对算法的支持程度、较高的处理效率。

(3)可实现性:知识表示形式要方便计算机直接处理。

(4)可组织性:知识表示能按某种形式把知识组成某种合理的知识结构。

(5)可维护性:知识表示可以对知识进行改、删、增等相应操作。

(6)自然性:符合人们的日常习惯。

(7)可理解性:知识应易读、易懂、易获取等。

3. 知识表示的观点

(1)陈述性观点:知识的存储与知识的使用相分离。

优点:简洁、灵活、过程完整、确定性、维护方便。

缺点:推理的效率比较低、推理过程不公开透明。

(2)过程性观点:知识寓于使用知识的过程中。

优点:推理效率高、过程清晰。

缺点:灵活性差、知识维护不便。

4. 知识表示的方法

知识表示是将知识转化为计算机可以理解和处理的形式。不同的知识类型使用不同的表示方法,需要根据具体需求选择合适的方法,以下是几种常见的知识表示方法。

符号逻辑:符号逻辑使用符号和规则来表示知识,是基于命题逻辑、一阶逻辑或谓词逻辑等形式化的符号系统。通过定义符号和规则,可以表示知识的事实、关系以及推理过程。

语义网络:语义网络使用节点和链接来表示知识之间的关系。节点代表实体或概念,链接表示它们之间的关联。通过概念及其语义关系来表达知识的一种网络图,利用结点和“带标记的有向图”,描述事件、概念、状况、动作以及客体之间的关系。

产生式表示:又称规则表示法,表示一种条件和一种结果形式,是目前应用最多的一种知识表示方法。产生式表示是一种基于条件和动作的知识表示方法。它由条件部分和动作部分组成,当条件满足时,执行相应的动作。

语义表示:语义表示是一种将自然语言转化为机器可理解的形式的知识表示方法。语义表示是自然语言处理中的重要问题之一,它涉及如何将自然语言中的语义信息转化为计算机能够理解和处理的形式。深度学习技术也为语义表示提供了新的可能性。例如,使用循环神经网络(RNN)或长短期记忆网络(LSTM)等深度学习模型,可以捕捉句子或段落中的语义信息,并将其表示为一个向量或矩阵。

2.2　谓词逻辑表示法

2.2.1　命题

具有确定真值的陈述句,称为命题。命题是逻辑学中重要的基本概念,是描述了事物属性和关系的陈述句。通过对命题的逻辑分析,可以确定它们是真还是假,进而推理出更深入的认识。

命题一般是简单的陈述句,不能继续分解为更简单的句子,称这样的命题为简单的命题或原子命题。可以用英文字母 P、Q、R……或是带有下标的大写英文字母等表示简单命题,将命题用合适的符号表示,称为命题符号化。对于简单命题来说,它的真值是确定的,因而又称为命题常项或命题常元。真值可以变化的简单陈述句称为命题变项或命题变元。

2.2.2　谓词

1. 个体词

个体词是表示个体或具体事物的名词,用来指代特定的人、物或概念,在语言中用于区分具体的实体和抽象的概念。在谓词逻辑中,个体可以是常量也可以是变量。

个体常量:表示具体的或特定的个体,用 a、b、c、d 表示;

个体变量:表示抽象的或泛指的个体,用 x、y、z 表示;

个体域(论域):个体变量的值域(取值范围),常用 D 表示。个体域可以是有限的也可以是无限的。

2. 谓词

谓词是用于描述个体的动作、状态、属性或关系的词语或短语。谓词也可以用 P、Q、R 等大写字母表示。

谓词的真值是真和假,谓词实现的是从个体域中的个体到 T 或 F 的映射。

将表示谓词的符号和表示个体的符号组合成一个函词,就称谓词填式,简称谓词。如果没有特殊说明,以后我们提到的谓词均指谓词填式。与命题逻辑相似,谓词逻辑中也有谓词常项和谓词变项之分。含有个体变元的谓词没有真值,但当谓词中的变元都用指定的个体取代时,谓词就有了特定的值 T 或 F。

2.2.3 谓词公式

谓词公式是一种逻辑表达式,用来描述现实世界中的事实、关系和条件。谓词公式由一个谓词符号和一组参数组成,表示了谓词符号所代表的关系或属性在给定参数的情况下是否成立。谓词公式可以使用不同的逻辑语言来表示,其中最常见的是一阶逻辑。其中包括项和原子公式。

1. 项

t_i单独一个个体符号(包括常量和变量)是项;若 $t_1,\cdots,t_n$是项,则 $f(t_p,\cdots,t_n)$是项。所有项由上述两规则生成。

2. 原子公式

若 $t_1,\cdots,t_n$ 是项,P 是 n 元谓词符号,则单独一个谓词 $P(t_1,\cdots,t_n)$称为原子谓词公式;$n=0$ 时退化为原子命题公式,简称原子。

2.2.4 谓词公式的性质

谓词公式具有以下常见性质:

(1)可满足性。一个谓词公式是否可以在某个模型中为真?若某个模型,使谓词公式为真,则谓词公式是可满足的;否则,其是不可满足的。

(2)等价性(Equivalence)。是指两个谓词公式在所有模型下都有相同的真值。

(3)否定(Negation)。对一个谓词公式进行取否运算,得到一个相反的谓词公式。

（4）合取（Conjunction）。将两个谓词公式通过逻辑运算符∧（且）连接起来形成一个新的公式。

（5）析取（Disjunction）。将两个谓词公式通过逻辑运算符∨（或）连接起来形成一个新的公式。

（6）蕴含（Implication）。将两个谓词公式通过逻辑运算符→（蕴含）连接起来形成一个新的公式。

（7）量化（Quantification）。谓词公式中可以使用存在量词∃或全称量词∀来限定参数的取值范围。

2.2.5　一阶谓词逻辑知识表示方法

一阶谓词逻辑是一种常用的知识表示方法，用于描述事实、关系和规则等逻辑结构。

1. 常量（Constants）

常量是表示特定个体或对象的符号。通常用小写字母或数字表示，如 a、b、c。常量代表了具体的个体，如人名、地名、物体等。

2. 变量（Variables）

变量是表示未知个体或对象的符号。通常用大写字母表示，如 X、Y、Z。变量用于泛化表示，表示适用于不同的个体。

3. 谓词（Predicates）

谓词是用于描述个体之间的关系、属性或性质的符号。谓词可理解为一个函数，它接受一组参数，返回一个布尔值。通常用小写字母或字母组成的词语表示，如 P(x)、Q(x,y)。谓词表示了具体或一般的关系，如“是父亲”“在左边”“喜欢”等。

4. 量词（Quantifiers）

量词用于描述个体的普遍性或存在性。一阶谓词逻辑使用两个量词：全称量词∀（表示对所有个体成立）和存在量词∃（表示存在某个个体使成立）。量词结合变量和谓词，形成量化表达式。如∀x P(x)表示谓词 P 对所有个体 x 成立。

5. 逻辑连接词(Logical Connectives)

逻辑连接词是把谓词与量词结合起来构成复合表达式的。常见的逻辑连接词包括∧(合取,表示且)、∨(析取,表示或)、¬(否定,表示非)、→(蕴含,表示如果……那么……)、↔(双向蕴含,表示当且只当)等。

一阶谓词逻辑在人工智能、自然语言处理和专家等领域有着广泛的应用前景,是一种准确而形式化的知识表示方法。

2.2.6 一阶谓词逻辑表示法的特点

1. 对象—关系结构

一阶谓词逻辑,它允许描述、推理对象及它们之间的关系。其核心是一阶谓词(关系),用谓词与变量来表达物体间的关系、属性及性质。这一结构化表示可以捕捉到现实世界的各种复杂关系,从而使知识变得更具体、更准确。

2. 变量与量化

一阶谓词逻辑变量与量词之间提供一种灵活的表示方式。变量能够表示未知的个体或者物体,并通过量词对普遍性或者存在性做出量化描述。这样一阶谓词逻辑就可以参与到与具体个体无关的物体集合中去,因而具有泛化与普遍性表达。

3. 逻辑连接词

一阶谓词逻辑利用逻辑连接词构造复杂逻辑表达式。其中逻辑连接词有合取(∧)、析取(∨)、否定(¬)、包含(→)、双向包含(↔)等。这些连接词可被用来与谓词、量词等逻辑表达式结合在一起,构成复杂逻辑结构来表达复杂知识与逻辑关系。

4. 深层表达能力

一阶谓词逻辑能表达丰富语义关系,逻辑推理复杂。通过对谓词与逻辑连接词的运用,能够表达出等价性、蕴含、否定与量化这样一些重要逻辑关系。这一深层表达能力使一阶谓词逻辑在推理、知识表示以及自然语言处理中发挥着重要作用。

5. 形式化和精确

一阶谓词逻辑提供了一种形式化的、精确的知识表示方法。它是建立在符号与规则之上，经过严格的语法与语义规则进行逻辑推理与推论。该形式化表示意义精确，能对逻辑关系进行精确表示与处理，有利于知识处理的规范化与自动化。

2.3 产生式表示法

2.3.1 产生式

产生式作为规则的形式化表示方法在人工智能领域知识表示与推理系统等方面有着广泛的应用。这是一个以条件—动作结构为基础的规则系统在描述解决问题时的推理逻辑或者生成输出。产生式包括两部分：一是条件部分，二是动作部分。条件部分为生成式的触发提供执行前提，动作部分则为当条件达到时进行的动作或者生成的输出提供定义。通常情况下产生式有两种表现形式：

IF 条件 THEN 动作

其中，条件部分可以用逻辑表达式、谓词或其他判断条件来描述问题的输入、状态或性质。动作部分可以是一些运算、计算、输出或改变系统状态的行为。

产生式的特点和优势包括以下几个方面。

1. 灵活性

产生式为规则的表示方式提供弹性，可根据题目的具体情况及需要写出不同的规则。它使人们能够针对不同情况引发不同行动，以满足多种复杂推理需要。

2. 并行性

因产生式间彼此独立且无固定执行顺序，可以支持并行推理。这样就使产生式系统的高效性与扩展性得到发挥，使并行或者分布式计算环境下的计算资源得到了很好的利用。

3. 可读性

产生式可读性强，能以自然语言形式书写规则，使人类易于理解与修改。这样知识工程师就能很容易地增删规则以达到灵活地控制系统。

4. 以规则为基础的推理

产生式系统以规则为基础推理问题，并将规则和事实相匹配相结合，从而得出新结论。在这一规律推动下推理过程具有一定的透明性和可解释性，可以帮助理解系统的推理过程和结果。

5. 知识更新

通过修改或添加产生式规则,可以方便地更新系统的知识。这使产生式具有一定的灵活性和适应性,可以根据实际需求进行知识的扩展和改进。

产生式在许多领域中都有应用,包括专家系统、自然语言处理、机器学习等。它是一种强大的知识表示和推理方法,能够帮助在复杂问题中进行有效的推理和决策。

2.3.2 产生式系统

产生式系统就是在产生式基础上建立一个推理引擎来模拟人类推理过程,完成一定的任务。内容包括规则库、工作内存、控制策略。规则库就是储存于产生式系统内的生成式规则集合。每个规则由一个前提条件(条件部分)和一个动作(动作部分)组成。前提条件说明规则触发实施的情况或匹配方式,动作则界定规则触发时应当实施的作业。工作内存为产生式系统提供了一个工作空间来存储规则系统输入以及中间结果。该系统包含表示系统状态的知识库,以及用于存储问题描述、推理结果和中间计算结果的数据结构。控制策略是一种系统预先设计好的行动规则,它用于指导如何对一个系统、过程或行为进行有效的管理和调控,以确保其能够达到预期的目标。控制策略通常涉及对关键参数的监测、分析和调整,以便在必要时采取适当的措施来纠正偏差,从而保持系统的稳定性。

产生式系统的推理过程通常由以下几个步骤组成。

(1)初始化:把系统初始状态载入工作内存,其中包含问题描述、已知事实、初始规则等。

(2)匹配:把工作内存里的东西和规则库里的规则匹配起来。其中包括对规则前提条件的考察,也就是能不能发现符合规则所描述规律的事实或者状态。

(3)触发执行:若匹配成功,则标记匹配规则处于激活状态,执行规则动作。执行动作可能涉及对工作内存进行修改、增加新事实或者推理结果等。

(4)冲突解决:当一条以上的规则引发冲突时,需采取冲突解决策略,以决定哪一条规则应优先实施。冲突解决策略可根据规则的优先级、启发式算法,也可根据其他规定规则的执行次序进行。

(5)终止条件:根据特定的终止条件,如达到特定的目标状态或不能找到更多的可执行规则,产生式系统的执行过程会终止。

产生式系统被广泛应用于各个领域中，其中包括专家系统、自然语言处理和智能推荐系统。为规则推理与决策提供有力机制，能够应对复杂推理问题，产生精确结果。

2.3.3　产生式系统实例

本节用简单实例说明了动物识别系统怎样利用产生式系统来完成。假定我们建立了动物识别系统，能够依据用户给出的动物特征对其进行分类。该体系的规则库中可包括如下规则：

(1)若动物有毛发，则将其认定为哺乳动物。

(2)如果动物身上长着羽毛就确定是鸟类动物。

(3)如果动物被鳞片覆盖，就确定是爬行动物。

(4)如果动物有蜘蛛网的构造能力就确定是蜘蛛。

(5)如果该动物属于哺乳动物，善于飞翔，就确定它为蝙蝠。

(6)若动物是鸟类动物且擅长游泳，则将其认定为企鹅。

现假定用户给出下面的两种特征描述：

(1)这种动物身上长着毛，很会飞。

(2)该动物有羽毛，擅长游泳。

动物识别系统可以按照以下步骤进行推理：

(1)初始化。将系统的规则库加载到产生式系统中。

(2)匹配。根据用户提供的特征描述，系统在规则库中进行匹配。第一条规则匹配到了描述中的有毛发特征，第五条规则匹配到了善飞特征。同时，第二条规则匹配到了描述中的有羽毛特征，第六条规则匹配到了擅长游泳特征。

(3)触发执行。匹配成功的规则被标记为激活状态，并执行规则的动作。根据匹配结果，该动物被认定为哺乳动物和鸟类动物。

(4)冲突解决。由于有多个规则被激活，产生了冲突。根据规则的优先级或其他冲突解决策略，可以决定执行哪个规则。例如，可以设置优先级，如果哺乳动物和鸟类动物都被激活，可以选择优先级高的规则。

(5)终止条件。根据设定的终止条件，例如根据已得出的结论或达到特定目标状态，系统的推理过程会终止。

(6)根据上述的规则和用户提供的特征描述,动物识别系统最终会得出结论:该动物既是哺乳动物又是鸟类动物。

2.3.4 产生式表示法的特点

产生式表示法是一种基于规则和推理的知识表示方法。主要有以下几个方面:

(1)规则驱动。产生式表示法是建立在一系列描述系统内事实与知识关系的规则上的。每条规则包括前提(条件)与行动(结论)两部分,在符合规则前提的情况下,规则行动才能得以实施。该规则驱动,使系统能够根据情况自动触发对应动作。

(2)灵活性。产生式表示法十分灵活,可应用于各种知识及推理规则的表示。它能处理不确定性与模糊性的问题,允许规则采用逻辑表达式,数量关系与概率的语义。

(3)可扩展性。因为产生式表示法采用模块化结构,所以很容易对规则进行增删或者修改,从而满足不断变化的系统需要。该可扩展性使产生式系统能够很容易地更新与维护知识。

(4)推理能力。产生式系统具有强大的推理能力。通过匹配规则这一先决条件,该系统能够推断新事实和进行相应操作。推理过程是可递归的,它使系统能够深层次推理与推论,以便更深入地认识问题并生成解决方案。

(5)可解释性。产生式表示法提供了对推理过程的可解释性。由于显式地描述了规则,循序渐进地实施了推理,因而能追踪并说明系统的推断过程,使用户能了解为什么系统会得出具体结论或者作出决定。

从整体上看,产生式表示法适合推理与知识表达,具有灵活性、可扩展性与可解释性等特点,被广泛地应用于专家系统、自然语言处理、机器学习、人工智能中。

2.4 框架表示法

2.4.1 框架的一般结构

框架表示法以框架(frame)的概念为基础来描述与组织知识。一种框架就是用来表达对特定对象、概念或者领域理解的数据结构。框架表示法总体结构由下列内容组成：

(1)框架标识符(Frame Identifier)。每个框架具有识别并引用框架的唯一标识符。

(2)框架槽(Frame Slot)。框架槽,用于储存框架的性质或特性。每个框架可包括多个插槽,每个插槽具有一个名称以及相关值。槽的名称表示该属性的语义含义,而槽的值则表示该属性的具体取值。

(3)槽值(Slot Value)。每条槽具有相关的数值以指示属性的特定值。槽值可以是原子数据类型(如字符串、整数、布尔值等),也可以是其他框架的引用,从而形成框架之间的关联和嵌套。

(4)继承关系(Inheritance)。框架可由继承关系建立层次结构。子框架能够继承父框架中的属性与特征,以减少重复定义,增强知识组织性。

(5)运行(Operation)。框架能够定义某些运行,以运行并处理框架。诸如计算属性,修改值和执行动作之类的操作都可被定义。

(6)示例(Instance)。框架可实例化到特定的物体或事物上。实例化是指基于框架中定义的构造与属性来创建实例,使其具有框架中所述的性质与行为。

透过前述框架表示法之一般架构,可描述组织领域或是概念上之知识,并且支持以知识为对象进行查询、推理与运用。框架表示法已被广泛应用于人工智能和专家系统。

2.4.2　用框架表示知识的例子

框架表示法可应用于各方面知识的表示,现就框架对知识的表示作一简要举例。

例 2.4.1　假定我们想表达对动物的认识,将其定义为一个"Animal"框架,它由若干槽组成,用以描述动物的性质和特性。

(1)槽"名称"(Slot"Name"):表示动物名。

(2)槽"种类"(Slot"Species"):表示动物类型。

(3)槽"年龄"(Slot"Age"):表示动物年龄。

(4)槽"食物"(Slot"Food"):指动物吃的东西。

(5)槽"栖息地"(Slot"Habitat"):表示动物栖息地。

可通过具体例子说明一只犬:

框架名称(Frame Name):Animal。

(1)槽“名称”(Slot“Name”):“Dog”。

(2)槽“种类”(Slot “Species”):“Canine”。

(3)槽“年龄”(Slot“Age”):“5”。

(4)槽“食物”(Slot“Food”):“Meat”。

(5)槽“栖息地”(Slot“Habitat”):“Family”。

在本例中,我们使用框架来表达对一只犬的理解。透过这些凹槽及相应的槽值可描述及查询有关犬的性状,例如名称、种类、年龄、食物及栖息地。除基本属性槽外,还可定义对框架进行运算,如获得或者修改槽值。

比如,可定义提高犬年龄的运算。

(1)操作(Operation):“增加年龄”。

(2)方法(Method):调用添加年龄操作后,年龄槽中的数值会被添加。

通过框架对知识进行表达,实现了对知识按照具体属性与行为进行整理与查询。这种灵活多样的表示方式,使框架表示法被广泛地应用于专家系统、知识工程以及自然语言处理。

例 2.4.2 假设要表示汽车的知识,可以定义为一个名为“Car”的框架,其中包含了一些描述汽车属性和特征的槽。

(1)槽“品牌”(Slot“Brand”):指汽车品牌。

(2)槽“型号”(Slot“Model”):表示汽车类型。

(3)槽“颜色”(Slot“Color”):表示车的颜色。

(4)槽“发动机”(Slot“Engine”):表示车辆所用发动机类型。

(5)槽“价格”(Slot“Price”):表示汽车价格。

使用这些槽,可以创建一个特定汽车的实例。下面举例说明具体车辆的框架:

框架名称(Frame Name): Car。

(1)槽“品牌”(Slot “Brand”):“Toyota”。

(2)槽“型号”(Slot“Model”):“Camry”。

(3)槽“颜色”(Slot“Color”):“Silver”。

(4)槽“发动机”(Slot “Engine”):“2.5L Inline -4”。

(5) 槽“价格”(Slot “Price”):“ $25,000”。

透过此架构,可描述车辆的性质与特性,例如品牌、车型、色彩、发动机种类及价格。通过对这些凹槽的数值进行查询或者修改,就能够得到有关具体车辆的数据。除基本属性槽外,还可定义若干运算(方法)用于汽车加工运算。比如,可以通过定义运算计算车辆燃油效率或定义运算对车辆进行价格调整。

通过框架对知识进行表达,能够对复杂领域的知识进行整理,使知识能够被更好地理解、查询以及推理。该表示方式可应用于构造专家系统、知识图谱等智能应用,为特定领域知识分析与应用提供支撑。

2.4.3 框架表示法的特点

1. 框架表示法的优点

框架表示法在知识表示与组织中有如下优势。

(1)结构化表达:框架表示法为组织与表达知识提供结构化方法。通过对框架与槽的构造进行界定,能够清晰地刻画知识内部的性质、特征与关系,从而使知识更加容易理解与推理。这种结构化表达方式,有利于把握领域知识的性质与复杂性。

(2)灵活性和可扩展性:框架表示法灵活多变,可根据特定需要扩充和自定义。可根据现场的具体需求定义各种框架与槽,以满足各种情景与问题。这一可扩展性使框架表示法在多种领域与应用中都具有适用性。

(3)继承和复用:框架表示法对继承关系的支持,使子框架能够从父框架中继承性质和特性。该继承机制为复用知识提供途径,并避免对类似属性及关系进行反复定义。通过传承,可构建层次结构知识组织以提高其管理效率。

(4)知识推理能力:框架表示法既能刻画知识,又能支持知识推理与推论。框架可经由定义运算与方法来加工与运算、导出新知识或是检索有关资讯。这一推理能力帮助人们从现有知识中获得更为深刻的认识与洞悉,并为问题求解与决策制定提供支持。

(5)自然语言的理解与产生:框架表示法是自然语言理解及产生的基础。通过把自然语言的语义、结构映射到框架表示上,自然语言文本就能得到较好的理解并产生。这一能力对于自然语言处理、智能对话系统、自动文本生成以及其他应用都是非常有意义的。

该框架表示法在结构化表达、灵活性、继承和复用、推理能力和自然语言的理解和产生方面都有优势。这使其成为知识表示与智能应用的一种重要工具与手段。

2. 框架表示法的缺点

框架表示法虽然有很多优点,但是也有不足与局限。

(1)艰难的知识获取:框架表示的构建要求领域知识的抽象与概括,而领域知识可能要求专业领域知识与专家共同参与。大范围、复杂知识的获取和整理可能会成为一项费时而又极具挑战的工作。

(2)知识表达上的限制:框架表示法在一些复杂领域不一定能全面涵盖所有的概念与关系。有些时候,为了应对领域内的细粒度与复杂性问题,也许有必要引入更为复杂的知识表示。

(3)结构僵化:框架表示法通常用静态结构表达知识,即对各种情境、各种变化适应性进行限制。若知识的性质与关系时常发生变化,则框架的修订与维护就有可能陷入困境。

(4)缺乏灵活性:有些时候框架表示法不一定能处理不确定性、模糊性等问题。框架表示在涉及模糊概念、不完整信息或者模糊分类等情况下可能不能提供充分灵活性与表达能力。

(5)数据冗余:在用框架表示时会出现重复性数据冗余现象。由于构架的继承机制以及属性被反复定义等原因,会造成同一信息在多构架间反复存在,从而加大数据管理与存储的复杂性。

(6)复杂性处理:在知识领域十分复杂的情况下,设计并保持一个大范围的框架表示会有一定难度。处理各种复杂关系、多重层次传承、海量知识实例等,都可能要求有更加先进的手段与技巧。

尽管有这些不足与局限,框架表示法仍是知识表示方法中很有价值的方法。合理运用,并与其他知识表示方法相结合,能够克服一定的局限性,为建立有效的知识模型及智能应用提供支持。

2.4.4 框架系统的问题求解过程

1. 求解基本过程

框架系统解决问题的过程大致可划分为如下基本环节。

(1)明确问题:清楚界定所要处理的问题及目的。弄清题目背景及约束条件,确定题目输入输出。

(2)设计框架:设计适当的框架,以表达与议题有关的知识与资讯。定义了框架的槽口及性质,并对问题所涉及的实体、关系及约束条件进行了描述。

(3)构建知识库:搜集、整理、组织领域内有关知识,并把知识表达成框架中的一个例子。填充知识库中的数据与信息使框架能包含问题求解所需要的知识。

(4)推理与推断:使用框架系统推理引擎。在现有知识及推理规则基础上,利用逻辑推理和模式匹配对知识库进行信息提取并产生新结论。

(5)搜索与匹配:依据问题约束条件,利用框架系统搜索匹配机制,从知识库中搜索并匹配出问题关联实例及属性。执行模式匹配、近似匹配和约束匹配,寻找最适合的解决方案。

(6)产生解决方案:基于推理搜索结果得出问题解决方案。考虑问题目标及约束条件对不同方案进行评价,选出最优方案。

(7)反馈与学习:基于问题解决结果的框架系统。依据问题解决过程中的体验与反馈对框架中知识库、推理规则及搜索策略等方面进行了完善,从而提升了系统性能与效果。

这几个环节构成了一个迭代循环,并可依据问题复杂性及实际需要不断调整优化。在每次迭代过程中,该框架系统都能通过不断地学习与经验积累提高问题解决的能力,逐步提升系统性能与智能。

2. 特性继承

在框架系统中,特性继承作为子框架继承父框架的属性、槽位及行为的重要机制,其属性有如下影响与特征。

(1)层次结构:通过特性继承可使框架系统形成层次结构。父框架界定一般的性质与行为,子框架则可经由继承来扩充或修正这些性质以构成更为特定的概念或子域。

(2)代码重用:也称“代码复用”,特性继承有利于代码复用。子框架能够继承父框架的现有属性与行为而不需要重写同一代码。从而提高了开发效率,降低了代码冗余,维护了代码一致。

(3)支持多态性:特性继承使框架系统支持多态。子框架能够涵盖从父框架中继承下来的特性,并按照自身需求重新定义属性中的数值或者行为执行。这就实现了不同情境下的不同动作。

(4)知识组织与管理:特性继承可以帮助组织与管理知识。父框架对一般属性与行为进行定义,而子框架则能够继承它们并且增加其具体属性与行为以构成结构化与层次化知识组织。

(5)灵活性与可定制性:特性继承为框架系统的定义与使用提供灵活、可自定义的途径。通过传承,可针对特定需求自定义框架的属性,以满足不同场景及问题领域的需求。

尽管特性继承带来了许多好处,但在设计框架系统时也需要注意一些潜在的问题。如果继承关系设计不合理,就可能导致复杂的继承链、多重继承问题或特性定义不一致。因此,在设计中需要考虑特性继承的层次结构、类间组合和应用的需求,以构建易于理解、扩展和维护的框架系统。

3. 框架问题实例

就学生框架而言,可设计出以下学生框架系统,这些学生框架系统包括学生的一些共同属性与行为。

(1)学生架构(Student)。

- 属性:姓名(Name)、年龄(Age)、性别(Gender)、学号(ID)、班级(Class)、成绩(Grades)等。
- 行为:选课(Enroll)、查看成绩(ViewGrades)、计算平均成绩(CalculateAverageGrade)等。

(2)学生框架的子框架(如高中生框架、大学生框架等)可以继承学生框架,并添加特定的属性和行为。

(3)高中生框架(HighSchoolStudent)。

- 从学生的框架中继承。
- 附加属性:年级(Grade)、考试科目(Subjects)。
- 附加行为:报考大学(ApplyForUniversity)、参加毕业考试(TakeGraduationExam)等。

(4)大学生框架(CollegeStudent)。

- 从学生的框架中继承。

➢ 附加属性:职业(Major)、选修课程(ElectiveCourses)等。

➢ 附加行为:毕业论文(WriteThesis)、参加实习(Internship)。

通过上述设计可以看出,学生框架是父框架,它界定着全体学生共同的性质与行为。并且高中生框架与大学生框架在传承学生框架的基础上,结合高中生与大学生自身特点增加更多的性质与行为。这就能够创建一个具体的学生类型实例,并且利用对应的属性与行为。

例如,针对某一高中生事例,既可访问他的名字、年龄、性别等共同属性,又可调用选课、看分数等共同行为,并可利用具体到高中生身上的诸如年级、考试科目、报考高校等属性与行为。该示例演示了如何使用特性继承来设计一个学生框架系统以达到灵活地扩展并自定义不同类别学生属性与行为。

2.5　警务知识表示模型分析

以下是一个简单的用警务知识表示监狱的模型示例。

1. 框架

监狱(Prison)。

2. 槽位

(1)名称(Name):监狱的名称。

(2)地址(Address):监狱的地址。

(3)牢房数量(CellCount):监狱中的牢房数量。

(4)狱警数量(GuardCount):监狱中的狱警数量。

(5)囚犯数量(InmateCount):监狱中的囚犯数量。

(6)设施(Facilities):监狱的设施,如厨房、医务室等。

3. 继承关系

无。

4. 描述

(1)监狱 A。

(2)名称:×××监狱。

(3)地址:×××城市,××省。

(4)牢房数量:500。

(5)狱警数量:100。

(6)囚犯数量:1000。

(7)设施:厨房、医务室。

5. 方法

(1)修改囚犯数量:用于修改描述中的囚犯数量。

(2)查询:根据监狱的名称或地址进行查询,获取监狱相关信息。

这个模型中,通过监狱框架及其槽位来描述监狱的基本信息,如名称、地址、牢房数量、狱警数量和囚犯数量等。可以通过填充具体的描述来表示特定监狱的信息。而方法可以用于修改和查询监狱的相关信息。

当需要使用该模型进行警务知识表示监狱时,可以根据具体的监狱情况和知识要求来填充描述,并调用相应的方法进行操作。这样,可以使用该模型表示和处理与监狱相关的信息,以支持警务系统的管理和查询。

2.6 本章小结

知识是通过学习和经验所获得的信息和认识。谓词公式是用于描述对象属性、关系和事实的逻辑表达式。产生式系统是一种推理工具,通过一组规则逐步推导出目标状态。框架表示法是一种知识表示方法,以框架结构来组织实体的特征和约束。这些概念在知识表示和推理中起到了重要的作用。将知识、谓词公式、产生式系统、框架表示法和警务知识结合,可以利用谓词公式描述警务知识中的对象属性和关系,通过产生式系统进行推理和决策,并结合框架表示法来组织和管理警务知识,从而提高警务工作的效率和准确性。

习　题

1. 简述知识的概念、特性及表述方式。

2. 简述谓词公式的表示及性质。

3. 简述产生式系统。

4. 简述产生式表示法的特点。

5. 简述框架表示法的一般结构。

6. 简述框架系统的问题和求解过程。

第3章

警务确定性推理方法

为使计算机能够运用知识求解问题,需要使其具有思维能力。推理是求解问题的一种重要方法。因此,可在计算机上实现的推理方法是人工智能领域的一个重要研究课题。

在监狱中,确定性的推理方法可以用于许多方面,以帮助管理人员更好地管理囚犯和保障他们的安全。例如,(1)囚犯分类:通过对囚犯的背景、犯罪历史和行为进行分析,可以使用确定性推理方法将囚犯分类。这种分类可以帮助管理人员更好地了解每个囚犯的特点,从而更好地制定管理和安全措施。(2)安全风险评估:确定性推理方法可以用于对囚犯进行安全风险评估。通过对囚犯的行为、背景和历史数据进行推理分析,可以预测他们可能的违规行为,从而提前采取措施进行防范。(3)监控管理:在监狱中,对囚犯的监控是非常重要的。确定性推理方法可以帮助管理人员对囚犯的行为进行更准确的监控和预测。例如,通过对囚犯的行为模式进行分析,可以预测他们可能的行动,从而更好地管理囚犯。(4)狱警调度:通过对监狱中的管理人员和狱警的调度进行确定性的推理分析,可以更好地安排人员的工作时间和任务分配。这可以帮助提高管理效率和安全性,同时可以降低管理成本。

本章将着重介绍鲁宾逊归结原理及其在机器定理证明和问题求解中的应用。它使定理的证明能够在计算机上实现。其基本思想是将要证明的定理表示为谓词公式。化为子句集并进行归结后,如果出现空子句,则定理即可得证。

3.1　推理的基本概念

3.1.1　推理的定义

推理,就是从某些已知事实中,利用已有的知识与策略,循序渐进地推出隐含在这些事实中的新事实。人工智能系统通过程序进行推理。已知事实和知识,是组成推理最基本的两个要素。已知事实也称证据,它是推断的起点;而知识则是让推理进行下去的基础。比如,在一个医疗诊断专家系统里,专家们的经验和对医学的一般认识都是知识,并以一定的方式保存在知识库里。并将患者的症状和化验结果作为已知事实——证据存入综合数据库。在对患者进行诊断的时候,我们将这些证据作为切入点,根据一定的策略从知识库中寻找与其匹配的知识,并伴随一些中间结论的引入;然后,将上述结论作为证据从知识库中检索出匹配知识并推出后续中间结论。反复进行这一过程直到出台最后结论——给出患者病因和治疗方案。

3.1.2　推理方式及其分类

作为对人类智能的模拟,人工智能也相应地有多种推理方式。以下从不同角度对它们进行分类。

1. 演绎推理、归纳推理、默认推理

若从推理的途径来区分,可以分为演绎推理、归纳推理和默认推理。

演绎推理是由一般性知识推出适合于某一具体情况的推理,即由全称判断推导出单称判断、从一般到个别的推理类型。三段论式是经常采用的演绎推理形式。它包括以下几部分:

(1)大前提。假设或已知的一般性知识。

(2)小前提。对于某具体事实的判断。

(3)结论。由大前提推出的对于小前提的新判断。

例3.1.1　如何推理小明的肌肉是发达的?

(1)大前提:健美运动员肌肉发达。

(2)小前提:小明是健美运动员。

(3)结论:小明的肌肉发达。

反之,归纳推理就是从所选择的诸多实例中概括出一般性结论,也就是由个别到一般。

如果从选取实例是否足够的角度进行分类,归纳推理可进一步划分为完全归纳推理与不完全归纳推理。

从字面上看,完全归纳推理就是在概括中对目标事物中的所有物体进行审视,并依据它们都有一定的性质而得出结论:目标事物同样有这样的性质。比如某厂在产品质量检查中,如果每件产品经过严格的检验,其结果均为合格,就会得出结论:"本厂所出产品均符合标准"。

不完全归纳推理则是在归纳时只考察目标事物的部分对象后就得出目标事物也具有相同属性的结论。还以上述的事例为例,如果只随机抽取部分产品,经检验后都是合格的,就得出"该厂生产的产品是合格的"结论。很显然,不完全归纳推理推出的结论不具有必然性,而完全归纳推理则属于必然性推理。但由于对事物的所有对象进行考察是十分困难的,因此大多数的归纳推理都属于不完全归纳推理。

默认推理就是当默认一些条件成立时,它们可以是真实的或不真实的。比如给篮球运动员布置住宿的旅馆,需要找到有充足加长床的旅馆,这是因为在此默认篮球运动员通常比普通人高。

这类推理的优点是能在知识不足时作出推理,但是当过程中发现默认内容不够精确时,就有必要取消这类默认情形和由此引入的全部结论,并根据新情形再作推理。

2. 确定性推理、不确定性推理

若以推理时所使用的知识的判定与否为标准,则可以将其分为确定性推理和不确定性推理。对确定性推理来说,不但所使用的知识和证据是肯定的,而且所推出来的结论亦是肯定的,不是真实就是虚假,不存在第三种情形。如经典的逻辑推理包括自然演绎推理、归结演绎推理、与或型演绎推理都是确定性推理。

而不确定性推理中所用到的知识和证据并不是全部肯定的,所以推出的结论具有不确定性。由于现实世界的事物和现象大多无法通过准确的数学模型进行表达和描述,所以其中涉及的推理具有不确定性。如果要让计算机模拟人的思维活动，就要让其具备不确定性推理。不确定性推理分为似然推理和近似推理（或称模糊推理），前者主要基于概率论，后者则基于模糊逻辑。

3. 单调推理、非单调推理

推理进行到一定阶段时，由于推理的前进和新知的不断增加，若引入的结论越来越逼近最终目标，这种推理就称为单调推理。如果因增加了新知识而发现原假设是错误的，因而有必要推翻这一假设和由它推出的全部结论，然后再利用新知识进行再推理，这就叫作非单调推理。

非单调推理一般是在知识不完全的情况下发生的，即先作某些假设，然后在此基础上进行推理。默认推理就是一种非单调推理。事实上，人们在日常生活及社会实践中进行的很多推理都是非单调推理。例如，当知道 X 是一只鸟时，会想到它应该会飞，但当得知它是企鹅时，则会推翻之前的结论，而加入 X 是不会飞的条件。

4. 启发式推理、非启发式推理

若推理利用相关启发性知识时，就叫启发式推理，反之就叫非启发式推理。所谓启发性知识，就是那些与问题相关，并能够加快推理进程，获得问题最优解的东西。

3.1.3 推理的方向

推理的过程就是求解的过程。解题既取决于所用的解法，又取决于解题策略或推理策略。常用的解决方法有匹配方法、不确定性传递算法等；推理策略有推理方向、搜索策略、冲突消解、求解策略和限制策略。其中推理的方向有正向推理、逆向推理、混合推理和双向推理 4 种。

1. 正向推理

正向推理是以已知事实作为出发点的一种推理。它的基本思想是从用户提供的初始已知事实出发，在知识库中找出当前可以适用的知识并构成可适用知识集，然后按照某种冲突消解策略从此知识集中选出一条知识进行推理，并将推出的新事实加入数据库中作为下一步推理的已知事实。此后再在知识库中选取可适用的知识进行推理，重复上面过程，直到求得问题的解或者知识库中再无可适用的知识供挑选为止。

正向推理的过程可用如下算法描述：

(1)将用户提供的初始已知事实送入数据库中。

(2)检查数据库是否已包含了问题的解，若是，则结束求解，并成功退出；否则，执行下一步。

(3)根据数据库中的已知事实，搜索知识库中可适用的知识，若有，则转向(4)；否则转向(6)。

(4)将知识库中所有的适用知识都选出构成可适用知识集。

(5)若知识库不空，则按某种冲突消解策略，从中选出一条知识进行推理，并将推出的新事实加入数据库中，然后转向(2)；否则，若知识库为空，则转向(6)。

(6)询问用户是否可以进一步补充新的事实，若可补充，则将补充的新事实加入数据库中，然后转向(3)；否则表示求不出解，失败退出。

为了实现正向推理，有一些具体问题需要解决。例如，要从知识库中选出可与数据库中已知事实相匹配的知识，即可适用的知识，就需要确定匹配方法。而匹配通常难以做到完全一致，因此需要给出匹配成功的标准。

2. 逆向推理

与正向推理不同，逆向推理是以某一对象为起点进行推理。基本思路是：先选择某一对象为假说，再寻求支持这一假说的依据，如果需要的依据能够被发现就表明这一假说成立；如果总是找不到必要的证据，就表明这一假说不能成立，这时就有必要再提出一个新假说。

逆向推理的过程可以用以下算法来描述：

(1)要求证的对象(假设)。

(2)检查所述对象是否已经存在于所述数据库内，如果存在则所述对象被建立并退出推理或者验证下一对象；不然就转入下一环节。

(3)判断该目标是否是证据，即它是否为应由用户证实的原始事实，若是，则询问用户；不然就转入下一环节。

(4)从知识库中查找能够推导出对象的全部知识构成可适用知识集并转下一步骤。

(5)从可应用的知识集合中选择一种知识，并把这种知识的应用条件作为新的目标(假设)，然后转向(2)。

与正向推理相比逆向推理稍显复杂。比如怎样判断某一对象是否为证据？在推导出多个目标知识时首先选择哪个？另外，某一知识应用的条件通常是多方面的，在其中某一条件被证实成立时，怎样自动地换成另外一条件进行证实呢？在验证某一运用条件时需将其作为新假设来对待，寻找可以推导这一假设的相关知识，从而得到另一套新的运用条件，形成树状结构，到达叶子节点（也就是数据库中存在对应的事实，或用户可以确定对应事实的存在等）后需要层层往上（回）走，在回归过程中还存在再往下层走的可能性，如此上下反复几次才能推断出原假设成立与否的定论。逆向推理拥有比正向推理更复杂的推理过程。

逆向推理最大的好处就是不需要利用和目标不相关的知识，具有很强的目的性，也利于对用户进行说明。但主要不足在于起始目标选取存在盲目性，如果与实际不符，则需反复进行假设，影响系统运行效率。

3. 混合推理

鉴于正向推理的盲目性，即在推理过程中会产生许多与问题无关的子目标等缺点，以及逆向推理中会出现的在假设目标不符合实际的情况下，系统效率低下等问题，可以考虑在推理中将他们结合起来，从而能够发挥各自的优势，达到取长补短的效果。这种既有正向又有逆向的推理，称为混合推理。显然，在下述几种情况下，通常需要进行混合推理。

（1）已知的事实不充分

当已知事实不够充分时，可能无法搜索到可适用的知识，推理就无法进行。此时，可通过正向推理先把那些运用条件不能完全匹配的知识都找出来，并把这些知识导出的结论作为目标（假设），然后分别对这些目标进行逆向推理。由于在逆向推理中可以向用户询问有关证据，推理就有可能进行下去。

（2）由正向推理所推出的结论可信度较低

这时，为了获得可信度满足要求的定论，可将这些定论作为逆向推理的对象，从用户处查询更多信息就可能获得可信度更高的定论。

（3）希望得到更多的结论

在逆向推理过程中，由于要向用户进行询问，就有可能获得一些之前未掌握的有用信息。利用这些信息采用逆向推理证实某个目标后，若再采用正向推理，则可推出其他一些结论。例如，在医疗诊断系统中，先利用逆向推理证实某个病人患有某种疾病,若再将推理过程中获得的信息进行正向推理,就有可能推出该病人可能患有的其他疾病。

由上述讨论可以看出,混合推理可分为两种方式:一种是先进行正向推理,即从已知事实推出部分结论,然后再利用逆向推理证实该结论成立的或可信度是高的;另一种是先假设一个目标并进行逆向推理,然后再利用过程中得到的信息进行正向推理,以推出更多的结论。

4. 双向推理

不同于上述混合推理,还有一种推理方式是正向与逆向推理同时进行,且在推理中的某一步“碰头”。这是在定理的机器证明中经常被采用的推理方式。其基本思想是:一方面根据已知事实进行正向推理,但不达到最终目标;另一方面从目标出发进行逆向推理,但不推至原始事实,而是让他们在中途相遇,即由正向推理得到的中间结论恰好是此时逆向推理所要求的证据,这时推理就可结束,即逆向推理的目标就是最终的结论。

3.1.4 冲突消解策略

在推理过程中,系统要不断地用当前已知的事实与知识库中的知识进行匹配,来找出可适用的知识,此时会出现如下三种情况:

(1)已知事实恰好只与知识库中的一个知识匹配成功。

(2)已知事实不能与知识库中的任何知识匹配成功。

(3)已知事实可与知识库中的多个知识匹配成功。此时,称发生了冲突。

按照一定的策略从匹配成功的多个知识中挑出一个知识用于当前的推理过程,称为冲突消解(conflict resolution);此时所采用的策略称为冲突消解策略。对正向推理而言,它将决定已知事实会激活哪一条产生式规则,使其应用于当前的推理,产生其后件指出的结论或执行相应的操作。而对逆向推理而言,它将决定目标与哪一条产生式规则的后件进行匹配,从而推出相应的前件,作为新的目标或假设。

当前存在许多消解冲突的方法,这些方法的基本思路是将知识排序。通常采用如下方法。

1. 根据规律有针对性地进行排列

若规则 r_2 除了含有规则 r_1 所需的所有条件之外，还要具备其他条件，那么就说 r_2 的针对性要大于 r_1，并说 r_1 的通用性要大于 r_2。该策略在 r_2 和 r_1 冲突的情况下优先选择 r_2。这是由于 r_2 所需要的条件很多，它所得出的结论通常与目标比较接近，而一旦满足了这些条件，推理过程就可以减少。

2. 按已知事实的新鲜性排序

一条产生式规则被应用后会生成一个或多个结论，或执行某个操作，这时数据库就会增加新的事实；另外，在推理时，由于会向用户询问有关信息，也会使数据库的内容发生变化。称数据库中新生成的事实为“新鲜的”事实，即较数据库中已有的事实有“新鲜性”。若一条规则被应用后得到多个结论，则既可以认为这些结论有相同的新鲜性，也可以认为排在前面（或后面）的结论有较大的新鲜性，根据情况而定。

有时有必要对两事实组进行新鲜性对比。例如，规则 r_1 与事实组 A 匹配成功，规则 r_2 与事实组 B 匹配成功，则按照新鲜性的排序策略，A 与 B 哪一组较新鲜，与它匹配的产生式规则就先被应用。比较两个事实组新鲜度的常用方法有以下三种：

（1）对 A 与 B 中的事实按新鲜性逐个进行比较，若 A 中包含的更新鲜的事实比 B 多，就认为 A 比 B 新鲜。

（2）把 A 与 B 中最新鲜的事实进行比较。哪一个更新鲜，就认为相应的事实组更新鲜。

（3）比较 A 与 B 中最不新鲜的事实，哪一个更不新鲜，就认定其所在事实组的新鲜性较小。

3. 按匹配度排序

通过对已知事实和知识进行匹配度计算，若其值满足某一事先指定的值，则认为这些事实和知识可以匹配。在两种知识均能进行匹配的情况下，优先考虑匹配度高的那一种，此时其启动产生式规则就会用于推理。该策略将应用于不确定性推理。

4. 按条件个数排序

当存在多个产生式规则且产生的结论一致时，由于情况较小的规则匹配所需时间更短,所以优先选择所需要条件较小的规则。

具体运用中,为了减少冲突,可以将上述一些策略结合起来,使推理更加快速高效。

3.2 自然演绎推理

由已知为真的一组事实直接利用经典逻辑中的推理规则来推出结论,这就是自然演绎。在这些推理中,p 规则、T 规则、假言推理和拒取式推理为基本模式。

假言推理通常有以下几种表现形式。

它表示:从 $P \to Q$ 和 P 为真可以推出 Q 是真的结论。

例如,从“金属是可以导电的”和“铜属于金属”可推出“铜能导电”这一论断。

拒取式推理通常有两种表现形式:

$$P \to Q\ ,\ \neg\ Q \Rightarrow \neg\ P$$

它表示:由 $P \to Q$ 为真及 Q 为假,可推出 P 为假。

例如,由“雨下了,大地变得潮湿起来”及“地面不湿”,可推出结论“没有下雨”。

值得注意的是,当 $P \to Q$ 为真时,肯定后件 Q 为真,试图推出前件 P 为真,或者否定前件 P 为真,试图推出后件 Q 为假,这两种情况都是不允许的。如上例中,由“下雨则地面会湿”及“地面湿了”,不能确定得出结论“下雨了”;以及由“下雨则地面会湿”及“没下雨”,不能推出“地面不会湿”的结论。所以,当 $P \to Q$ 为真时,肯定后件 Q 或否定前件 P 所得的结论,既可能为真,也可能为假,不能确定。

下面举例说明自然演绎推理。

例 3.2.1 设知下列事实:

(1)凡是容易的课小王(*Wang*)都喜欢;

(2)C 班的课都是容易的;

(3)sx 是 C 班的一门课。

求证:小王喜欢 sx 这门课程。

证明:首先定义谓词:

$EASY(x)$:x 是容易的;

$LIKE(x,y)$:x 喜欢 y;

$C(x)$:x 是 C 班的一门课程。

把上述已知事实及待求证的问题分别用谓词公式表示出来,如下:

(1) $(\forall x)(EASY(x) \rightarrow LIKE(Wang,x))$;

(2) $(\forall x)(C(x) \rightarrow EASY(x))$;

(3) $C(sx)$。

求证:$LIKE(Wang,sx)$。

应用推理规则进行推理:

由“全称固化”得:

$C(y) \rightarrow EASY(y)$, 及　$EASY(z) \rightarrow LIKE(Wang,z)$;

由“p 规则”及“假言推理”得:

$C(sx),C(y) \rightarrow EASY(z) \Rightarrow EASY(sx)$;

由“T 规则”及“假言推理”得:

$EASY(sx),EASY(z) \rightarrow LIKE(Wang,z) \Rightarrow LIKE(Wang,sx)$;

即小王喜欢 sx 这门课。

通常情况下,从已知事实中推出的结论可以是多种的,只要这些结论中含有需要论证的内容,则宣布问题已经解决。

自然演绎推理具有表达定理论证过程自然易懂等优势,同时因其具有丰富的推理规则而使推理过程具有灵活性,易于嵌入领域启发式知识;另外,它也存在易发生组合爆炸的缺点,在推理过程中所获的中间结论通常以指数方式增长,对大型推理问题会很不利。

3.3　谓词公式化为子句集的方法

在谓词逻辑中,所谓原子谓词公式,是指那些不能再分解的命题。它们及它们的否定被统称为“文字”。例如,P 称为正文字,则 $\neg P$ 称为负文字。两者为互补文字。

任何文字的析取式都称为子句。因此,任何文字自身也是子句。子句集就是由子句构成的集合。

任何一个谓词公式都可以通过一些“等价关系”及“推理规则”被化成相应的子句集,便于判定其“不可满足性”。

不包含任何文字的子句称为空子句,用 *NIL* 表示。由于空子句不含有文字,因此它不能被任何解释满足,即空子句是永假的、不可满足的。

下面结合一个具体的例子,说明把谓词公式化为子句集的步骤。

例 3.3.1 将下列谓词公式化为子句集:

$$(\forall x)((\forall y)P(x,y) \rightarrow \neg(\forall y)(Q(x,y) \rightarrow R(x,y))) \tag{3-1}$$

解:

步骤一:消去谓词公式中的“ → ”和“ ↔ ”符号。

利用谓词公式的等价关系:

$$P \rightarrow Q \Leftrightarrow \neg P \vee Q \tag{3-2}$$

$$P \leftrightarrow Q \Leftrightarrow (P \wedge Q) \vee (\neg P \wedge \neg Q) \tag{3-3}$$

将上例等价变换为

$$(\forall x)(\neg(\forall y)P(x,y) \vee \neg(\forall y)(\neg Q(x,y) \vee R(x,y))) \tag{3-4}$$

步骤二:把否定符号移到紧靠谓词的位置上。

利用谓词公式的等价关系:

$$\text{双重否定律:} \neg(\neg P) \Leftrightarrow P \tag{3-5}$$

$$\text{德摩根律:} \neg(P \wedge Q) \Leftrightarrow \neg P \vee \neg Q \tag{3-6}$$

$$\neg(P \vee Q) \Leftrightarrow \neg P \wedge \neg Q \tag{3-7}$$

$$\text{量词转换律:} \neg((\forall x)p) \Leftrightarrow (\exists x)\neg p \tag{3-8}$$

$$\neg((\exists x)p) \Leftrightarrow (\forall x)\neg p \tag{3-9}$$

把否定符号移到紧靠谓词的位置上,减少了否定符号的辖域。

因此上例可等价变换为

$$(\forall x)((\exists y)\neg P(x,y) \vee (\exists y)(Q(x,y) \wedge \neg R(x,y))) \tag{3-10}$$

步骤三:变量标准化。

所谓变量标准化就是将变元重命名为一个新的变元,从而使每个量词采用不同的变元。谓词公式的值并不会因此而改变,这是因为在任一量词辖域内,受到该量词约束的变元为一哑元(虚构变量),它可以在该辖域内被另一个没有出现过的任意变元统一代替。

$$(\forall x)P(x) \equiv (\forall y)P(y) \tag{3-11}$$

$$(\exists x)P(x) \equiv (\exists y)P(y) \tag{3-12}$$

因此上例等价变换为

$$(\forall x)((\exists y)\neg P(x,y) \vee (\exists z)(Q(x,z) \wedge \neg R(x,z))) \tag{3-13}$$

步骤四:消去存在量词。

一种情况是如例 3.3.1 所示,存在量词 $(\exists y)$ 及 $(\exists z)$ 都位于全称量词 $(\forall x)$ 的辖域内。此时要用到 Skolem 函数,替换掉这些存在量词约束的变元(y 和 z),从而达到消去存在量词的目的。

设 y 和 z 的 Skolem 函数分别记为 $f(x)$ 和 $g(x)$,则替换后得到

$$(\forall x)(\neg P(x,f(x)) \vee (Q(x,g(x)) \wedge \neg R(x,g(x)))) \tag{3-14}$$

这里认为所存在的 y 和 z 都依赖于 x 的值,它们的依赖关系由 Skolem 函数所定义。

对于一般情况

$$(\forall x_1)(\forall x_2)\cdots(\forall x_n)(\exists y)P(x_1,\cdots,x_n,y) \tag{3-15}$$

存在量词 y 的 Skolem 函数记为

$$y = f(x_1,x_2,\cdots,x_n) \tag{3-16}$$

可见,Skolem 函数把每个 $x_1,x_2,\cdots,x_n$ 值,映射到存在的那个 y 。用 Skolem 函数代替每个存在量词量化的变量的过程称为 Skolem 化。注意 Skolem 函数所使用的函数符号必须是新的。

还有一种情况是存在量词不出现在全称量词的辖域内。这时只要用一个新的个体常量替换该存在量词约束的变元,就可以消去存在量词。因为若原谓词公式为真,则总能找到一个个体常量(取为不含变量的 Skolem 函数),使替换后的谓词公式仍然为真。

步骤五:化为前束形。

所谓前束形,就是把所有的全称量词都移到公式的前面,使每个量词的辖域都包括公式其余的整个部分,即

前束形 = (前缀){母式}

其中,(前缀)是全称量词串,{母式}是不包含量词的谓词公式。

对于上面的例子,因为只有一个全称量词,而且已经位于公式的最左边,所以

这一步不需要做任何工作。

步骤六:化为 Skolem 标准形。

Skolem 标准形的一般形式是

$$(\forall x_1)(\forall x_2)\cdots(\forall x_n)M \tag{3-17}$$

其中,M 是子句的合取式,称为 Skolem 标准形的母式。一般利用

$$P\vee(Q\wedge R)\Leftrightarrow(P\vee Q)\wedge(P\vee R) \tag{3-18}$$

$$P\wedge(Q\vee R)\Leftrightarrow(P\wedge Q)\vee(P\wedge R) \tag{3-19}$$

把谓词公式化为 Skolem 标准形。对于上面的例子,有

$$(\forall x)((\neg P(xf(x))\vee Q(x,g(x)))\wedge(\neg P(x,f(x))\vee\neg R(x,g(x)))) \tag{3-20}$$

步骤七:略去全称量词。

在上例中,由于公式中所有变量都是全称量词量化的变量,因此可以省略全称量词。母式中的变量仍然认为是全称量词量化的变量。即

$$(\neg P(x,f(x))\vee(Q(x,g(x)))\wedge(\neg P(x,f(x))\vee\neg R(x,g(x))) \tag{3-21}$$

步骤八:消去合取词,把母式用子句集表示。

对于上面的例子,有

$$\{\neg P(x,f(x))\vee Q(x,g(x)),\neg P(x,f(x))\vee\neg R(x,g(x))\} \tag{3-22}$$

步骤九:将子句变量标准化,即,使每个子句中的变量符号不同。这是由于谓词公式有如下性质:

$$(\forall x)[P(x)\wedge Q(x)]\equiv(\forall x)P(x)\wedge(\forall y)Q(\mathrm{y}) \tag{3-23}$$

因此对于上例有

$$\{\neg P(x,f(x))\vee Q(x,g(x)),\neg P(y,f(y))\vee\neg R(y,g(y))\} \tag{3-24}$$

显然,在子句集中,各子句之间是合取关系。

以上介绍了将谓词公式化为子句集的步骤,下面再举几个例子。

例 3.3.2　将下列谓词公式化为子句集:

$$(\forall x)\{[\neg P(x)\vee\neg Q(x)]\rightarrow(\exists y)[S(x,y)\wedge Q(x)]\}\wedge(\forall x)[P(x)\vee B(x)] \tag{3-25}$$

解:

(1)消去蕴含符号

$$(\forall x)\{\neg[\neg P(x) \vee \neg Q(x)] \vee (\exists y)[S(x,y) \wedge Q(x)]\} \wedge (\forall x)[P(x) \vee B(x)] \tag{3-26}$$

(2)把否定符号移到每个谓词前面

$$(\forall x)\{[P(x) \wedge Q(x)] \vee (\exists y)[S(x,y) \wedge Q(x)]\} \wedge (\forall x)[P(x) \vee B(x)] \tag{3-27}$$

(3)变量标准化

$$(\forall x)\{[P(x) \wedge Q(x)] \vee (\exists y)[S(x,y) \wedge Q(x)]\} \wedge (\forall w)[P(w) \vee B(w)] \tag{3-28}$$

(4)消去存在量词

设 y 的 Skolem 函数是 $f(x)$,则

$$(\forall x)\{[P(x) \wedge Q(x)] \vee [S(x,f(x)) \wedge Q(x)]\} \wedge (\forall w)[P(w) \vee B(w)] \tag{3-29}$$

(5)化为前束形

$$(\forall x)(\forall w)\{[P(x) \wedge Q(x)] \vee [S(x,f(x)) \wedge Q(x)]\} \wedge [P(w) \vee B(w)] \tag{3-30}$$

(6)化为 Skolem 标准形

由

$$P \wedge (Q \vee R) \Leftrightarrow (P \wedge Q) \vee (P \wedge R) \tag{3-31}$$

或者

$$(P \wedge Q) \vee (P \wedge R) \Leftrightarrow P \wedge (Q \vee R) \tag{3-32}$$

可以得到

$$(\forall x)(\forall w)\{Q(x) \wedge [P(x) \vee S(x,f(x))] \wedge [P(w) \vee B(w)]\} \tag{3-33}$$

(7)略去全称量词

$$Q(x) \wedge [P(x) \vee S(x,f(x))] \wedge [P(w) \vee B(w)] \tag{3-34}$$

(8)消去合取词,把母式用子句集表示

$$\{Q(x), P(x) \vee S(x,f(x)), P(w) \vee B(w)\} \tag{3-35}$$

(9)将子句变量标准化,即使每个子句中的变量符号不同

$$\{Q(x), P(y) \vee S(y,f(y)), P(w) \vee B(w)\} \tag{3-36}$$

例 3.3.3 将下列谓词公式化为子句集：

$$(\forall x)\{P(x)\rightarrow\{(\forall y)[P(y)\rightarrow P(f(x,y))]\wedge\neg(\forall y)[Q(x,y)\rightarrow P(y)]\}\} \quad (3-37)$$

解：

(1)消去蕴含符号

$$(\forall x)\left\{\neg P(x)\vee\left\{\begin{matrix}(\forall y)\quad[\neg P(y)\vee P(f(x,y))]\wedge\\ \neg(\forall y)[\neg Q(x,y)\vee P(y)]\end{matrix}\right\}\right\} \quad (3-38)$$

(2)把否定符号移到每个谓词前面

$$(\forall x)\left\{\neg P(x)\vee\left\{\begin{matrix}(\forall y)[\neg P(y)\vee P(f(x,y))]\wedge\\ (\exists y)[Q(x,y)\wedge\neg P(y)]\end{matrix}\right\}\right\} \quad (3-39)$$

(3)变量标准化

$$(\forall x)\left\{\neg P(x)\vee\left\{\begin{matrix}(\forall y)[\neg P(y)\vee P(f(x,y))]\wedge\\ (\exists w)[Q(x,w)\wedge\neg P(w)]\end{matrix}\right\}\right\} \quad (3-40)$$

(4)消去存在量词

设 w 的 Skolem 函数是 $g(x)$，则

$$(\forall x)\left\{\neg P(x)\vee\left\{\begin{matrix}(\forall y)[\neg P(y)\vee P(f(x,y))]\wedge\\ [Q(x,g(x))\wedge\neg P(g(x))]\end{matrix}\right\}\right\} \quad (3-41)$$

(5)化为前束形

$$(\forall x)(\forall y)\left\{\neg P(x)\vee\left\{\begin{matrix}[\neg P(y)\vee P(f(x,y))]\wedge\\ [Q(x,g(x))\wedge\neg P(g(x))]\end{matrix}\right\}\right\} \quad (3-42)$$

(6)化为 Skolem 标准形

$$(\forall x)(\forall y)\left\{\begin{matrix}[\neg P(x)\vee\neg P(y)\vee P(f(x,y))]\wedge[\neg P(x)\\ \vee Q(x,g(x))]\wedge[\neg P(x)\wedge\neg P(g(x))]\end{matrix}\right\} \quad (3-43)$$

(7)略去全称量词

$$\left\{\begin{matrix}[\neg P(x)\vee\neg P(y)\vee P(f(x,y))]\wedge[\neg P(x)\\ \vee Q(x,g(x))]\wedge[\neg P(x)\wedge\neg P(g(x))]\end{matrix}\right\} \quad (3-44)$$

(8)消去合取词，把母式用子句集表示

$$\{\neg P(x)\vee\neg P(y)\vee P(f(x,y)),\neg P(x)\vee Q(x,g(x)),\neg P(x)\wedge\neg P(g(x))\} \quad (3-45)$$

将子句变量标准化，即使每个子句中的变量符号不同

$$\{\neg P(x_1)\vee\neg P(y)\vee P(f(x_1,y)),\neg P(x_2)\vee Q(x_2,g(x_2)),\\ \neg P(x_3)\vee\neg P(g(x_3))\} \tag{3-46}$$

例 3.3.4 将下列谓词公式化为不含存在量词的前束形：

$$(\exists x)(\forall y)((\forall z)(P(z)\wedge\neg Q(x,z))\rightarrow R(x,y,f(a))) \tag{3-47}$$

解：

(1)消去存在量词得

$$(\forall y)((\forall z)(P(z)\wedge\neg Q(b,z))\rightarrow R(b,y,f(a))) \tag{3-48}$$

(2)消去蕴含符号得

$$(\forall y)(\neg(\forall z)(P(z)\wedge\neg Q(b,z))\vee R(b,y,f(a))) \tag{3-49}$$

即

$$(\forall y)((\exists z)(\neg P(z)\vee Q(b,z))\vee R(b,y,f(a))) \tag{3-50}$$

(3)再次消去存在量词得

设 z 的 Skolem 函数是 $g(y)$，则有

$$(\forall y(\neg P(g(y))\vee Q(b,g(y))\vee R(b,y,f(a))) \tag{3-51}$$

以上这些例子表现的是谓词公式可以被化为相应的子句集，下面的定理进而表明两者的不可满足性是等价的。

3.4 鲁宾逊归结原理

定理 谓词公式不可满足的充要条件是其子句集不可满足。

由此定理可知，若要证明一个谓词公式是不可满足的，只需要证明相应的子句集是不可满足的就可以了。如何证明一个子句集是不可满足的呢？下面介绍的鲁宾逊归结原理给出了方法。

为了确定子句集不可满足性问题，必须确定子句集中的子句。而要想判断某个子句是否不可满足，就必须逐一判断个体域的所有解释，仅当该子句不能满足任意非空个体域的任意解释，才可以判断为不满足，给计算机中实现它的证明过程带来了很大的难度。鲁宾逊在 1965 年为之提出归结原理——鲁宾逊归结定理。它的基本思想是基于一个事实，即若子句集中包含空子句，则该子句集是不

可满足的。鲁宾逊归结定理又被称为“消解原理”，是指若子句集中不包含空子句，然后经过选取适当的子句“归结”之后如果能获得空子句也就证明了这个子句集不满足。鲁宾逊归结定理作为实现定理证明的理论和方法，为机器定理的证明奠定了基础，使之真正步入应用阶段。

下面将对“命题逻辑”和“谓词逻辑”分别给出归结的定义。

3.4.1 命题逻辑中的归结原理

定义 3.4.1 设 C_1 和 C_2 是子句集中的任意两个子句，如果 C_1 中的文字 L_1 与 C_2 中的文字 L_2 互补，那么从 C_1 和 C_2 中分别消去 L_1 和 L_2 并将两个子句中余下的部分析取，构成一个新子句 C_{12}，这一过程称为归结。C_{12} 称为 C_1 和 C_2 的归结式，C_1 和 C_2 称为 C_{12} 的亲本子句。

例如，在子句集中取两个子句 $C_1 = P$，$C_2 = P$，可见，C_1 与 C_2 是互补文字，则通过归结可得归结式

$$C_{12} = NIL \tag{3-52}$$

这里 NIL 代表空子句。

又如，设 $C_1 = \neg P \vee Q \vee R$，$C_2 = \neg Q \vee S$，可见，这里 C_1 和 C_2 是互补文字，则通过归结可得归结式

$$C_{12} = \neg P \vee R \vee S \tag{3-53}$$

例如，设 $C_1 = \neg P \vee Q$，$C_2 = \neg Q \vee R$，$C_3 = P$。

首先对 C_1 和 C_2 进行归结，得到

$$C_{12} = \neg P \vee R \tag{3-54}$$

然后再用 C_{12} 与 C_3 进行归结，得到

$$C_{123} = R \tag{3-55}$$

如果首先对 C_1 与 C_3 进行归结，然后再把其归结式与 C_2 进行归结，将得到相同的结果。

定义 3.4.2 归结式 C_{12} 是其亲本子句 C_1 与 C_2 的逻辑结论。即如果 C_1 与 C_2 为真，则 C_{12} 为真。

证明：设 $C_1 = L \vee C_1'$，$C_2 = L \vee C_2'$，通过归结可以得到 C_1 和 C_2 的归结式 $C_{12} = C_1' \vee C_2'$

因为

$$C_1' \lor L \Leftrightarrow \neg C_1' \rightarrow L \tag{3-56}$$

$$\neg L \lor C_2' \Leftrightarrow L \rightarrow C_2' \tag{3-57}$$

所以

$$C_1 \land C_2 = (\neg C_1' \rightarrow L) \land (L \rightarrow C_2') \tag{3-58}$$

根据假言三段论得到

$$(\neg C_1' \rightarrow L) \land (L \rightarrow C_2') \Rightarrow \neg C_1' \rightarrow C_2' \tag{3-59}$$

因为

$$\neg C_1' \rightarrow C_2' \Leftrightarrow C_1' \lor C_2' = C_{12} \tag{3-60}$$

所以

$$C_1 \land C_2 \Rightarrow C_{12} \tag{3-61}$$

由逻辑结论的定义，$C_1 \land C_2$ 的不可满足性可推出 C_{12} 的不可满足性，因此 C_{12} 是其亲本子句 C_1 和 C_2 的逻辑结论。此定理是归结原理中的一个很重要的定理，由它可得到如下两个重要的推论，即归结原理的基本思想。

推论 1：设 C_1 与 C_2 是子句集 S 中的两个子句，C_{12} 是它们的归结式，若用 C_{12} 代替 C_1 和 C_2 后得到新子句集 S_1，则由 S_1 不可满足性可推出原子句集 S 的不可满足性，即 S_1 的不可满足性 $\Leftrightarrow$ S 的不可满足性。

推论 2：设 C_1 与 C_2 是子句集 S 中的两个子句，C_{12} 是它们的归结式，若把 C_{12} 加入原子句集 S 中，得到新子句集 S_2，则 S 与 S_2 在不可满足的意义上是等价的，即 S_2 的不可满足性 $\Leftrightarrow$ S 的不可满足性。

这两个推论说明：为证明子句集 S 的不可满足性，只要对其中可进行归结的子句进行归结，并把归结式加入子句集 S，或者用归结式替换它的亲本子句，然后对新子句集（S_1 或 S_2）证明不可满足性就可以了。注意到空子句是不可满足的，因此，如果经过归结能得到空子句，即立即可得到原子句集 S 是不可满足的结论。

3.4.2 谓词逻辑中的归结原理

在谓词逻辑中，由于子句中含有变元，所以不像命题逻辑那样可直接消去互补文字，而需要先用“最一般合一”对变元进行代换，然后才能进行归结。

例如，设有如下两个子句：

$$C_1 = P(x) \vee Q(x) \tag{3-62}$$

$$C_2 = \neg P(a) \vee R(y) \tag{3-63}$$

由于$P(x)$和$P(a)$不同，所以C_1与C_2不能直接进行归结，但若用最一般合一

$$\sigma = \{a/x\} \tag{3-64}$$

对两个子句分别进行代换

$$C_1\sigma = P(a) \vee Q(a) \tag{3-65}$$

$$C_2\sigma = \neg P(a) \vee R(y) \tag{3-66}$$

就可对它们进行直接归结，消去$P(\mathrm{a})$与$\neg P(\mathrm{a})$，得到如下归结

$$\mathrm{Q}(a) \vee R(y) \tag{3-67}$$

下面给出谓词逻辑中关于归结的定义。

定义 3.4.3 设C_1与C_2是两个没有相同变元的子句，L_1与L_2分别是C_1和C_2中的文字，若σ是L_1和L_2的最一般合一，则称

$$C_{12} = (C_1\sigma - \{L_1\sigma\}) \vee (\mathrm{C}_2\sigma - \{\mathrm{L}_2\sigma\}) \tag{3-68}$$

为C_1和C_2的二元归结式。

例 3.4.1 设$C_1 = P(a) \vee \neg Q(x) \vee R(x)$，$C_2 = \neg P(y) \vee \neg Q(b)$，求其二元归结式。

解：

方法1：选$L_1 = P(a)$，$L_2 = \neg P(y)$，则$\sigma = (a/y)$是L_1与$\neg L_2$的最一般合一。

$$C_1\sigma = P(a) \vee \neg Q(x) \vee R(x) \tag{3-69}$$

$$C_2\sigma = \neg P(a) \vee Q(b) \tag{3-70}$$

根据定义可得

$$\begin{aligned} C_{12} &= (C_1\sigma - \{L_1\sigma\}) \vee (C_2\sigma - \{L_2\sigma\}) \\ &= (\{P(a), \neg Q(x), R(x)\} - \{P(a)\}) \\ &\quad \vee (\{\neg P(a), Q(b)\} - \{\neg P(a)\}) \\ &= \{\neg Q(x), R(x), Q(b)\} \\ &= \neg Q(x) \vee R(x) \vee Q(b) \end{aligned} \tag{3-71}$$

方法2：若选$L_1 = \neg Q(x)$，$L_2 = Q(b)$，$\sigma = \{b/x\}$，则可得

$$\begin{aligned} C_{12} &= (\{P(a), \neg Q(b), R(b)\} - \{\neg Q(b)\}) \vee (\{\neg P(y), Q(b)\} - \{Q(b)\}) \\ &= (\{P(a), R(b)\}) \vee (\{\neg P(y)\}) \end{aligned}$$

$$= \{P(a), R(b), \neg P(y)\}$$
$$= P(a) \lor R(b) \lor \neg P(y) \tag{3-72}$$

例 3.4.2　设 $C_1 = P(x) \lor Q(a)$，$C_2 = \neg P(b) \lor R(x)$，求其二元归结式。

解：由于 C_1 与 C_2 有相同的变元，所以不符合定义的要求。为了进行归结，需要修改 C_2 中变元的名字。

令 $C_2 = \neg P(b) \lor R(y)$。此时，$L_1 = P(x)$，$L_2 = \neg P(b)$，$L_1$ 与 L_2 的最一般合一 $\sigma = \{b/x\}$。则

$$C_{12} = (\{P(b), Q(a)\} - \{P(b)\}) \lor (\{\neg P(b), R(y)\} - \{\neg P(b)\})$$
$$= \{Q(a), R(y)\}$$
$$= Q(a) \lor R(y) \tag{3-73}$$

如果在参加归结的子句内部含有可合一的文字，则在归结之前应对这些文字先进行合一。

例 3.4.3　设有如下两个子句 $C_1 = P(x) \lor P(f(a)) \lor Q(x)$，$C_2 = \neg P(y) \lor R(b)$，求其二元归结式。

解：在 C_1 中有可合一的文字 $P(x)$ 与 $P(f(a))$，若用它们的最一般合一 $\theta = \{f(a)/x\}$ 进行代换，得到

$$C_1\theta = P(f(a)) \lor Q(f(a)) \tag{3-74}$$

此时可对 $C_1\theta$ 和 C_2 进行归结，从而得到 C_1 与 C_2 的二元归结式。$C_1\theta$ 和 C_2 分别选 $L_1 = P(f(a))$，$L_2 = \neg P(y)$。L_1 和 $\neg L_2$ 的最一般合一 $\sigma = \{f(a)/y\}$ 则

$$C_{12} = Q(f(a)) \lor R(b) \tag{3-75}$$

在上例中，把 $C_1\theta$ 称为 C_1 的因子。一般来说，若子句 C 中有两个或两个以上的文字具有最一般的合一 σ，则称 $C\sigma$ 为子句 C 的因子。如 $C\sigma$ 是一个单文字，则称它为 C 的单元因子。

应用因子的概念，可对谓词逻辑中的归结原理给出如下定义。

定义 3.4.4　子句 C_1 和 C_2 的归结式是下列二元归结式之一：

(1) C_1 与 C_2 的二元归结式。

(2) C_1 的因子 $C_1\sigma_1$ 与 C_2 的二元归结式。

(3) C_1 与 C_2 的因子 $C_2\sigma_2$ 的二元归结式。

(4) C_1 的因子 $C_1\sigma_1$ 与 C_2 的因子 $C_2\sigma_2$ 的二元归结式。

与命题逻辑中的归结原理相同,对于谓词逻辑,归结式是其亲本子句的逻辑结论。用归结式取代它在子句集 S 中的亲本子句所得到的新子句集仍然保持着原子句集 S 的不可满足性。

另外,对于一阶谓词逻辑,从不可满足的意义上说,归结原理也是完备的,即若子句集是不可满足的,则必存在一个从该子句集到空子句的归结演绎;反之,若子句集存在一个到空子句的演绎,则该子句集是不可满足的。关于归结原理的完备性,可用海伯伦的有关理论进行证明,这里不再讨论。

需要注意的是,如果没有归结出空子句,则既不能说 S 不可满足,也不能说 S 是可满足的。因为有可能 S 是不可满足的,而归结不出空子句;也可能是没有找到合适的归结演绎步骤而归结不出空子句。但是,如果确定不存在任何方法归结出空子句,则可以确定 S 是可满足的。归结原理的能力是有限的,例如,用归结原理证明“两个连续函数之和仍然是连续函数”时,推导了 10 万步也没能证明出结果。

3.5 归结反演

归结原理为子句集的不可满足性提供了一种证明。从前面的知识中我们知道,如果要证明 Q 为 $P_1, P_2, \cdots, P_n$ 的逻辑结论的话,只要证明式(3-76)无法满足即可。

$$(P_1 \wedge P_2 \wedge \cdots \wedge P_n) \wedge \neg Q \tag{3-76}$$

又由定理 3.4.1 知谓词公式不可满足性与子句集不可满足性等价于不可满足意义。故可利用归结原理自动证明定理。利用归结原理对定理进行论证的过程,叫作归结反演。归结反演通常有以下几个步骤:

(1)把已知的前提用谓词的式子 F 表示。

(2)用谓词公式 Q 来表示要论证的结论,否定了所得的谓词 Q。

(3)将谓词公式的集合 $\{F, Q\}$ 转化为子句集合 S。

(4)利用归结原理将子句集合 S 内的子句归结起来,将每归结一次所得的归结式合并到一个 S 内。这样一来二去,如果有空子句出现,便不再归结,这时便证明 Q 是真的。

例 3.5.1 某公司招聘工作人员 A、B、C 三人应试,经面试后公司表示如下想法:

(1)3 人中,至少录取 1 人。

(2)如果录取 A,而不录取 B,则一定录取 C。

(3)如果录取 B,则一定录取 C。

求证:公司一定录取 C。

解:设使用谓词 $P(x)$ 来表示录取 x,那么将企业的思想以谓词公式来表示为

(1)$P(A) \vee P(\mathrm{B}) \vee P(\mathrm{C})$

(2)$P(\mathrm{A}) \wedge \neg P(\mathrm{B}) \rightarrow P(\mathrm{C})$

(3)$P(\mathrm{B}) \rightarrow P(\mathrm{C})$

把要求证的结论用谓词公式表示出来并否定,得

(4)$\neg P(\mathrm{C})$

把上述公式化成子句集

(1)$P(\mathrm{A}) \vee P(\mathrm{B}) \vee P(\mathrm{C})$

(2)$\neg P(\mathrm{A}) \vee P(\mathrm{B}) \vee P(\mathrm{C})$

(3)$\neg P(\mathrm{B}) \vee P(\mathrm{C})$

(4)$\neg P(\mathrm{C})$

应用归结原理进行归结

(1)$P(\mathrm{B}) \vee P(\mathrm{C})$　　即(1)与(2)归结

(2)$P(\mathrm{C})$　　即(3)与(5)归结

(3)NIL　　(4)与(6)归结

所以公司一定录取 C。

例 3.5.2　知道下列资料:

法则一:谁的哥哥都不属于女人。

法则二:谁的妹妹都一定是女人。

事实:Mary 是 Bill 的姐妹。

求证:Mary 不是 Tom 的兄弟。

解:定义谓词:

brother(x,y):x 是 y 的兄弟

sister(x,y):x 是 y 的姐妹

woman(x):x 是女性

把已知规则与事实表示成谓词公式,得

规则 1: $\forall x \forall y(brother(x,y) \rightarrow \neg woman(x))$

规则 2: $\forall x \forall y(sister(x,y) \rightarrow woman(x))$

事实:sister(Mary,Bill)

把要求证的结论表示成谓词公式。

求证:$\neg$ brother(Mary,Tom)

化规则 1 为子句

$$\forall x \forall y(\neg brother(x,y) \vee \neg woman(x))$$

$$C_1 = \neg brother(x,y) \vee \neg woman(x)$$

化规则 2 为子句

$$\forall x \forall y(\neg sister(x,y) \vee woman(x))$$

$$C_2 = \neg sister(u,v) \vee \neg woman(u)$$

事实原来就是子句形式

$$C_3 = sister(Mary,Bill)$$

C_2 与 C_3 归结为

$$C_{23} = woman(Mary)$$

C_{23}与 C_1 归结为

$$C_{123} = \neg brother(Mary,y)$$

设 $C_4 = brother(Mary,Tom)$,则

$$C_{1234} = NIL$$

3.6 应用归结原理求解问题

归结原理除了可用于定理证明外,还可用来求取问题的答案,其思想与定理证明类似。求解步骤可归纳如下:

(1)把已知前提用谓词公式表示出来,并且化为相应的子句集,设该子句集的名字为 S。

(2)把待求解的问题也用谓词公式表示出来,然后把它否定并与答案谓词 *ANSWER* 构成析取式,*ANSWER* 是一个为了求解问题而专设的谓词,其变元必须

与问题公式的变元完全一致。

(3)把(2)中得到的析取式化为子句集,并把该子句集并入子句集 S 中,得到子句集 S。

(4)对 S 应用归结原理进行归结。

(5)若得到归结式 *ANSWER*,则答案就在 *ANSWER* 中。

例 3.6.1 知道下列资料。

F_1:王(Wang)先生是小李(Li)的老师。

F_2:小李和小张(Zhang)是同班同学。

F_3:若 x 和 y 同班,那么 x 的老师就是 y 的老师。

求王先生是小张的什么人?

解:定义谓词:

$$T(x,y):x\text{ 的老师是 }y\text{ 的老师。}$$

$$C(x,y):x\text{ 与 }y\text{ 是同班同学。}$$

将已知前提和待解问题用谓词公式表示得到

$$F_1:T(Wang,Li)$$

$$F_2:C(Li,Zhang)$$

$$F_3:(\forall x)(\forall y)(\forall z)(C(x,y)\wedge T(z,x)\rightarrow T(z,y))$$

将待解问题用谓词公式表达,并把它否定后与谓词 *ANSWER*(x)析取得

$$G:\neg(\exists x)T(x,Zhang)\vee ANSWER(x)$$

把上述谓词公式化为子句集。

(1) $T(Wang,Li)$

(2) $C(Li,Zhang)$

(3) $\neg C(x,y)\vee\neg T(z,x)\vee T(z,y)$

(4) $\neg T(u,Zhang)\vee ANSWER(u)$

应用归结原理进行归结。

(5) $\neg C(Li,y)\vee T(Wang,y)$　　(1)与(3)归结

(6) $\neg C(Li,Zhang)\vee ANSWER(Wang)$　　(4)与(5)归结

(7) $ANSWER(Wang)$　　(2)与(6)归结

由 *ANSWER*(Wang)得知小张的老师是王先生。

例 3.6.2 设 A、B、C 三人中有人从不说真话，也有人从不说假话，某人向这三人分别提出同一个问题：谁是说谎者？A 答："B 和 C 都是说谎者"；B 答："A 和 C 都是说谎者"；C 答："A 和 B 中至少有一个是骗子"。求诚实的人和说谎的人。

解：设 $T(x)$ 表示 x 说真话。

如果 A 说的是真话，则有

$$T(A)\to\neg T(B)\wedge\neg T(C)$$

如果 A 说的是假话，则有

$$\neg T(A)\to T(B)\vee T(C)$$

对 B 和 C 说的话作相同的处理，可得

$$T(B)\to\neg T(A)\wedge\neg T(C)$$

$$\neg T(B)\to T(A)\vee T(C)$$

$$T(C)\to\neg T(A)\vee\neg T(B)$$

$$\neg T(C)\to T(A)\wedge T(B)$$

把上面这些公式化成子句集，得到 S

(1) $\neg T(A)\vee\neg T(B)$

(2) $\neg T(A)\vee\neg T(C)$

(3) $T(A)\vee T(B)\vee T(C)$

(4) $\neg T(B)\vee\neg T(C)$

(5) $\neg T(C)\vee\neg T(A)\vee\neg T(B)$

(6) $T(C)\vee T(A)$

(7) $T(C)\vee T(B)$

首先求谁是老实人，即谁从不说假话。把 $\neg T(x)\vee ANSWER(x)$ 并入 S 得到 S_1，即 S_1 比 S 多如下一个子句。

(8) $\neg T(x)\vee ANSWER(x)$

对 S_1 应用归结原理

(9) $\neg T(A)\vee T(C)$ (1)和(7)归结

(10) $T(C)$ (6)和(9)归结

(11) $ANSWER(C)$ (8)和(10)归结

所以 C 是老实人。事实上,无论怎样对 S_1 进行归结,都推不出 *ANSWER*(B)与 *ANSWER*(A)。

下面证明 A 和 B 不是老实人。

设 A 不是老实人,则有¬ *T*(A),把它否定并入 S 中,得到子句集 S_2,即 S_2 比 S 多如下一个子句。

(12)¬(¬ *T*(A)),即 *T*(A)

应用归结原理对S_2进行归结。

(13)¬ *T*(A) ∨ *T*(C)　　　　(1)和(7)归结

(14)¬ *T*(A)　　　　(2)和(13)归结

(15)*NIL*　　　　(12)和(14)归结

所以 A 不是老实人。同理可得 B 也不是老实人。

从以上实例可见,归结时一个子句可多次使用或不用。归结中不一定全部使用子句集,只需要定理证明中能归结空子句、求问题解答中能归结 *ANSWER*。

对子句集进行归结时,关键的一步是从子句集中找出可以进行归结的一对子句。由于事先不知道哪两个子句可以进行归结,更不知道通过对哪些子句对的归结可以尽快得到空子句,因而必须对子句集中的所有子句逐对地进行比较,对任何一对可归结的子句对都进行归结。这样不仅要耗费很多时间,而且还会因为归结出了许多无用的归结式而多占用了许多存储空间,造成了时空的浪费。为解决这些问题,人们研究出了多种归结策略。这些策略大致可分为两类:一类是删除策略,另一类是限制策略。前者通过删去一些无用子句以缩小归结范围,而后者则通过对参与归结子句施加各种约束以尽量降低归结盲目性从而尽快归结空子句。至于归结策略,可以参考其他一些相关书籍。

3.7　警务确定性推理应用分析

确定性推理应用具体应用在监狱内的警务工作中可以有以下应用分析,如图 3－1 所示。

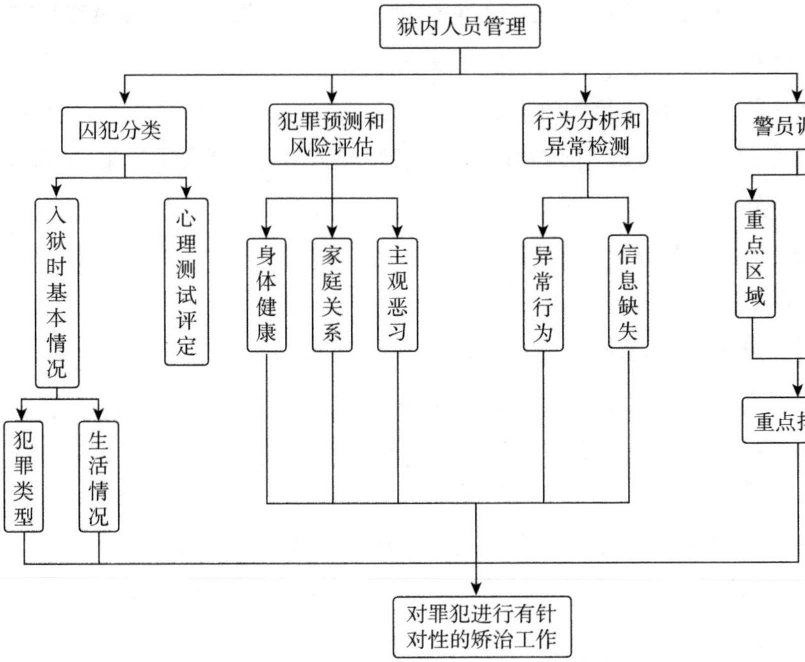

图 3-1 狱内人员的管理

囚犯分类:在罪犯进入监狱时对其基本情况、教育就业、家庭、改造态度、日常娱乐、人际交往情况、是否使用违规药品、是否酗酒、精神状况等方面进行统计并进行初步危险评定。例如,通过比较犯罪类型发现故意杀人者有更高的自杀自残可能,盗窃者有更高的脱逃可能,打架斗殴、寻衅滋事者有更高的暴力可能。罪犯入监几天之后根据狱内收容数量和人员具体情况进行心理测试并根据结果客观地划分高、中及低风险人员。测试结束后将各项按照一定权重分析,将初步危险评定结果分为"高、低"两项,测试结果分为"高、中、低"三项,综合两项结果以高高为高、高中为高、中低为中、低低为低的判断原则对罪犯的危险程度进行评定。根据评定结果对囚犯进行划分并进行具有针对性的矫治工作。

犯罪预测和风险评估:从定性分析的角度来看,自伤自残、狱内暴力、脱逃构成了对监狱安全稳定威胁最大的三大危险情形。分析影响监狱内犯人行为的因素,身体健康、家庭关系、切身利益受损等因素会影响服刑人员自伤自残的概率;刑期短、主观恶习突出、不接受思想改造等因素会导致狱内暴力事件增多;家庭突发变故、被发现其他罪行、减刑假释暂缓等因素会提高犯人脱逃的倾向,例如,服刑人员 A 自入监后一直不能安心改造,其父亲患有老年痴呆,母亲患有冠心病,女儿患有脑萎缩等疾病,会见时妻子又提出离婚,使 A 思家心切,企图利用保外就医的机会伺机脱逃,被民警及时发现制止。监狱管理者可以针对犯人的再次犯罪可能性和风险水平的预测结果对其进行有针对性的教育,确保监狱内的安全。

行为分析和异常检测:监狱内的犯人会展示出各种不同的行为模式,通过对狱内人员进行信息采集,并借助位置信息和摄像系统来确定人员的非规范的行为信息,如未在规定的活动范围活动,监控中某个时段未识别到该人员信息等信息,可以帮助监狱管理者提前对存在风险的人员进行防范和教育并处理潜在的安全问题,如暴力事件、毒品交易等。

警员调度:对海量的数据进行归纳总结,对重点地区重点时段加强警力部署,减少资源浪费的情况。例如,有学者统计了 2004 年至 2018 年罪犯实施脱逃罪的案例,发现法定节假日前后实施犯罪的数量占比超过 90% 。通过这一信息就可以确定对一个重点时段进行排查监控,增强警力资源,强化监管的力度。

这些应用可以帮助监狱管理者更好地了解和应对监狱内的安全问题,提供科学的决策依据,确保监狱内的秩序和安全。同时,这些分析结果也可以作为监狱改革和犯人教育的参考,帮助犯人进行更有效的改造和做好重返社会的准备。

3.8　本章小结

本章从推理的基本概念出发讲述了多种推理方式、推理的方向和冲突消解策略。在了解了基本概念的基础上介绍了自然演绎推理、鲁宾逊归结原理、命题逻辑中的归结原理、谓词逻辑中的归结原理以及如何归结反演。在讲述了以上内容之后,本章详细地讲述了如何应用归结原理求解问题并对确定性推理在警务方面的实际应用进行了分析。

习　题

1. 设已知下述事实：A；B；A→C；B∧C→D；D→Q。求证：Q 为真。

2. 将下列谓词公式化为相应的子句集。

$$(\neg \exists x)(\forall y)(\exists z)(\forall w)P(x,y,z,w)$$

3. 将下列逻辑表达式化为不含存在量词的前束形。

$$(\exists x)(\forall y)[(\forall z)P(x,z)\rightarrow R(x,y,f(a))]$$

4. 把下列谓词公式分别化为相应的子句集。

(1) $(\forall z)(\forall y)(P(z,y)\wedge Q(z,y))$

(2) $(\forall x)(\forall y)(P(x,y)\rightarrow Q(x,y))$

(3) $(\forall x)(\exists y)(P(x,y)\vee Q(x,y)\rightarrow R(x,y))$

(4) $(\forall x)(\forall y)(P(x,y)\vee Q(x,y)\rightarrow R(x,y))$

(5) $(\forall x)(\forall y)(\exists z)(P(x,y)\vee Q(x,y)\rightarrow R(x,z))$

(6) $(\exists x)(\exists y)(\forall z)(\exists u)(\forall v)(\exists w)(P(x,y,z,u,v,w)\wedge(Q(x,y,z,u,v,w)\vee\neg R(x,z,w)))$

(7) $(\forall x)(\forall y)P(x,y)\rightarrow\neg(\forall y)[Q(x,y)\rightarrow R(x,y)]$

5. 判断下列子句集中哪些是不可满足的。

(1) $S=\{\neg P\vee Q,\neg Q,P,\neg P\}$

(2) $S=\{P\vee Q,\neg P\vee Q,P\vee\neg Q,\neg P\vee\neg Q\}$

(3) $S=\{P(y)\vee Q(y),\neg P(f(x))\vee R(a)\}$

(4) $S=\{\neg P(x)\vee Q(x),\neg P(y)\vee R(y),P(a),S(a),\neg S(z)\vee\neg R(z)\}$

(5) $S=\{\neg P(x)\vee\neg Q(y)\vee\neg L(x,y),P(a),\neg R(z)\vee\neg L(a,z),R(b),Q(b)\}$

6. 对下列各题分别证明 G 为 $F_1,F_2,\cdots,F_n$ 的逻辑结论。

(1) F_1：$(\exists x)(\exists y)P(x,y)$

　　G：$(\forall y)(\exists x)P(x,y)$

(2) F_1：$(\forall x)(P(x)\wedge(Q(a)\vee Q(b)))$

　　G：$(\exists x)(P(x)\wedge Q(x))$

(3) F_1：$(\exists x)(\exists y)(P(f(x))\wedge Q(f(y)))$

G:$P(f(a)) \wedge P(y) \wedge Q(y)$

(4)F_1:$(\forall x)(P(x) \rightarrow (\forall y)(Q(y) \rightarrow \neg L(x,y)))$

F_2:$(\exists x)(P(x) \wedge (\forall y)(R(y) \rightarrow L(x,y)))$

G:$(\forall x)(R(x) \rightarrow \neg Q(x))$

(5)F_1:$(\forall x)(P(x) \rightarrow (Q(x) \wedge R(x)))$

F_2:$(\exists x)(P(x) \wedge S(x))$

G:$(\exists x)(S(x) \wedge R(x))$

(6)F_1:$(\forall z)(A(z) \wedge \neg B(z) \rightarrow (\exists y)(D(z,y) \wedge C(y)))$

F_2:$(\exists z)(E(z) \wedge A(z) \wedge (\forall y)(D(z,y) \rightarrow E(y)))$

F_3:$(\forall z)(E(z) \rightarrow \neg B(z))$

G:$(\exists z)(E(z) \wedge C(z))$

第 4 章

警务搜索求解策略

当求解一个问题时，首先需要找到一个对这个问题适当的表示方法，其次就是找到适合的求解方法。在人工智能中，问题求解的基本方法有搜索法、归约法、推理法及产生式等。由于大多数应用人工智能求解的问题是无法直接求解的，因此搜索可作为一般的求解方法。搜索求解方法的应用非常广泛，如在下棋等游戏软件中。

在司法系统中，搜索策略也有广泛的应用。如通过关键词提取、语义分析、模糊逻辑等方面的处理，可以帮助司法人员更加高效地搜索和获取与案件有关的信息和证据。具体而言，在电子数据、法律法规、相似案例搜索等方面，求解策略都能起到关键作用。同时，在犯罪预测和预防方面，搜索策略能够帮助司法人员对相似案件进行快速搜索和分析，进而预测和防止类似案件发生；在智能监控方面，搜索策略能够快速地搜索和分析出与案件相关的监控视频和图像，从而更全面地掌握案件信息。在使用搜索策略时，也需要考虑如何保障数据安全和隐私等问题。

首先讨论搜索的概念，然后重点探讨状态空间的知识表示和搜索策略，这些策略涵盖了回溯策略、宽度优先策略、深度优先策略等盲目的图搜索策略，以及 A 和A^*搜索算法等启发式图搜索策略。

4.1　搜索的概念

4.1.1　搜索的基本问题与主要过程

1. 关于搜索需要解决的一些问题

(1)是否一定可以搜索到一个解?

(2)找到的解是否是最佳解?

(3)搜索过程的时间与空间的复杂性是怎样的?

(4)搜索是否会出现中途终止,或是陷入死循环的情况?

2. 搜索的主要过程

(1)以初始或目的状态作为当前状态出发。

(2)扫描"操作算子集",将适用当前状态的一些操作算子作用在其上而得到新的状态,并建立指向其父结点的指针。

(3)检查所生成的新状态是否满足结束状态,如满足则得到解,并可沿着有关指针从结束状态方向到达开始状态,由此给出一个解答路径;否则,将新状态作为当前状态,然后返回(2)再进行搜索。

4.1.2　搜索策略

从初始状态出发的"正向搜索",也被称为数据驱动。正向搜索是从问题给出的条件出发的,即从一个用于状态转换的操作算子集合出发。搜索的过程就是应用操作算子从给定的条件中产生新的条件,再用操作算子从新条件中产生更多新条件,这个过程一直持续下去,直到有一条满足目的要求的路径产生为止。数据驱动,就是用问题给数据中的约束知识指导搜索的办法,使其沿着那些已知是正确的线路前进。

从目的状态出发的逆向搜索,也称为目的驱动。逆向搜索是先从想达到的目的入手,考察哪些操作算了能产生该目的以及应用的这些操作算子达到日的时需要哪些条件,这些条件就成为我们要达到的新目的,即子目的。逆向搜索就是通过反向连续的子目的不断地进行,直至找到问题给定的条件为止。这样即找到一条从数据到目的的操作算子所组成的链。

根据搜索过程中是否运用与问题有关的信息，可以将搜索方法分为启发式搜索和盲目搜索，如图 4－1 所示。

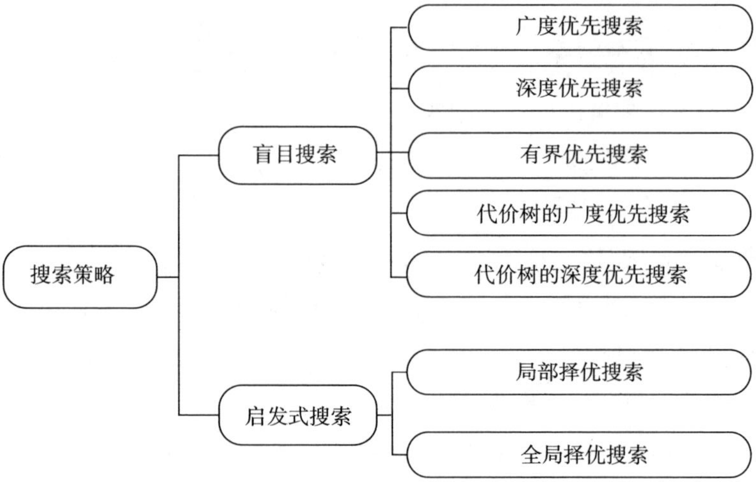

图 4－1　盲目搜索与启发式搜索

1. 盲目搜索

盲目搜索，是指对特定问题在不具有任何有关信息的条件下，按固定步骤（依次或随机调用操作算子）进行的搜索，它能够快速地调用一个操作算子。

2. 启发式搜索

启发式搜索则是考虑特定问题领域可以应用的知识，动态确定调用操作算子的步骤，优先选择较适合的操作算子，以尽量减少不必要的搜索，从而尽快到达结束状态，提高了搜索效率。

在盲目搜索中，由于没有可参考的信息，可匹配的操作算子都会被运用，而这就会搜索出更多的状态，生成较大的状态空间显示图；而在启发式搜索中，通过运用一些启发信息，只会采用少量的操作算子，生成较小的状态空间显示图就能搜索到一个解答。但缺点是每使用一个操作算子就需要做更多的计算与判断。一般而言，启发式搜索要优于盲目搜索，但不可过于追求更多的甚至完整的启发信息。

4.2　状态空间的知识表示

4.2.1　状态空间表示法

状态空间表示法是知识表示的一种基本方法。所谓“状态”是用来表示系统状态、事实等叙述型知识的一组变量或数组：

$$Q=[q_1,q_2,\cdots,q_n]^{\mathrm{T}}$$

所谓“操作”是用来表示引起状态变化的过程型知识的一组关系或函数：

$$F=\{f_1,f_2,\cdots,f_m\}^{\mathrm{T}}$$

状态空间是利用状态变量和操作符号，表示系统或问题的相关知识的符号体系，状态空间可以用一个四元组表示：

$$(S,O,S_0,G)$$

其中，S 是状态集合，O 是操作算子的集合，S_0是包含问题的初始状态（$S_0\subset S$），G 是包含问题的目的状态（$G\subset S$）。S 中每一元素表示一个状态，利用 O 中的算子可将一个状态转换为另一个状态。G 可以是若干具体状态，也可以是满足某些性质的路径的信息描述。

从结点S_0到结点 G 的路径称为求解路径。求解路径上的操作算子序列为状态空间的一个解。例如，操作算子序列$O_1,O_2,\cdots,O_k$使初始状态转换为目标状态：

$$S_0\xrightarrow{O_1}S_1\xrightarrow{O_2}S_2\xrightarrow{O_3}\cdots\xrightarrow{O_k}G$$

则$O_1,O_2,\cdots,O_k$即为状态空间的一个解。当然，解往往不是唯一的。任何类型的数据结构如符号、字符串、向量、多维数组、树和表格等都可以用来描述状态。所选用的数据结构形式要与状态所蕴含的某些特性具有相似性。例如对八数码问题，一个 3×3 的阵列便是一个合适的状态描述方式。

例 4.2.1　八数码问题的状态空间表示。

八数码问题（重排九宫问题）是在一个 3×3 的方格盘上，放 1～8 的数码，余下一格为空。空格上下左右的数码可移到空格。需要找到一个数码移动序列，使初始的无序数码转变为一些特殊的排列。例如，图 4－2（a）所示的八数码问题的初始状态为问题的一个布局，需要找到一个数码移动序列使图 4－2（a）所示的初始布局转变为图 4－2（b）所示的目标状态。

2	3	1
5		8
4	6	7

（a）初始状态

1	2	3
8		4
7	6	5

（b）目标状态

图 4－2　所示的状态

该问题可以用状态空间来表示。此时八数码的任何一种摆法就表示一个状态，所有的摆法组成状态集 S，它们构成了一个状态空间，其数目为 9 。而 G 是指定的某个或某些状态。如果着眼在数码上，操作算子就代表数码的移动，其数量共有 4（方向）×8（数码）= 32 个。如果着眼在空格上，即空格在方格盘上的每个可能位置的上下左右移动，其操作算子可简化成 4 个：

（1）如果空格上边有数字，则将空格向上移；

（2）如果空格左边有数字，则将空格向左移；

（3）如果空格下边有数字，则将空格向下移；

（4）如果空格右边有数字，则将空格向右移。

移动时要确保空格不会移出方格盘之外，因此并不是在任何状态下都能运用这 4 个操作算子。如空格在方格盘的右上角时，只能运用两个操作算子——向左移和向下移。

4.2.2　状态空间的图描述

状态空间可用有向图来描述，图的结点表示问题的状态，图的弧表示状态之间的关系，即求解问题的步骤。初始状态对应于实际问题的已知信息，是图中的根节点。问题的状态空间描述中，寻找从一种状态转换为另一种状态的某个操作算子序列就等价于在一个图中寻找某一路径。

图 4－3 所示的是用有向图描述的状态空间。该图表示对状态 S_0 允许使用操作算子 O_1、O_2 及 O_3，并分别使 S_0 转换为 S_1、S_2 及 S_3。这样一步步利用操作算子转换下去，如果 $S_{10} \in G$，则 O_2、O_6 及 O_{10} 就是一个解。

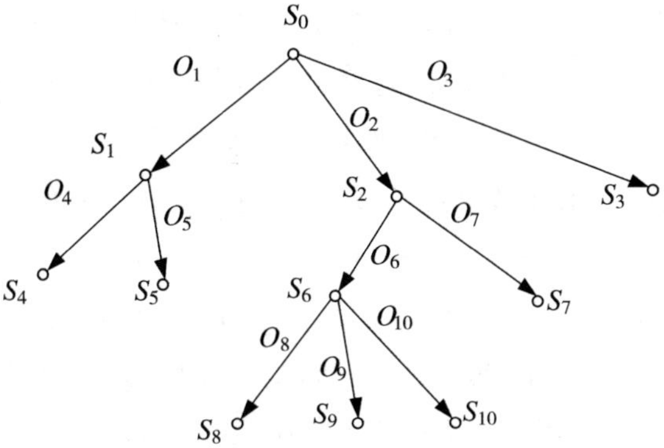

图 4-3　状态空间的图描述

下面以八数码问题为例,讨论具体问题的状态空间的有向图描述。

例 4.2.2　对于八数码问题,如果给出问题的初始状态,就可以用图来描述其状态空间。其中的弧可用表明空格的 4 种可能移动的 4 个操作算子来标注,即空格向上移 Up、向左移 Left、向下移 Down 和向右移 Right。该图的部分描述如图 4-4 所示。

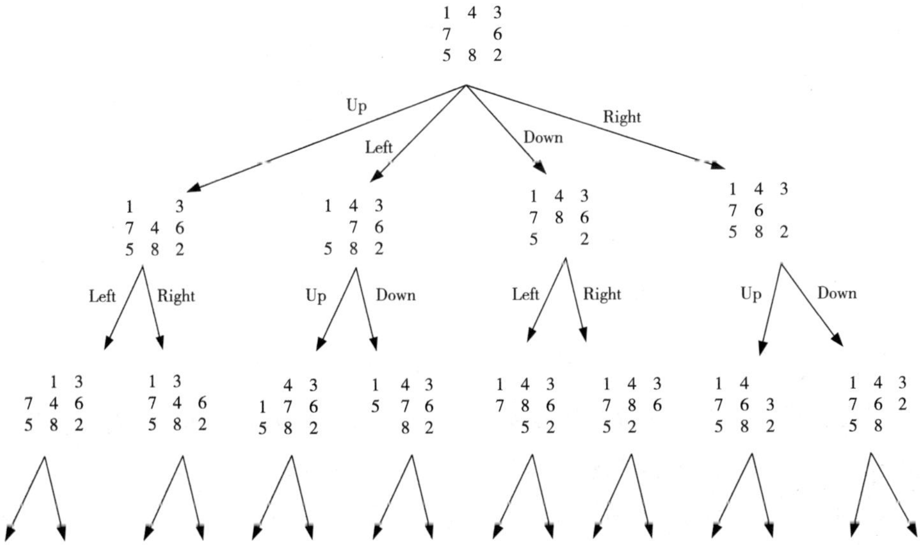

图 4-4　八数码问题状态空间

在某些问题中,各种操作算子的执行是有不同费用的。如在旅行商问题中,两两城市之间的距离通常是不相等的,那么在图中只需要给各弧线标注距离或费用即可。下面以旅行商问题为例来说明这类状态空间图的描述,其终止条件则是用解路径本身的特点来描述,即找到了经过图中所有城市的最短路径时搜索便结束。

例 4.2.3 旅行商问题或旅行推销员问题,是假设一个推销员从出发地到若干个城市去推销产品,然后回到出发地。问题是要找到一条最好的路径,使推销员访问每个城市后回到出发地所经过的路径最短,或费用最少。

图 4-5 是这个问题的一个实例,图中结点代表城市,弧上标注的数值表示经过该路径的费用。我们假定推销员从 *A* 城出发。

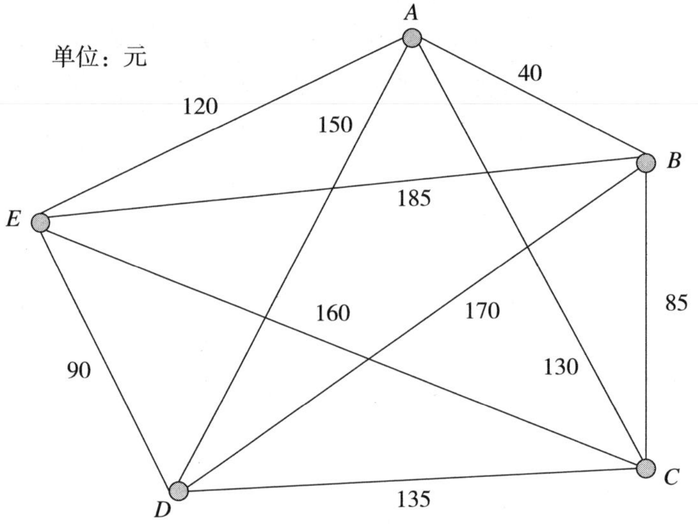

图 4-5 旅行商实例

可能的路径有很多,例如,费用为 470 元的路径(*A*,*B*,*C*,*D*,*E*,*A*)就是一个可能的旅行路径,但目的是要找具有最少费用的旅行路径。与之前讨论的问题不同的是,这类问题对目的的描述是关注整个路径的特性而不是单个状态的特性。图 4-6 是该问题的部分状态空间表示。

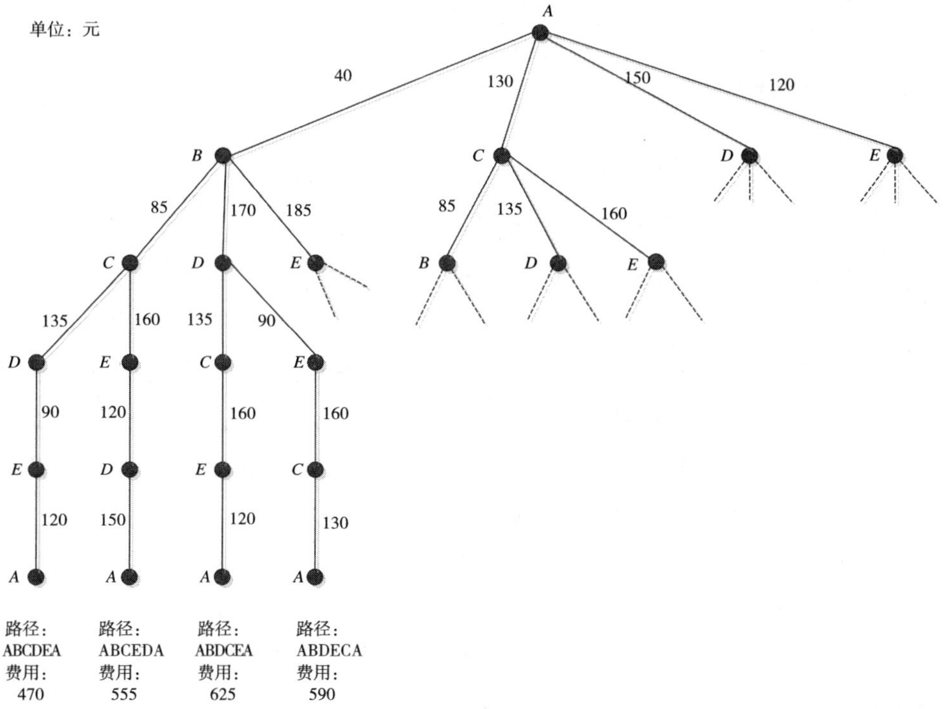

图 4－6　旅行商问题部分状态空间表示

需要指出的是，在上面两个例子中只绘出了问题的部分状态空间图，而其实绘出问题的全部状态空间图也是完全可以的。但对许多其他的实际问题，要在有限的时间内绘出问题的全部状态图是不可能的。例如旅行商问题，n 个城市存在 $\frac{1}{2}(n-1)!$ 条路径。如果用 10^8 次/秒的计算机进行穷举，当 $n=7$ 时，搜索时间为 $t=2.5\times10^{-5}$ 秒；当 $n=15$ 时，$t=1.8$ 小时；当 $n=20$ 时，$t=350$ 年；当 $n=50$ 时，$t=5\times10^{48}$ 年；当 $n=100$ 时，$t=5\times10^{142}$ 年；当 $n=200$ 时，$t=5\times10^{358}$ 年。因此，这类显式表示对于大型问题的描述是不切实际的，而对于具有无限结点集合的问题则是不可能的。因此我们要研究能够在有限时间内搜索到较好解的搜索算法。

状态空间搜索是通过搜索某个状态空间以求得操作算子序列的这样一种解答过程。这种搜索是状态空间问题求解的基础。

搜索策略的主要任务是要确定如何选取操作算子。它有两种基本方式：盲目搜索和启发式搜索。

4.3 盲目的图搜索策略

4.3.1 回溯策略

无论是正向搜索还是逆向搜索,求解问题都是在状态空间图中找到从初始状态到目的状态的路径。路径上弧的序列对应于解题步骤。若在选择操作算子求解问题时,可以给出绝对可靠的预测或者绝对正确的选择策略,一次性成功穿过状态空间而达到目的,构造出一条解题路径,那就不需要所谓的搜索了。然而事实是,不是总能给出正确的选择,在实际求解问题时必须尝试多条路径才能找到目的状态。一个搜索算法的策略就是要决定树或图中状态的搜索次序。回溯策略是一种系统地尝试状态空间中各种不同路径的技术。

回溯策略的搜索是从初始状态出发,试探性地、连续不断地寻找路径,直至达到目的或到达"不可解结点"为止。此时就回溯到路径中最近的父结点上,查看该结点是否还有其他的子结点未被扩展。若有,则沿这些子结点继续搜索;如果找到目标,就成功退出搜索,返回解题路径。

可以看出,回溯策略的搜索过程呈现出递归过程的性质。搜索过程在每个结点上的检查遵循着递归方式。下面是递归过程:

```
Step Track (DataList):
Data: = First (DataList);   * 当前状态为状态序列表中第一个状态
if Member (Data, Tail (DataList)) then return FAIL;   * 回老路,退回
if Goal (Data) then return NIL;   * 达到目的状态,成功返回
if DeadEnd (Data) then return FAIL;   * 达到不合理状态,退回
if Length (DataList) > Bound then return FAIL;   * 已到深度限制,退回
Rules: = AppRules (Data);   * 得出可应用的规则集
Loop: if Null (Rules) then return FAIL;   * 进入死胡同,退回
R: = First (Rules);   * 取出第一条可用规则
Rules: = Tail (Rules);
NewData: = Gen (R, Data);   * 运用规则,生成新状态
NewDataList: = Cons (NewData, DataList);
```

Path: = Back Track (NewDataList);　　* 递归

If Path: = FAIL then go Loop;

Else return Cons (R, Path);

说明:变量符号 Data、DataList、Rules、R、Newdata、NewDataList、Path 分别表示当前状态、状态序列表、规则集序列表、当前运用的规则、生成的新状态、生成的新状态序列表、当前的解路径表;常量符号 FAIL、NIL、Bound、Loop 分别表示回溯点标记、空表、深度限制值、循环标号;函数 First(y) 表示在 y 表中取第一个元素,函数 Tail(x) 是取除了 x 表中第一个元素外的其余部分,函数 Member(x,y) 表示变量 x 是否为 y 表的一个元素,函数 Goal(x) 表示变量状态 x 是否为目的状态,函数 DeadEnd(x) 表示变量状态 x 是否为不可能解路径上的状态,函数 Null(x) 表示 x 表是否为空表,函数 Gen(x,y) 是求 x 规则运用在 y 状态后所生成的新状态,函数 Cons(x,y) 是将变量状态 x 加在 y 表的前部。

图 4-7 给出了一个状态空间中应用回溯搜索的示意图,图中虚线箭头的方向表示搜索的轨迹,结点边的数字表示被搜索到的次序。

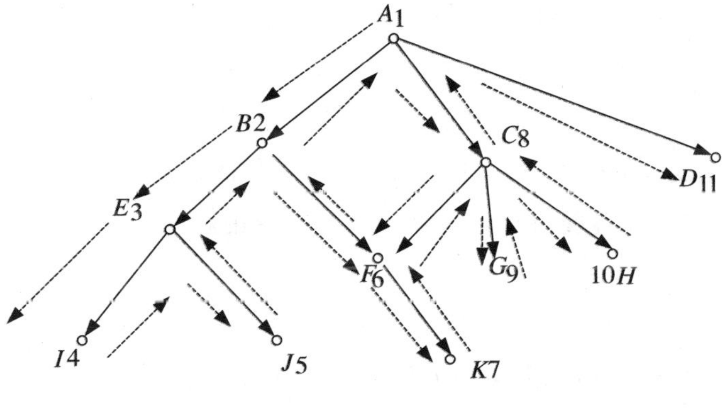

图 4-7　状态空间中应用回溯搜索示意图

回溯搜索的算法用三张表来保存状态空间中的不同性质结点:

(1)路径状态表

路径状态(Path States,PS)表保存当前搜索路径上的状态。如果找到了目的,PS 就是解路径上的状态有序集。

(2)新的路径状态表

新的路径状态(New Path States,NPS)表包含了等待搜索的状态,其后裔状态还未被搜索到,即未被生成扩展。

(3)不可解状态表

不可解状态(No Solvable States,NSS)表列出了找不到解路径的状态。如果在搜索中扩展出的状态是它的元素,则可立即将之排除,不必沿该状态继续搜索。

当前正在被检测的状态,记作当前状态(Current State,CS)。CS 总是等于最近加入 PS 中的状态,是当前正在探寻解题路径的“前锋”。各种合适的推理规则或其他问题求解操作都可应用于 PS。应用后一般便得到一些新状态,即 PS 的子状态的有序集,然后再将该集合中的第一个子状态作为当前状态 CS,并加入 PS 中,其余的则按序放入 NPS 中,用于以后的搜索。如果应用后 CS 没有子状态,则要从 PS、NPS 中删除它,同时将其加入 NSS,之后回溯查找 NPS 中表首位置的状态。

```
Function backtrack:
begin
PS: = [Start]; NPS: = [Start]; NSS: = [    ]; CS: = Start; * 初始化
while NPS≠[    ] do
begin
if CS = 目的状态 then return (PS);        * 成功,返回解题路径
if CS 没有子状态(不包括 PS、NPS 和 NSS 中已有的状态)
then
begin
while ((PS 非空) and (CS = PS 中的第一个元素)) do
begin
将 CS 加入 NSS                        * 标明此状态不可解
从 PS 中删除第一个元素 CS;       * 回溯
从 NPS 中删除第一个元素 CS;
CS: = NPS 中的第一个元素;
end;
将 CS 加入 PS;
```

```
end
else
begin
将 CS 的子状态(不包括 PS、NPS 和 NSS 中已有的)加入 NPS;
CS: = NPS 中的第一个元素;
将 CS 加入 PS;
end
end;
return FAIL;
end.
```

上面的搜索过程显示出回溯是状态空间中的一个正向搜索。它将初始条件作为初始状态,对其子状态进行搜索以寻找目的。如将目的作为搜索图的根,即初始状态,本算法便可看作逆向搜索。如将算法中"成功,返回解题路径"的判别条件"CS = 目的状态"修改为"搜索路径的性质优劣",那算法必须通过检查 PS 中的路径来确定是否达到目的。

回溯是状态空间搜索的一种基本算法。在各种图搜索算法中,例如深度优先、宽度优先、最好优先搜索等都有回溯的思想,其中宽度、深度优先搜索是状态空间的最基本的搜索策略。

4.3.2　宽度优先搜索策略

宽度优先搜索策略是按照图 4－8 所示的次序来搜索状态的。由 S_0 生成状态 1、2,然后扩展状态 1,生成状态 3、4、5,接着扩展状态 2,生成状态 6、7、8,该层扩展完后,再进入下一层,对状态 3 进行扩展,如此一层一层地扩展下去,直到搜索到目的状态(如果目的状态存在)。

在实际进行宽度优先搜索时,为保存状态空间搜索的轨迹用到两个表:open 表和 closed 表。open 表与回溯算法中的 NPS 表相似,包含已经生成出来但其子状态未被搜索的状态。open 表中的状态排列次序就是搜索的次序。closed 表记录了已被生成扩展过的状态,它相当于回溯算法中 PS 表和 NSS 表的合并。下面是宽度优先搜索过程。

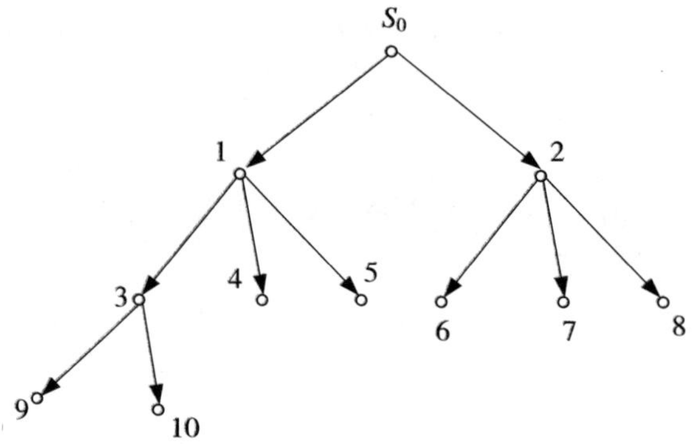

图 4-8　宽度优先搜索策略

Procedure breadth_first_search

begin

open：=[start];closed：=[ ]　　　　　　　　　　＊初始化 while open≠[　] do

begin

从 open 表中删除第一个状态,称之为 n;

将 n 放入 closed 表中;

if n = 目的状态 then return (success);

生成 n 的所有子状态;

从 n 的子状态中删除已在 open 或 closed 表中出现的状态;　＊避免循环搜索

将 n 的其余子状态,按生成的次序加入 open 表的后端;

end;

end;

注意,open 表是一个队列结构,即先进先出(FIFO)的数据结构。曾在 open 表或 closed 表中出现过的子状态要删去。

如果过程因 while 循环条件(open≠[　])不满足而结束,则表明已搜索完整个状态空间,但未搜索到目的状态,即搜索失败。

如果整个状态空间是无限的,并不能满足 while 的循环条件即无解,过程便会一直搜索下去,所以在过程中应增加"搜索超时而结束"的终止部分。下面是一个宽度优先搜索的例子。

例 4.3.1　如图 4－9 所示,通过搬动积木块,希望从初始状态达到一个目的状态,即三块积木堆叠在一起。积木 *A* 在顶部,积木 *B* 在中间,而积木 *C* 在底部。

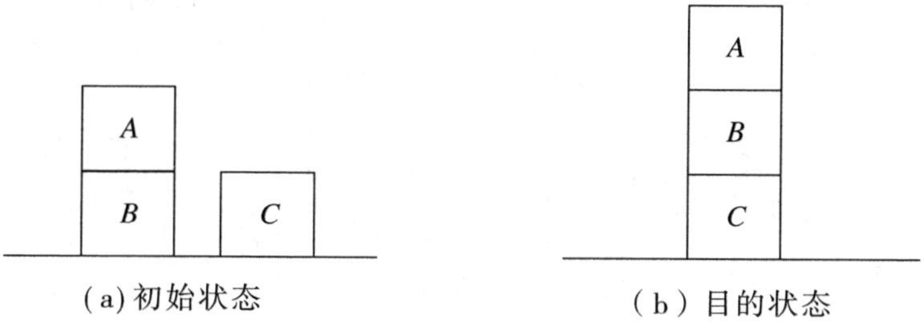

图 4－9　例 4.3.1 初始状态及目的状态

这个问题的唯一操作算子为 *MOVE*(*X*,*Y*),即把积木 *X* 搬到 *Y*(积木或桌面)上面。如"搬动积木 *A* 到桌面上"表示为 *MOVE*(*A*,*Table*)。该操作算子可运用的先决条件是:

(1)被搬动积木的顶部必须为空。

(2)如果 *Y* 是积木(不是桌面),则积木 *Y* 的顶部也必须为空。

(3)同一状态下,运用操作算子的次数不得多于一次(可从 open 表和 closed 表加以检查)。

图 4－10 表示了由宽度优先搜索所产生的搜索树。各结点是以产生和扩展的先后次序编下标的。当搜索到S_{10}目的状态时,过程便结束。此时,open 表包含S_0至S_5,而 closed 表包含S_6至S_{10}。

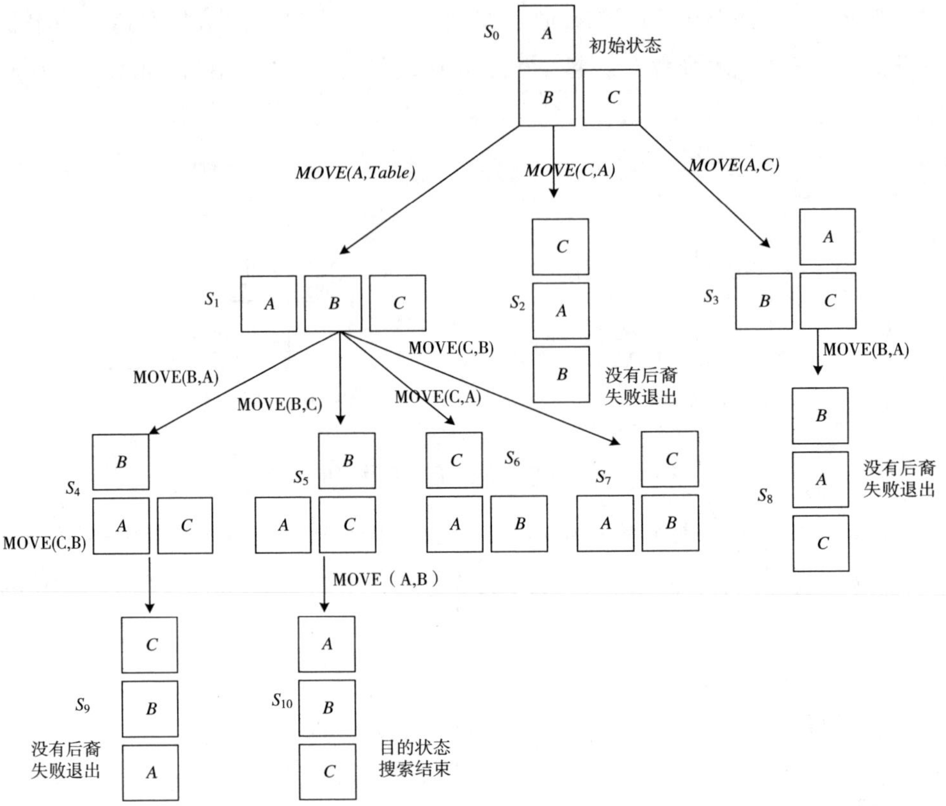

图 4-10　宽度优先搜索所产生的搜索树

由于宽度优先搜索总是在生成扩展完 N 层的所有结点之后才转向 $N+1$ 层，所以它总能找到最好的解（如有解），但当图的分枝数太多，即状态的后裔数的平均值较大，这种组合爆炸就会使算法耗尽资源，从而在可利用的空间中找不到解。这是由于每层搜索中所有生成的未扩展的结点都要保存到 open 表中，如果解题路径较长，这个数目将会大得使搜索无法进行。

4.3.3 深度优先搜索策略

深度优先搜索策略是按图 4－11 所示的次序来搜索状态的。

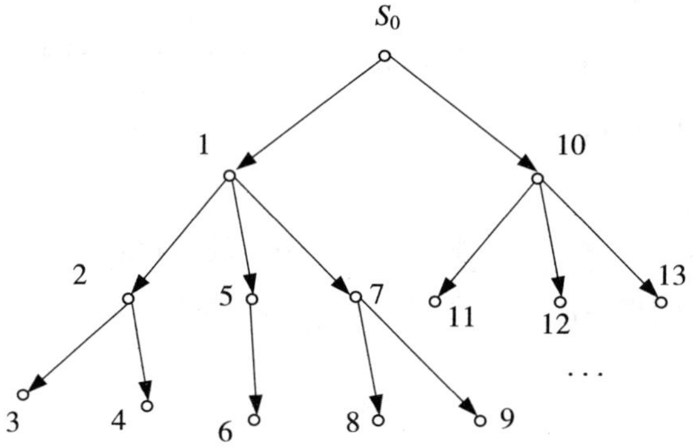

图 4－11　深度优先搜索策略

搜索从S_0出发,沿一个方向一直扩展下去,如状态 1、2、3,直到达到一定的深度(这里假定为 3 层)。如果未找到目的状态或无法再扩展时,便回溯到另一条路径(状态 4)继续搜索;若还未找到目的状态或无法再扩展时,再回溯到另一条路径(状态 5、6)搜索……

与宽度优先搜索不同的是,深度优先搜索在搜索到某一个状态时,所有的子状态以及子状态的后裔状态都必须先于该状态的兄弟状态被搜索。深度优先搜索在搜索空间时应尽量往深处去,只有再也找不出某状态的后裔状态时,才能考虑它的兄弟状态。

很明显,深度优先搜索法不一定能找到最优解,并且可能由于深度的限制,解不会被找到(假设待求问题存在解),然而如果不加深度限制值,可能会沿着一条路径无限地扩展下去,这当然不是所期望的。为了保证找到解,就应该选择合适的深度限制值,或采取不断加大深度限制值的办法,反复搜索,直到找到解。

通过修改宽度优先搜索过程便可得到深度优先搜索过程:

```
Proceduredepth_first_search
begin
open:=[start];closed:=[  ];d:=深度限制值
```

```
while open≠[   ]do
begin
从 open 表中删除第一个状态,称之为 n;
将 n 放入 closed 表中;
if n = 目的状态   then return (success);
if n 的深度 < d   then continue;
生成 n 的所有子状态;
从 n 的子状态中删除已在 open 或 closed 表中出现的状态;
将 n 的其余子状态,按生成的次序加入 open 表的前端;
end;
end;
```

注意,open 表是一个堆栈结构,即先进后出(FILO)的数据结构。open 表用堆栈实现的方法使搜索偏向于最后生成的状态;曾在 open 表或 closed 表中出现过的子状态要删去。和 breadth_first_search 中一样,此处 open 表列出了所有已生成但未作扩展的状态(搜索的"前锋"),closed 表记录了已扩展过的状态。同 breadth_first_search 一样,两个算法都可以把每个结点同它的父结点一起保存,以便构造一条从起始状态到目的状态的路径。

与宽度优先搜索不同的是,深度优先搜索并不能保证第一次搜索到某个状态时的路径是到这个状态的最短路径。对任何状态来说,以后的搜索都有可能找到另一条通向它的路径。如果路径的长度对解题很重要,那么当算法多次搜索到同一个状态时,它应该保留最短路径。具体操作上,可以把每个状态用一个三元组来保存(状态、父状态、路径长度)。当生成子状态时,将路径长度加 1,和子状态一起保存起来。当有多条路径可到达某子状态时,这些信息可帮助选择最优的路径。必须指出,深度优先搜索中即使保存这些信息,也不能保证算法得到的解题路径是最优的。下面是一个深度优先搜索的例子。

例 4.3.2 卒子穿阵问题。要求一卒子从顶部通过图 4－12 所示的阵列到达底部。卒子行进中不可进入代表敌兵驻守的区域(标注 1),并不准后退。假定深度限制值为 5。

由深度优先搜索策略产生的搜索树如图 4－12 所示。在结点 S_0,卒子还没有进入阵列，在其他结点，其所处的阵列位置用一对数字（行号，列号）表示，结点的编号代表搜索的次序。

当搜索过程终止时，open 表含有S_{17}（为一目的结点）和S_{18}，而其他结点（S_0 ~ S_{16}）都在 closed 表中。很明显，所求得的解路径（S_0，S_8，S_{14}，S_{15}，S_{16}，S_{17}）比最优路径[从(1,4)进入]多走一步。

此外，由于本算法把状态空间作为搜索树来考虑，而不是当作一般的搜索图考虑，所以，忽略了两个不同的结点S_2和S_9实际上是代表了同一个状态这个问题。因而，从结点S_9向下的搜索实际是在重复从结点S_2向下的搜索。

深度优先搜索能够尽快地深入下去，若已知解题路径很长，深度搜索就不会在开始状态的周围即“浅层”状态上浪费时间；但另一方面，深度优先搜索会在搜索的深处“迷失方向”，找不到通向目的的更短路径或陷入一个不通往目的的无限长的路径中。深度优先搜索在搜索有大量分支的状态空间时有相当高的效率，它不需要把某一层上的所有结点都进行扩展。

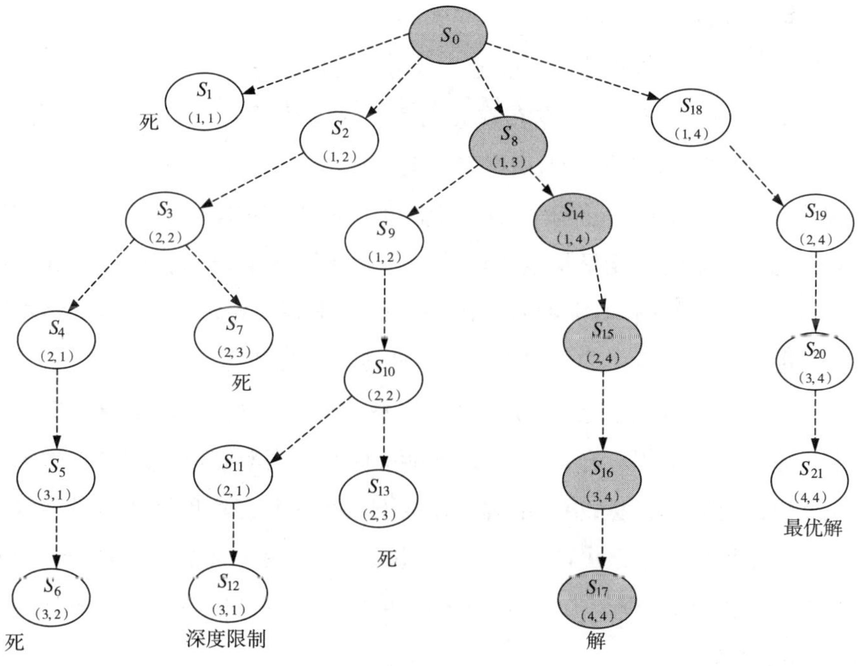

图 4-12　由深度优先搜索策略产生的搜索树

4.4 启发式图搜索策略

前一节所介绍的大部分搜索方法都是盲目搜索方法,其搜索的复杂性往往是很高的。为了提高算法的效率,必须放弃利用纯数学的方法来决定搜索结点的次序,而需要对具体问题作具体分析,从与问题有关的信息中得到启发来引导搜索,以达到减少搜索量的目的,这就是启发式搜索。

本节先对启发及启发式搜索策略所涉及的问题作一介绍,然后具体介绍启发式搜索算法——A 及 A^* 算法,最后讨论启发式搜索算法的性质。

4.4.1 启发式策略

启发式策略就是利用与问题有关的启发信息引导搜索。

在状态空间搜索中,启发式被定义成一系列操作算子,并能从状态空间中选择最有希望到达问题解的路径。

问题求解系统可在两种基本情况下运用启发式策略。

(1)由于在问题陈述和数据获取方面存在模糊性,可能会使一个问题没有一个确定的解,这就要求系统能运用启发式策略作出最有可能的解释。

(2)虽然一个问题可能有确定解,但是其状态空间特别大,搜索中生成扩展的状态数会随着搜索的深度呈指数级增长。穷尽式搜索策略如宽度优先或深度优先搜索,在一个给定的较实际的时空内很可能得不到最终的解,而启发式策略则通过引导搜索向最有希望的方向进行来降低搜索的复杂度。

但是,启发式策略是很容易出错的。在解决问题过程中,启发仅是下一步将要采取措施的一个猜想。它常常根据经验和直觉来判断。由于启发式搜索只利用特定问题的有限的信息,很难准确地预测下一步在状态空间中采取的具体的搜索行为。一个启发式搜索可能得到一个次优解,也可能一无所获。这是启发式搜索固有的局限性,而这种局限性不可能由所谓更好的启发式策略或更有效的搜索算法来彻底消除。

在问题求解中,需要用启发式知识来剪枝以减少状态空间,否则只能求解一些小规模的问题。因此,启发式策略及算法设计一直是人工智能的核心问题。

启发式搜索通常由两部分组成:启发方法和使用该方法搜索状态空间的算法。

例 4.4.1 一字棋游戏。在九宫格棋盘上,从空棋盘开始,双方轮流在棋盘上摆各自的棋子×或O(每次一枚),谁先取得三子一线(一行、一列或一条对角线)的结果就取胜。

×或O在棋盘中摆出的各种不同的棋局就是问题空间中的不同状态。在9个位置上摆放{空,×,O}有3^9种棋局。当然,其中大多数不会在实际对局中出现。任一方的摆棋就是状态空间中的一条弧。由于第三层及更底层的某些状态可以通过不同路径到达,所以其状态空间是图而不是树。但图中不会出现回路,因为弧具有方向性(下棋时不允许悔棋)。这样搜索路径时就不必检测是否有回路。

在一字棋游戏中,第一步有9个空格便有9种可能的走法,第二步8种,第三步7种……如此递减,所以共有9×8×7×…×1即9!种不同的棋局状态,其状态空间较大,穷尽搜索的组合数较大。

可以利用启发方法来剪枝,以减少状态空间的大小。根据棋盘的对称性可以减少搜索空间的大小。棋盘上很多棋局是等价的,如第一步实际上只有3种走法,角、边的中央和棋盘正中,这时状态空间的大小为3×8!。在状态空间的第二层上,由对称性还可进一步减少到3+12×7!种,当然还可以再进一步减少状态空间的大小。

此外,使用启发方法进行搜索几乎可以整个地消除复杂的搜索过程。设想将棋子走到棋盘上×有最多的赢线的格子上,若两种状态有相等的赢的概率,取其中的一种。最初的三种状态显示在图4-13中。这样,可设计一种算法(完全实现启发式搜索),它选择具有最高启发值的棋局状态放棋子。例如,对于图4-13(a)×方有8种布子成为一线,而O方只有5种布子成为一线,所以×方赢的概率为8-5=3;对于图4-13(b)O方有6种布子成为一线,所以×方赢的概率为8-6=2;对于图4-13(c)O方有4种布子成为一线,所以×方赢的概率为8-4=4,是×方的最佳走步。因此,在本例的这种情况下,只需搜索×占据棋盘正中位置的棋局状态,而其他的各种棋局状态连同它们的延伸棋局状态都不必再考虑了。

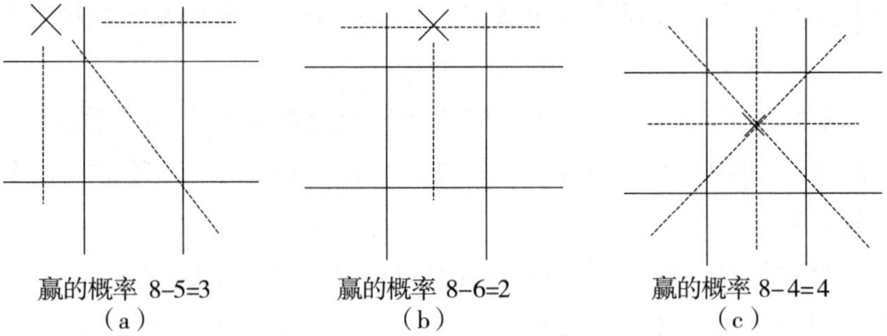

图 4－13　一字棋游戏

如图 4－14 所示 2/3 的状态空间就不必搜索了。

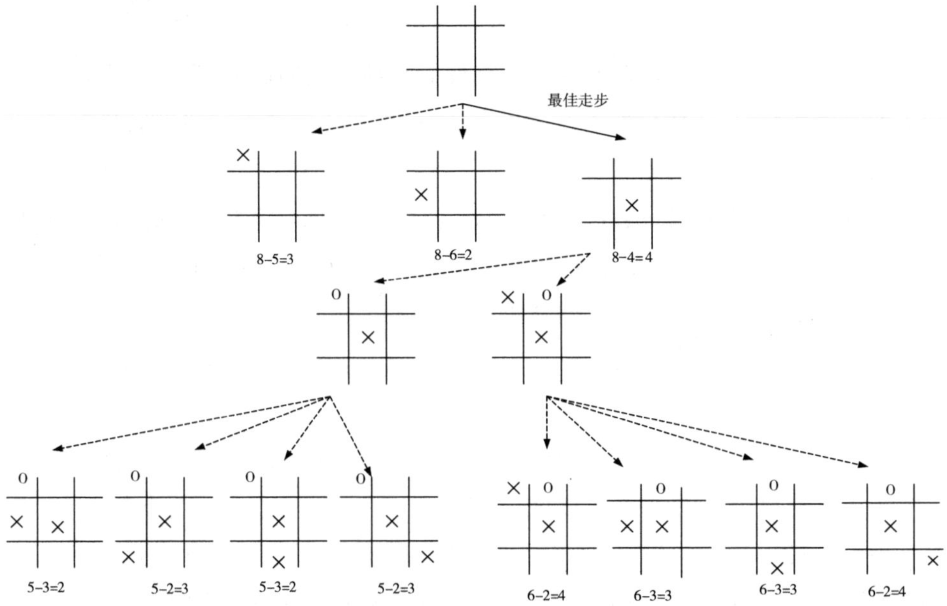

图 4－14　2/3 的状态空间

第一步棋下完后，对方只能有两种走法。无论选择哪种走法，我方均可以通过启发式搜索来选择下一步可能的走法。在搜索过程中，每一步只需估计单个结点的子结点便可决定下哪步棋。图 4－14 显示了简化了的游戏前三步的搜索过程。每种状态都标记了它的启发值，图中实线表示最佳走步。

要精确地计算待搜索的状态数目比较难，但可以大致计算它的上限。一盘棋最多走 9 步,每步的下一步平均有四五种走法,这样大约就是 4.5×9,近 40 种状态,比原来 9! 大小的状态空间缩小了很多。

国际象棋软件采用启发式搜索算法,在搜索棋局时加入剪枝策略。谷歌开发的围棋软件 AlphaGo 利用深度学习算法学习人类的棋谱,模拟人类选择几个优势点,然后通过蒙特卡洛树搜索,穷举计算这几个点胜率,从中优选。AlphaGo 中有两个深度神经网络,Value Networks(价值网络)和 Policy Networks(策略网络)。其中,Value Networks 评估棋盘选点位置,Policy Networks 选择落子。深度神经网络不仅向人类专家学习棋谱,而且能够自己和自己下棋,进行强化学习来不断提高下棋水平。

4.4.2　启发信息和估价函数

在解决一个具体的实际问题时,人们常常把复杂的问题抽象化,保留某些主要因素,忽略大量次要因素,从而将这个实际问题转化成具有明确结构的有限或无限的状态空间问题,这个状态空间中的状态和变换规律都是已知集合,因此可以找到一个求解该问题的算法。

在求解中,启发式搜索能够利用与该问题有关的信息简化搜索过程,称此类信息为启发信息。然而,在求解问题中能利用的大多不是具有完备性的启发信息,而是非完备的启发信息。其原因是:

(1)大多数情形下,求解问题的系统不可能知道与实际问题有关的全部信息,因此无法知道该问题的全部状态空间,也不可能用一套算法来求解所有的问题。这样就只能依靠部分状态空间、一些特殊的经验和有关信息来求解其中的部分问题。

(2)有些问题在理论上虽然存在求解算法,但是在工程实践中,这些算法不是效率太低,就是无法实现。因此为了提高求解问题的效率,不得不放弃使用这些"完美的"算法,而求助于一些启发信息来进行启发式搜索。

例如在博弈问题中,计算机为了保证最后的胜利,可以将所有可能的走法都试一遍,然后选择最佳走步。这样的算法是可以找到的,但计算所需的时空代价十分惊人。对于可能有的棋局数来说,一字棋是 $9!\approx3.6\times10^5$,西洋跳棋是 10^{78},国际象棋是 10^{120},围棋是 10^{761}。对于围棋,宋代《梦溪笔谈》中早有论述:"大约连书万字五十二个,即是局之大数。"意思是围棋所有可能的走法数目超过 52 位。扣除气孔等必需的空位后,仍然有 43 位数的可能性。地球上气体的分子总数也大约有46位数。假设每步可以搜索一个棋局,用极限并行速度(10^{-104}年/步)来处理,搜索一遍国际象棋的全部棋局也得10^{16}年,即1亿亿年才可以算完,而我们已知的宇宙寿命才100亿年！因此,必须采用启发式的求解方法。

启发信息按运用的方法不同可分为三种:

(1)陈述性启发信息。通常用于更准确和精练地描述状态,使问题的状态空间缩小。“待求问题的特定状况”属于此类信息。

(2)过程性启发信息。一般被用来构造操作算子,使其少而精。一些规律性知识都属于此类信息。

(3)控制性启发信息。它表示控制策略方面的知识,包含协调整个问题求解过程中所使用的各种处理方法、搜索策略、控制结构等有关知识。

为提高搜索效率,就需要利用上述三种启发信息作为搜索的辅助性策略。下面主要介绍控制性启发信息。

利用控制性的启发信息有两种极端的情况:一种是没有任何控制性知识作为搜索的依据,因而搜索的每一步完全是随意的,如随机搜索、宽度搜索、深度搜索等;另一种是有充分的控制知识作为依据,因而搜索的每一步选择都是正确的,但这是不现实的。一般情况介于二者之间。在搜索过程中需要根据这些启发信息估计各个结点的重要性。

用估价函数估计待搜索结点的“有希望”程度,并依次给它们排定次序。估价函数$f(x)$可以是任意一种函数,如定义为结点x处于最佳路径上的概率,或是x结点和目的结点之间的距离或差异,或是x格局的得分等。

一般来说,估计一个结点的价值,必须综合考虑两方面的因素:已经付出的代价和将要付出的代价。因此,估价函数$f(n)$定义为从初始结点经过n结点到达目的结点的路径的最小代价估计值,其一般形式是

$$f(n)=g(n)+h(n)$$

其中,$g(n)$是从初始结点到n结点的实际代价,而$h(n)$是从n结点到目的结点的最佳路径的估计代价。因为实际代价$g(n)$可以根据已生成的搜索树实际计算出来,而估计代价$h(n)$是对未生成的搜索路径作某种经验性的估计。这种估计来源于对问题解的某些特性的认识,希望依靠这些特性来更快地找到问题的解,因此,主要是$h(n)$体现了搜索的启发信息。$g(n)$的作用一般是不可忽略的。

因为它代表了从初始结点经过 n 结点到达目的结点的总代价估值中的实际已付出的那一部分。保持 $g(n)$ 项就保持了搜索的宽度优先成分，$g(n)$ 的比重越大，越倾向于宽度优先搜索方式。这有利于搜索的完备性，但会影响搜索的效率。$h(n)$ 的比重越大，表示启发性能越强。在特殊情况下，如果只希望找到到达目的结点的路径而不关心会付出什么代价，则 $g(n)$ 的作用可以忽略。另外，当 $h(n) \gg g(n)$ 时，也可忽略 $g(n)$，这时有 $f(n) = h(n)$，有利于提高搜索的效率，但影响搜索的完备性。

给定一个问题后，根据该问题的特性和解的特性，可以有多种方法定义估价函数，用不同的估价函数指导搜索，其效果可以相差很远。因此，必须尽可能选择最能体现问题特性的、最佳的估价函数。设计估价函数的目标就是利用有限的信息做出一个较精确的估价函数。

例 4.4.2 八数码问题的估价函数。

八数码问题的估价函数的设计方法有多种，并且不同的估价函数对求解八数码问题有不同的影响。

(1)估价函数是一格局与目的格局位置不符的数码数目。

这是最简单的设计方法。直观感觉这种估价函数很有效，因为在其他条件相同的情况下，某格局位置不符的数码数目越少，则它和最终目的越接近，因而它是下一个搜索格局。但是，这种估价函数并没有充分利用所能获得的信息。它没有考虑数码所需移动的距离。

(2)估价函数是各数码移到目的位置所需移动的距离总和。

这两种估价函数都没有考虑数码逆转（与目的格局中数码排列的先后顺序）的情况。如果两块数码相邻但与目标格局相比位置相反，则至少需移动 3 次才能将它们移到正确的位置上。

①估价函数对每一对逆转数码乘以一个倍数。

②估价函数将位置不符数码数目的总和与 3 倍数码逆转数目相加。这种估价函数克服了仅计算数码逆转数目策略的局限。

这个例子说明，设计一个好的估价函数具有相当的难度。如何设计出好的估价函数是一个经验问题，判断和直觉在其中起到很重要的作用，但衡量其好坏的最终标准还是具体应用时的搜索效果。

4.4.3 A 搜索算法

启发式图搜索法的关键是如何寻找并设计一个与问题有关的 $h(n)$ 及构造出 $f(n)=g(n)+h(n)$，然后以 $f(n)$ 的大小来排列待扩展状态的次序，每次选择 $f(n)$ 值最小者进行扩展。

与宽度优先和深度优先搜索算法一样，启发式图搜索算法使用两张表记录状态信息：在 open 表中保留所有已生成而未扩展的状态；在 closed 表中记录已扩展过的状态。算法中有一步是根据某些启发信息来排列 open 表的。它既不同于宽度优先所使用的队列（先进先出），也不同于深度优先所使用的堆栈（先进后出），而是一个按状态的"启发估价函数值"的大小排列的一个表。进入 open 表的状态不是简单地排在队尾（或队首），而是根据其估值的大小插入表中合适的位置，每次从表中优先取出启发估价函数值最小的状态加以扩展。

A 算法是基于估价函数的一种加权启发式图搜索算法，具体步骤如下：

步骤 1　把附有 $f(S_0)$ 的初始点 S_0 放入 open 表；

步骤 2　若 open 表为空，则搜索失败，退出；

步骤 3　移出 open 表中第一个结点 N 放入 closed 表中，并按顺序编号 n；

步骤 4　若目标结点是附有 $f(S_0)$ 的初始点 $S_g=N$，则搜索成功，结束；

步骤 5　若 N 不可扩展，则转步骤 2；

步骤 6　扩展 N，生成一组附有 $f(x)$ 的子结点，对这组子结点作如下处理。

(1) 考察是否有已在 open 表或 closed 表中存在的结点。若有则再考察其中有无 N 的先辈结点，若有则删除之，对于其余结点也删除之，但由于它们又被第二次生成，因此需要考虑是否修改已存在于 open 表或 closed 表中这些结点及其后裔的返回指针和 $f(x)$ 的值。修改原则是选 $f(x)$ 值小的路径走。

(2) 为其余子结点配上指向 N 的返回指针后放入 open 表中，并对 open 表按 $f(x)$ 的值以升序排列，转步骤 2。

启发式图搜索的 A 算法描述如下：

```
procedure heuristic_search
open：=[start]；closed：=[　]；f(s)：=g(s)+h(s)；　＊初始化
while open≠[　]do
```

```
begin
从 open 表中删除第一个状态,称之为 n;
if n = 目的状态 then return (success);
生成 n 的所有子状态;
if n 没有任何子状态 then continue;
for n 的每个子状态 do
case 子状态 is not already on open 表 or closed 表;
begin
计算该子状态的估价函数值;
将该子状态加入 open 表中;
end;
case 子状态 is already on open 表;
if 该子状态是沿着一条比在 open 表中已有的更短的路径而到达;
then
begin
将该子状态从 closed 表移到 open 表中;
记录更短路径的走向及其估价函数值;
end;
case end;
将 n 放入 closed 表中;
根据估价函数值,从小到大重新排列 open 表;
end;            * open 表中结点已耗尽
return (failure);
```

由上述描述可见,在 A 搜索算法中,从 open 表中取出第一个状态,如果该状态满足目的条件,则算法返回该状态的搜索路径。在这里,每个状态都保留了其父状态的信息,以保证能返回完整的搜索路径。如果 open 表的第一个状态不是目的状态,则算法利用与之相匹配的一系列操作算子进行相应的操作来产生它的子状态。如果某个子状态已在 open 表(或 closed 表)中出现过,即该状态再一次被发现时,则通过刷新它的祖先状态的历史记录,使算法极有可能找到到达目的状态的更短的路径。接着，用 A 搜索算法得到 open 表中每个状态的估价函数值，按照值的大小重新排序，将值最小的状态放在表头，使其第一个被扩展。

例 4.4.3 图 4－15 给出了利用 A 搜索算法求解八数码问题的搜索树，解的路径为 s,B,E,I,K,L。

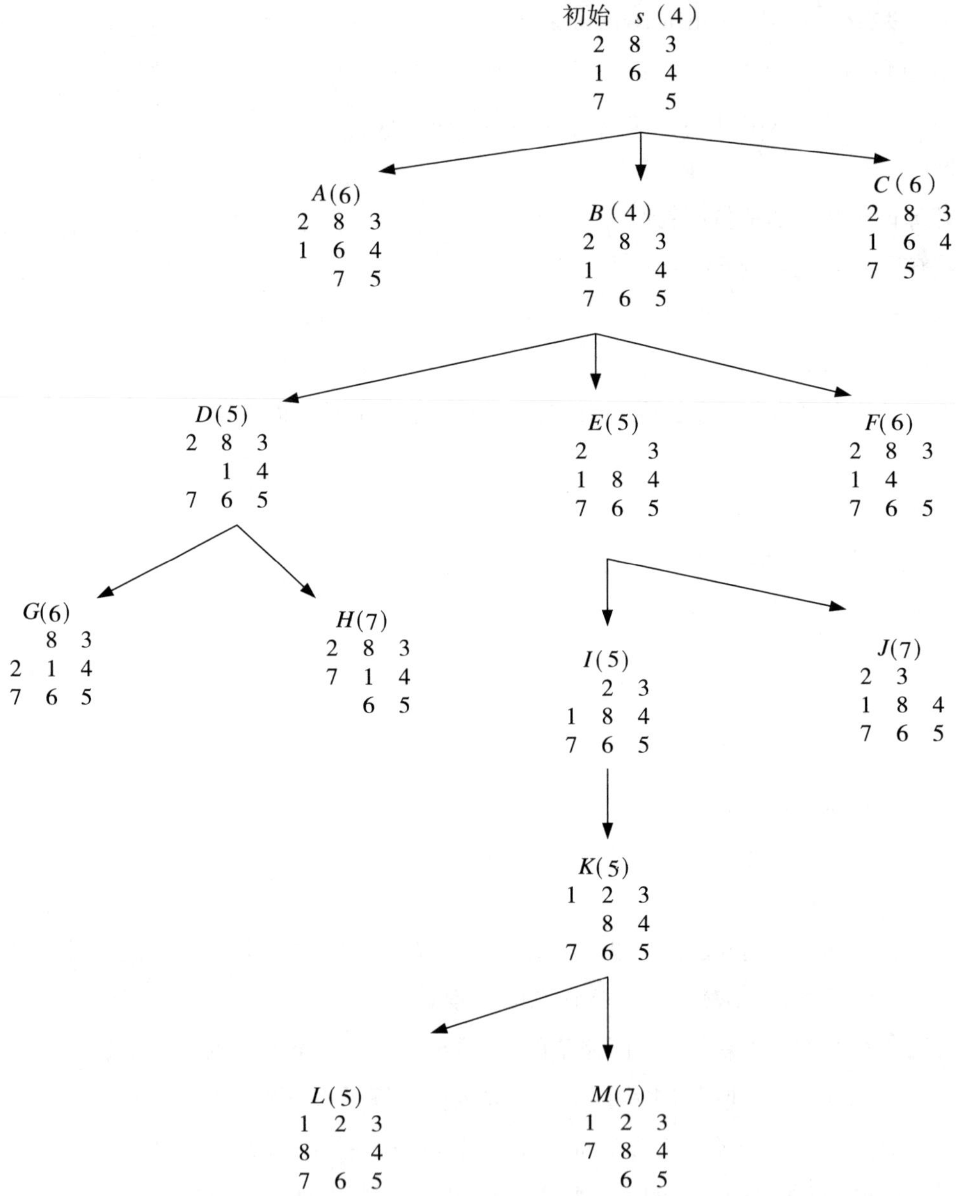

图 4－15 利用 A 搜索算法求解八数码问题的搜索树

图 4－15 中状态旁括号内的数字表示该状态的估价函数值，其估价函数定义为 $f(n)=d(n)+w(n)$。

其中，$d(n)$ 代表状态的深度，每步为单位代价；$w(n)$ 表示以“不在位”的数码数作为启发信息的度量。例如，A 的状态深度为 1，不在位的数码数为 5，所以 A 的启发函数值为 6。又如，E 的状态深度为 2，不在位的数码数为 3，所以 E 的启发函数值为 5。

搜索过程中 open 表和 closed 表内状态排列的变化情况如表 4－1 所示：

表 4－1　搜索过程中 open 表和 closed 表内状态排列的变化情况

open 表	closed 表
初始化：($s(4)$)	(　)
一次循环后：	
($B(4)A(6)C(6)$)	($s(4)$)
二次循环后：	
($D(5)E(5)A(6)C(6)F(6)$)	($s(4)B(4)$)
三次循环后：	
($E(5)A(6)C(6)F(6)G(6)H(7)$)	($s(4)B(4)D(5)$)
四次循环后：	
($I(5)A(6)C(6)F(6)G(6)H(7)J(7)$)	($s(4)B(4)D(5)E(5)$)
五次循环后：	
($K(5)A(6)C(6)F(6)G(6)H(7)J(7)$)	($s(4)B(4)D(5)E(5)I(5)$)
六次循环后：	
($L(5)A(6)C(6)F(6)G(6)H(7)J(7)M(7)$)	($s(4)B(4)D(5)E(5)I(5)K(5)$)
七次循环后：	
L 为目的状态，则成功退出，结束搜索	($s(4)B(4)D(5)E(5)I(5)K(5)L(5)$)

前面已提到启发信息给得越多即估价函数值越大，则 A 算法需要搜索处理的状态数就越少，其效率就越高。但也不是估价函数值越大越好，因为估价函数值太大会使 A 算法不一定能搜索到最优解。

4.4.4 A*搜索算法及其特性分析

A*搜索算法是由著名的人工智能学者 Nilsson 提出的，它是目前最有影响的启发式图搜索算法，也称为最佳图搜索算法。

定义$h^*(n)$为状态 n 到目的状态的最优路径的代价，则当 A 搜索算法的启发函数 $h(n)$小于等于$h^*(n)$，即满足$h(n) \leqslant h^*(n)$，对所有结点 n，它被称为 A*搜索算法。

如果某一问题有解，那么利用 A*搜索算法对该问题进行搜索，则一定能搜索到解，并且一定能搜索到最优的解。因此，A*搜索算法比 A 搜索算法好。它不仅能得到目标解，并且还一定能找到最优解（只要问题有解）。

在上例所描述的八数码问题中的 $w(n)$即为 $h(n)$，它表示了"不在位"的数码数。这个 $w(n)$满足了$h(n) \leqslant h^*(n)$的条件，因此，图 4－15 的八数码 A 搜索树也是 A*搜索树，所得的解路（s,B,E,I,K,L）为最优解路，其步数为状态 $L(5)$上所标注的 5，因为这时不在位的数码数为 0。

在一些问题求解中，只要搜索到一个解，就会想得到最优解，旨在提高搜索效率。因此就会问一个自然的问题，即是否还有更好的启发策略？或者说在什么意义上称某一启发策略比另一个好？

另外一个问题是：当通过启发式搜索得到某一状态的路径代价时，是否能保证在以后的搜索中不会出现到达该状态的更小的代价？对这些问题的回答涉及 A*搜索算法的相关特性：

（1）可采纳性

当一个搜索算法在最短路径存在时能在有限步内保证找到它，就称它是可采纳的。

通过估价函数 $f(n)=g(n)+h(n)$，可归纳出一类可采纳性的启发搜索策略的特征。若 n 是状态空间图中的一个状态，$g(n)$衡量某一状态在图中的深度，$h(n)$是 n 到目的状态代价的估计值，此时 $f(n)$则是从起点出发，通过 n 到达目标的路径的总代价的估计值。定义最优估价函数：

$$f^*(n)=g^*(n)+h^*(n)$$

其中，$g^*(n)$为起点到 n 状态的最短路径代价值；$h^*(n)$是 n 状态到目的状态的最短路径的代价值。这样，$f^*(n)$就是由起点出发通过 n 状态而到达目的状态的最佳路径的总代价值。

尽管在绝大部分实际问题中并不存在$f^*(n)$这样的先验函数，但可以将 $f(n)$ 作为$f^*(n)$的一个近似估计函数。在 A 及 A* 搜索算法中，$g(n)$作为$g^*(n)$的近似估价。$g(n)$与$g^*(n)$可能并不相等，但有 $g(n) \geqslant g^*(n)$。仅当搜索过程已发现了到达 n 状态的最佳路径时，它们才相当。同样，可以用 $h(n)$代替$h^*(n)$作为 n 状态到目的状态的最小代价估计值。虽然在绝大多数情况下无法计算$h^*(n)$，但是要判别某一 $h(n)$是否大于$h^*(n)$还是可能的。如果 A 搜索算法所使用的启发函数 $h(n) \leqslant h^*(n)$，则称为 A* 搜索算法。可以证明，所有的 A* 搜索算法都是可采纳的。

宽度优先算法是 A* 的一个特例，是一个可采纳的搜索算法。该算法相当于 A* 算法中取 $h(n)=0$ 和 $f(n)=g(n)+0$。宽度优先搜索时对某一状态只考虑它同起始状态的距离代价。这是由于该算法在考虑 $n+1$ 层状态之前，已考察了 n 层中的任意一种状态，所以每个目的状态都是沿着最短的可能路径而找到的。不幸的是，宽度优先搜索算法的搜索效率太低。

（2）单调性

在 A* 搜索算法中并不要求 $g(n)=g^*(n)$。这意味着要采纳的启发算法可能会沿着一条非最佳路径搜索到某一中间状态。从 A 搜索算法可看出，在这种情况下，算法需要比较代价、调整路径等，使搜索的效率大大降低。如果对启发函数 $h(n)$加上单调性的限制，就可以减少比较代价和调整路径的工作量，从而减少搜索代价。下面介绍启发函数单调性的概念。

如果某一启发函数满足：

①对所有状态n_i和n_j，其中n_j是n_i的后裔，满足

$$h(n_i) - h(n_j) \leqslant cost(n_i, n_j)$$

其中，$cost(n_i, n_j)$是从n_i到n_j的实际代价。

②目的状态的启发函数值为 0 或 $h(Goal)=0$，则称该启发函数 $h(n)$是单调的。

搜索算法的单调性可这样描述：在整个搜索空间都是局部可采纳的。一个状态和任一个子状态之间的差由该状态与其子状态之间的实际代价所限定，这就是说，启发策略无论何处都是可采纳的，因为它总是从祖先状态沿着最佳路径到达

任一状态。

于是,由于算法总是在第一次发现该点时就已经发现了到达该点状态的最短路径,所以当某一状态被重新搜索时,就无须检验新的路径是否更短,那是不可能的,这就意味着当某一状态被重新搜索时,可以将其立即从 open 表或 closed 表中删除,而无须修改路径的信息。

容易证明单调性启发策略是可采纳的。这意味着单调性策略中的 $h(n)$,满足 A^* 搜索策略的下界要求,因而算法是可采纳的。

(3)信息性

好的启发策略具有更多的启发知识,使其容易找到最短路径,搜索较少的状态,特别是当两种策略都是 A^* 搜索算法时。那么,何时一个启发策略要比另一个启发策略好?

在两个 A^* 启发策略的 h_1 和 h_2 中,如果对搜索空间中的任一状态 n 都有 $h_1(n) \leqslant h_2(n)$,就称策略 h_2 比 h_1 具有更多的信息性。如果某一搜索策略的 $h(n)$ 越大,则它所搜索的状态越少。

如果启发策略 h_2 的信息性比 h_1 要多,则用 h_2 所搜索的状态集合是 h_1 的一个子集。因此,算法 A^* 的信息性越多,它所搜索的状态数就越少。必须注意的是,更多的信息性需要更多的计算时间,从而有可能抵消减少搜索空间所带来的益处。

4.5 本章小结

本章主要介绍了搜索的主要过程、搜索策略、启发式搜索和盲目搜索;知识表示方法、状态空间知识表示,以及状态空间图表示法;常见的搜索策略,盲目的图搜索策略:回溯搜索的算法、宽度优先搜索策略;启发式图搜索策略:启发式策略以及 A^* 搜索算法的相关特性等。

习 题

1. 修道士和野人的问题。设有 3 个修道士和 3 个野人来到河边,打算用一条船从河的左岸渡到河的右岸。但该船每次只能装载 2 个人,在任何岸边野人的数目都不得超过修道士的人数,否则修道士就会被野人吃掉。假设野人服从任何一种过河安排,如何规划过河计划才能把所有人安全地渡过河去。用状态空间表示法表示修道士和野人的问题,画出状态空间图。

2. 用状态空间搜索法求解农夫、狐狸、鸡、小米问题。农夫、狐狸、鸡、小米都在一条河的左岸,现在要把他们全部送到右岸去,农夫有一条船,过河时,除农夫外,船上至多能载狐狸、鸡和小米中的一样。狐狸要吃鸡,鸡要吃小米,除非农夫在那里。试规划出一个确保全部安全的过河计划[提示: a. 用四元组(农夫、狐狸、鸡、小米)表示状态,其中每个元素都可为 0 或 1。0 表示在左岸,1 表示在右岸。b. 每次过河的一种安排作为一个算符,每次过河都必须有农夫,因为只有他可以划船]。

3. 用有界深度优先搜索方法求解图 4 – 16 所示八数码难题。初始状态为S_0,目标状态为S_g,要求寻找从初始状态到目标状态的路径。

2		8
1	6	3
7	5	4

S_0

1	2	3
8		4
7	6	5

S_g

图 4 – 16　八数码难题

4. 请简单叙述搜索的主要过程。

5. 简述启发信息按运用方法的不同分类。

6. 根据自己的理解,简述宽度优先搜索策略在日常生活中的应用,并分析其中所运用的方法及原理。

7. 仿照所学的 A 搜索算法例题,请你设计一个八数码问题,并利用 A 搜索算法求解。

8. 设计一个搜索方法的模型图,区分启发式搜索和盲目搜索。

第 5 章

警务不确定性推理方法

人工智能经典三大基本技术为知识表示、推理、搜索策略。推理一般是指利用已知事实或证据,通过运用相关知识推出结论或证明某个假设是否成立的思维过程。建立在经典逻辑基础之上,运用确定性知识,由确定的事实或证据进行精确推理得到确定性结论的推理方法,称为确定性推理。由于事物之间的复杂关系,在客观上存在随机性、模糊性和暴露的不充分性,人们对于事物的认识通常是不精确、不完备的,具有一定的不确定性。人们在信息不精确、不充分的情况下运用不确定性知识来分析、解决问题,通常得出的结论也具有不确定性。不确定性才是现实世界的常态,因此不确定性推理是推理中又一个重要的内容。由清华大学刘宝碇教授于 2007 年创立的不确定性理论引起了许多学者的关注,现在不确定性理论已经发展成为模拟人类不确定性问题的一个重要的数学分支,并在人工智能领域得到了广泛的关注和应用。

在监狱中,不确定性推理方法可以用于许多方面,以帮助管理人员更好地管理囚犯和保障他们的安全。例如,监狱安全:不确定性推理方法可以帮助管理人员更好地预测和预防监狱内的安全问题。通过对历史数据进行推理分析,可以发现可能存在的安全隐患,从而提前采取措施进行防范。决策支持:通过不确定性推理方法,可以帮助管理人员做出更科学、更合理的决策。这种推理方法可以综合考虑各种因素,包括囚犯的行为、背景、历史数据以及可能的风险和安全问题,从而为决策提供更准确的支持。囚犯心理辅导:通过不确定性推理方法,可以更准确地了解囚犯的心理状况,从而更好地进行心理辅导和干预。这种推理方法可以综合考虑囚犯的行为、背景、历史数据以及可能的心理问题,为心理辅导提供更准确的信息支持。

5.1　不确定性推理的概念

不精确性是科学认识中的重要规律，也是进行机器智能推理的主要工具之一。不确定性推理是指从不确定性的初始证据出发，通过运用不确定性的知识逐步推出具有一定程度的不确定性却是合理或近乎合理的结论的思维过程。

在不确定性推理中，知识和证据都具有不确定性，推出的结论也具有一定程度的不确定性。因此，在不确定性推理中，除了必须解决推理方向、推理方法、控制策略等基本的问题以外，还涉及不确定性的表示与度量、不确定性匹配、不确定性的传递算法和不确定性合成等问题。

5.1.1　不确定性的表示和度量

在不确定性推理中，"不确定性"一般有知识的不确定性和证据的不确定性两类，并且二者都需要有相应的表示和度量。在确立不确定性表示方法时，需要考虑以下两个方面：

(1)为满足问题求解的需要，要根据问题的特点准确地描述出问题的不确定性；

(2)要便于推理过程中对不确定性的推算。

目前，在专家系统中，一般是由领域专家给出知识的不确定性，通常以一个数值表示相应知识的不确定程度，称为知识的静态强度。为了便于在推理过程中对不确定性的处理，证据不确定性的表示方法一般也应与知识的不确定性表示方法一致。证据的不确定性通常也是一个数值，它表示了证据的不确定程度，称为动态强度。对于初始证据，其值由用户给出；对于之前推理的结论作为当前推理的证据，其值由推理中不确定性的传递算法计算得出。

不确定性的程度一般用不确定性的度量表示，对于不同的知识和不同的证据，它们的不确定性程度是不同的，需要用不同的数据来表示其对应的不确定性的程度，并且还需要提前规定它们的取值范围，保证范围内的每个数值都有意义。比如在利用可信度表示不确定性时，取值范围为闭区间[-1,1]，当可信度取正数时，其取值越大表示相应的知识或证据越接近"真"，当可信度取负数时，其取值越

小表示相应的知识或证据越接近“假”。在确定一种度量方法和其取值范围时,需要考虑以下三点:

(1)度量的确定应当是直观的,有相应理论依据的,并且能够充分表达相应知识或证据的不确定性程度;

(2)度量的范围应便于领域专家和用户估计不确定性;

(3)度量要便于不确定性的传递,同时结论的不确定性度量不能超出度量规定的范围。

5.1.2 不确定性匹配算法和阈值

在不确定性推理中,知识和证据都具有不确定性,并且通常情况下知识所要求的不确定性程度和证据实际具有的不确定性程度是不相同的。为了计算匹配双方的相似程度一般需要设计一个算法,并指定一个相似的“限度”,来衡量匹配双方的相似程度是否在指定的“限度”内。如果在指定的“限度”内,则称它们是可匹配的,相应的知识可被应用,否则称它们是不可匹配的,相应的知识则不可被应用。用来计算匹配双方相似程度的算法称为不确定性匹配算法,指定的“限度”称为阈值。

5.1.3 组合证据不确定性的算法

知识的前提条件一般有简单条件和复合条件两类,其中复合条件通常是用 AND 和 OR 把多个简单条件连接起来构成的。在进行知识和证据的匹配时,一个简单的条件对应着一个单一的证据,一个复合条件对应着一组证据,这一组证据称为组合证据。在不确定性推理中,通常对知识和证据的不确定性进行一些运算得到结论的不确定性,因此就需要有合理的算法来计算组合证据的不确定性,如最大最小法、概率法、Hamacher 法、有界法、Einstein 法等,并且每种方法都有相应的使用条件和适用范围。

5.1.4 不确定性的传递算法

不确定性推理的根本目的是根据初始证据,通过运用不确定性知识,最终推出不确定性的结论以及结论的不确定性程度。因此,在每一步的推理中,如何把证据和知识的不确定性传递给结论？在多步推理中，如何把初始证据的不确定性传递给最终结论？成为不确定性推理中两个需要解决的问题。这就需要设计不确定性的传递算法，在不同的不确定性推理中采用不同的处理方法。在初始证据不确定性的传递中，通常是把由初始证据推出的结论和不确定性度量作为证据放入数据库中，以便在以后的推理中使用，从而完成初始证据的不确定性的传递。

5.1.5　结论不确定性的合成

在推理中，有时会出现运用不同的知识进行推理得到了一些具有不同不确定程度的相同的结论。此时，就需要利用适合的算法对结论的不确定性进行合成，而通常在不同的不确定性推理方法中采用不同的合成方法。

5.1.6　不确定性推理方法

不确定性推理方法主要分为控制方法和模型方法两类。其中，控制方法由于没有处理不确定性的统一模型，其效果极大地依赖于控制策略，包括相关性指导、机缘控制、启发式搜索、随机过程控制等。模型方法具体可分为数值模型方法和非数值模型方法两类，按其依据的理论不同，数值模型方法主要有基于概率的方法和基于模糊理论的推理两种方法。基于概率的方法主要有可信度方法、证据理论、基于概率的贝叶斯推理方法等，基于模糊理论的推理方法称为模糊方法。下面的内容将详细地介绍几种简单实用的不确定性推理方法。

5.2　可信度方法

可信度其本身带有很强的主观性和经验性，是指人们根据以往的经验对某个事物或现象为真的相信程度。虽然可信度具有很大的主观性和经验性，导致其准确性难以把握，但是人工智能中很多复杂的问题由于其结构不良，难以给出精确的数学模型，也很难确定其先验概率和条件概率。因此利用可信度来表示知识和证据的不确定性是一种直观、简单的方法，并且领域专家依据其丰富的专业知识和实践经验，可以轻松给出领域内的效果较好的知识可信度。

可信度方法是不确定性推理中十分简单又非常有效的一种推理方法，是由斯坦福大学的 E. H. Shortliffe 和其同事在 1975 年提出的基于非概率的和非形式化的推理过程的一种不确定性的推理模型，并且在 1976 年成功地应用在了血液病诊断专家系统中。直到现在，很多成功的专家系统都是基于可信度方法建立起来的。

5.2.1 可信度的定义

可信度方法采用可信度因子（Certainty Factor）作为不确定性的测度，证据对假设的定量的支持程度通过对可信度因子的计算来讨论，通常也称作 C－F 模型。由证据 E 得到假设 H 的可信度因子可以记作 CF(H,E)，它反映了前提条件与结论的联系强度，最初定义为信任增长度与不信任增长度的差，记作

$$CF(H,E)=MB(H,E)-MD(H,E) \tag{5-1}$$

其中，$MB(H,E)$ 称为信任增长度，表示因为有与前提条件 E 匹配的证据出现，使结论 H 为真的信任的增长程度。

定义 5.2.1

$$MB(H,E)=\begin{cases}1, P(H)=0\\ \dfrac{\max\{P(H|E),P(H)\}-P(H)}{1-P(H)}, \text{其他}\end{cases} \tag{5-2}$$

MD(H,E) 称为不信任增长度，表示因为有与前提条件 E 匹配的证据出现，对结论 H 不信任的增长程度。

定义 5.2.2

$$MD(H,E)=\begin{cases}1, P(H)=1\\ \dfrac{\min\{P(H|E),P(H)\}-P(H)}{-P(H)}, \text{其他}\end{cases} \tag{5-3}$$

其中，P(H) 表示 H 的先验概率，P(H|E) 表示后验概率，即在前提条件 E 所对应的证据出现的情况下，结论 H 的条件概率。

根据以上 CF(H,E)、MB(H,E) 和 MD(H,E) 的定义可以得到以下性质：

(1) 取值范围：$0\leqslant MB(H,E)\leqslant 1$；$0\leqslant MD(H,E)\leqslant 1$；$-1\leqslant CF(H,E)\leqslant 1$；

(2) 互斥性：$MB(H,E)>0$ 时，$MD(H,E)=0$；

$MD(H,E)>0$ 时，$MB(H,E)=0$；

即对同一证据，它不可能同时增加对 H 的信任程度和对 H 的不信任程度。但是在实际应用中，先验概率和后验概率的值是很难获得的，因此可信度因子 CF

(H,E)的值要求领域专家遵循以下原则直接给出：

(1) $-1 \leqslant CF(H,E) \leqslant 1$；

(2) 当相应证据的出现会增加 H 为真的可信度时，需要 $CF(H,E) > 0$，并且证据的出现对 H 为真的支持程度越高，CF(H,E)的值越大；

(3) 当相应证据的出现会增加 H 为假的可信度时，需要 $CF(H,E) < 0$，并且证据的出现对 H 为假的支持程度越高，CF(H,E)的值越小；

(4) 当相应证据的出现与 H 无关时，需要 $CF(H,E) = 0$。

5.2.2 知识不确定性的表示

在 C－F 模型中，用产生式规则表示知识，其一般形式为

$$\text{IF } E \text{ THEN } H \ (CF(H,E)) \tag{5-4}$$

其中，CF(H,E)称为该条知识的可信度因子，表示该条知识的可信度，它反映了当前提条件 E 所对应的证据为真时，对结论 H 为真的支持程度，CF(H,E)的值越大，支持结论 H 为真的程度就越高。例如，

IF 咳嗽 AND 流涕 THEN 感冒(0.7)

表示当病人有"咳嗽"和"流涕"的症状时，有七成的可能是"感冒"。

5.2.3 证据不确定性的表示

在 C－F 模型中，证据的不确定性也用可信度因子表示。例如，$CF(E) = 0.6$ 表示证据 E 的可信度为 0.6。证据的可信度值来源分为两种：对于初始证据，其可信度的值由用户根据经验和原则直接给出；对于先前的结论作为当前证据的情况，其可信度值是在推出先前结论时通过不确定性传递算法计算得到的。

与知识的可信度类似，证据 E 的可信度 CF(E)的取值范围也是闭区间$[-1, 1]$，并且对于初始证据，若它以某种程度为真，则 $CF(E) > 0$，且为真的程度越高，CF(E)的取值就越大，当 $CF(E) = 1$ 时，表示对它的所有观察都能肯定它为真；若它以某种程度为假，则 $CF(E) < 0$，且为假的程度越高，CF(E)的取值就越小，当 $CF(E) = -1$ 时，表示对它的所有观察都能肯定它为假。

尽管在 C－F 模型中，知识的静态强度和证据的动态强度都是用可信度因子 CF 表示的，但是它们所表示的意义是不同的。静态强度 CF(H,E)表示的是知识

的强度,即当 E 所对应的证据为真时对 H 的影响程度,而动态强度 CF(E)表示的是证据 E 目前的不确定程度。

5.2.4 组合证据不确定性的算法

组合证据是用 AND 或 OR 把多个单一证据组合起来的证据,组合证据不确定性的算法有很多,如最大最小法、概率法、Hamacher 法、有界法、Einstein 法等。这里介绍简单、常用的最大最小法:

(1)当组合证据是 AND 的多个单一证据的合取时,即

$$E = E_1 \text{ AND}, E_2 \text{ AND} \cdots \text{ AND } E_n \tag{5-5}$$

若已知 $CF(E_1)$,$CF(E_2)$,…,$CF(E_n)$,则

$$CF(E) = \min\{CF(E_1), CF(E_2), \cdots, CF(E_n)\} \tag{5-6}$$

(2)当组合证据是 OR 的多个单一证据的析取时,即

$$E = E_1 \text{ OR } E_2 \text{ OR } \cdots \text{ OR } E_n \tag{5-7}$$

若已知 $CF(E_1)$,$CF(E_2)$,…,$CF(E_n)$,则

$$CF(E) = \max\{CF(E_1), CF(E_2), \cdots, CF(E_n)\} \tag{5-8}$$

5.2.5 结论不确定性的表示

在 C-F 模型中,不确定性推理从不确定的初始证据出发,通过不确定性知识的运用,最终推出不确定的结论及结论的可信度值。其中,结论 H 的可信度 CF(H)由式(5-9)计算。

$$CF(H) = CF(H,E) \times \max\{0, CF(E)\} \tag{5-9}$$

由式(5-9)可以看出,当对应的证据以某种程度为假,即 $CF(E) < 0$ 时,则结论 H 的可信度 $CF(H) = 0$,这说明该模型中没有考虑证据为假时对结论 H 产生的影响;当证据肯定为真,即 $CF(E) = 1$ 时,显然 $CF(H) = CF(H,E)$,这说明知识中的规则强度 CF(H,E)实际上就是在前提条件对应的证据为真时结论 H 的可信度。

5.2.6 结论不确定性的合成算法

由多条不同的知识推出了具有不同可信度的相同结论,需要用合成算法来求

出综合可信度。多条知识的综合可以通过两两合成实现,这里我们只考虑两条知识的情况。设有如下两条知识

$$\text{IF} \quad E_1 \quad \text{THEN} \quad H \quad (CF(H,E_1)) \tag{5-10}$$

$$\text{IF} \quad E_2 \quad \text{THEN} \quad H \quad (CF(H,E_2)) \tag{5-11}$$

则结论H的综合可信度可以分两步求出:

(1)分别对每一条知识求出CF(H)

$$CF_1(H) = CF(H,E_1) \times \max\{0, CF(E_1)\} \tag{5-12}$$

$$CF_2(H) = CF(H,E_2) \times \max\{0, CF(E_2)\} \tag{5-13}$$

(2)利用如下公式求出 E_1 和 E_2 对H的综合影响的可信度 $CF_{1,2}(H)$

$$CF_{1,2}(H) = \begin{cases} CF_1(H) + CF_2(H) - CF_1(H)CF_2(H), CF_1(H) \geqslant 0, CF_2(H) \geqslant 0 \\ CF_1(H) + CF_2(H) + CF_1(H)CF_2(H), CF_1(H) < 0, CF_2(H) < 0 \\ \dfrac{CF_1(H) + CF_2(H)}{1 - \min\{|CF_1(H)|, |CF_2(H)|\}}, CF_1(H)CF_2(H) < 0 \end{cases} \tag{5-14}$$

例5.2.1 设有如下一组知识:

r_1: IF E_1 THEN H(0.8)

r_2: IF E_2 THEN H(0.6)

r_3: IF E_3 THEN H(−0.5)

r_4: IF E_4 OR E_5 OR E_6 THEN E_1(0.5)

r_5: IF E_7 AND E_8 THEN E_3(0.9)

且已知:$CF(E_2)=0.8$, $CF(E_4)=0.5$, $CF(E_5)=0.6$, $CF(E_6)=0.7$, $CF(E_7)=0.6$, $CF(E_8)=0.9$,求CF(H)。

解:

1. 由 r_4 求出 $CF(E_1)$

$$\begin{aligned} CF(E_1) &= 0.5 \times \max\{0, CF(E_4 \text{ OR } E_5 \text{ OR } E_6)\} \\ &= 0.5 \times \max\{0, \max\{CF(E_4), CF(E_5), CF(E_6)\}\} \\ &= 0.5 \times \max\{0, \max\{0.5, 0.6, 0.7\}\} = 0.35 \end{aligned} \tag{5-15}$$

由 r_5 求出 $CF(E_3)$

$$CF(E_3) = 0.9 \times \max\{0, CF(E_7 \text{ AND } E_8)\}$$

$$=0.9\times\max\{0,\min\{CF(E_7),CF(E_8)\}\}$$
$$=0.9\times\max\{0,\min\{0.6,0.9\}\}=0.54 \tag{5-16}$$

由 r1 求出 $CF_1(H)$

$$CF_1(H)=0.8\times\max\{0,CF(E_1)\}=0.28>0 \tag{5-17}$$

由 r2 求出 $CF_2(H)$

$$CF_2(H)=0.6\times\max\{0,CF(E_2)\}=0.48>0 \tag{5-18}$$

由 r3 求出 $CF_3(H)$

$$CF_3(H)=-0.5\times\max\{0,CF(E_3)\}=-0.27<0 \tag{5-19}$$

2. 根据结论不确定性的合成算法得到

$$CF_{1,2}(H)=CF_1(H)+CF_2(H)-CF_1(H)CF_2(H)$$
$$=0.28+0.48-0.28\times0.48=0.6256>0 \tag{5-20}$$

$$CF_{1,2,3}(H)=\frac{CF_{1,2}(H)+CF_3(H)}{1-\min\{|CF_{1,2}(H)|,|CF_3(H)|\}}$$
$$=\frac{0.6256-0.27}{1-\min\{0.6256,0.27\}}=0.49 \tag{5-21}$$

即求得综合可信度 $CF(H)=0.49$。

5.3 证据理论

证据理论，即 D－S 理论，是 20 世纪 60 年代由哈佛大学数学家 A. P. Dempster 提出，并由他的学生 G. Shafer 在 20 世纪 70 年代中期引入信任函数这一概念，形成了一套“证据”和“组合”来处理不确定性推理的数学方法，进一步发展成为一种处理不确定性的理论。1981 年 J. A. Barnett 把该理论引入专家系统中，J. Carvey 等人利用它实现了不确定性推理。证据理论的主要特点是：满足比贝叶斯概率论更弱的条件；具有较大的灵活性，具有直接表达“不确定”和“不知道”的能力，并能够处理“不知道”引起的不确定性。经过许多学者的不懈努力，目前，在证据理论的基础上已经发展了许多种不确定性的推理模型，在军事指挥、医学诊断等领域，证据理论的组合规则在求解中发挥了重要作用。

证据理论是用集合表示命题的。某变量的所有可能出现的不能再分解的最简单的结果组成的集合，称为该变量的样本空间或样本集。

定义 5.3.1　设 Ω 是变量 x 的样本集,则由 Ω 的所有子集构成的集合称为 Ω 的幂集,记作 2^{Ω}。

样本集 Ω 中有 n 个元素,Ω 的子集有 2^n 个,则幂集 2^{Ω} 中有 2^n 个元素。

例 5.3.1 设 Ω = {黑,白,灰},则 Ω 的幂集 2^{Ω} 为{ϕ,{黑},{白},{灰},{黑,白},{黑,灰},{白,灰},{黑,白,灰}},其中 ϕ 表示空集。

5.3.1　概率分配函数

定义 5.3.2　设函数 $M:2^{\Omega}\to[0,1]$,即对 Ω 的任一子集 A,对应一个数 $M(A)\in[0,1]$,并且满足

$$M(\phi)=0 \tag{5-22}$$

$$\sum_{A\subseteq\Omega}M(A)=1 \tag{5-23}$$

则称数 M 是幂集 2^{Ω} 上的基本概率分配函数,M(A)称为 A 的基本概率数。

概率分配函数是把样本集 Ω 的任意一个子集 A 映射到区间[0,1]上的一个数 M(A),它实际上是对 Ω 的各个子集进行信任度分配,M(A)表示分配给子集 A 的信任度。值得注意的是,M(A)只是对子集 A 的精确信任度,并不清楚子集 A 中每个元素的信任度,当子集 A = Ω 时,M(A)是对 Ω 各子集进行信任度分配后剩下的部分,表示不知道如何对这部分进行分配。最后,概率分配函数与概率是不同的,概率要求样本集本身发生的概率为 1,概率分配函数不满足该要求。

例 5.3.1　设 Ω = {黑,白,灰},且 $M(\phi)=0$,M({黑}) = 0.3,M({白}) = 0.1,M({灰}) = 0.1,M({黑,白}) = 0.2,M({黑,灰}) = 0.1,M({白,灰}) = 0.1,M({黑,白,灰}) = 0.1,显然 M 符合概率分配函数的定义。

对于 M({黑}) = 0.3,表示对子集{黑}的信任度是 0.3; M({黑,白}) = 0.2 表示对子集{黑,白}的信任度是 0.2,但是并不能确定子集{黑,白}中每个元素的信任度;M({黑,白,灰}) = 0.1 表示 0.1 这一部分信任度不知道应如何分配。

5.3.2　信任函数

定义 5.3.3　命题的信任函数(Belief Function)$\mathrm{Bel}:2^{\Omega}\to[0,1]$,且

$$\mathrm{Bel}(A)=\sum_{B\subseteq A}M(B)\quad \forall A\subseteq\Omega \tag{5-24}$$

Bel 函数又称作下限函数,Bel(A)表示对 A 的总的信任度。

由信任函数和概率分配函数的定义可以得到

$$\mathrm{Bel}(\phi)=\mathrm{M}(\phi)=0 \tag{5-25}$$

$$\mathrm{Bel}(\Omega)=\sum_{B\subseteq\Omega}\mathrm{M}(B)=1 \tag{5-26}$$

例 5.3.2 根据例 5.3.1 给出的基本概率数,可以求得对应的信任函数值,Bel({黑}) = M({黑}) + M(ϕ) = 0.3

Bel({黑,白}) = M({黑}) + M({白}) + M({黑,白}) + M(ϕ) = 0.6

Bel({黑,灰}) = M({黑}) + M({灰}) + M({黑,灰}) + M(ϕ) = 0.5

Bel({黑,白,灰}) = M({黑}) + M({白}) + M({灰}) + M({黑,灰}) + M({黑,白}) + M({白,灰}) + M({黑,白,灰}) + M(ϕ) = 1

5.3.3 似然函数

定义 5.3.4 似然函数(Plausibility Function) Pl: $2^{\Omega}\rightarrow[0,1]$,且 Pl(A) = 1 - Bel(¬ A), $\forall A\subseteq\Omega$;

其中,Bel(¬ A)表示 A 为假的信任度。Pl 函数又称为不可驳斥函数或上限函数,Pl(A)表示对 A 为非假的信任度。

例 5.3.3 根据例 5.3.1 给出的基本概率数,求相应的似然函数,

Pl({黑}) = 1 - Bel(¬ {黑}) = 1 - Bel({白,灰})

= 1 - (M({白}) + M({灰}) + M({白,灰}))

= 1 - 0.1 - 0.1 - 0.1 = 0.7

Pl({白,灰}) = 1 - Bel(¬ {白,灰}) = 1 - Bel({黑})

= 1 - M({黑}) = 1 - 0.3 = 0.7

信任函数与似然函数的关系:对任意的 $A\subseteq\Omega$,有 Bel(A) ≤ Pl(A),

(1)信任函数 Bel(A),表示 A 为真的信任度,是信任度的下限;

(2)似然函数 Pl(A),表示 A 为非假的信任度,是信任度的上限。

5.3.4 概率分配函数的正交和

对概率分配函数做正交和运算是由 A. P. Dempster 提出,主要针对同样的证据从不同的来源得到两个不同的概率函数的情况。

定义5.3.5　设 M_1 和 M_2 是两个概率分配函数，正交和 $M = M_1 \oplus M_2$ 为

$$M(\phi)=0 \tag{5-27}$$

$$M(A)=K^{-1}\sum_{x\cap y=A}M_1(x)M_2(y) \tag{5-28}$$

其中，K 由式(5-29)得到

$$K=1-\sum_{x\cap y=\phi}M_1(x)M_2(y)=\sum_{x\cap y\neq\phi}M_1(x)M_2(y) \tag{5-29}$$

如果 $K\neq 0$，则正交和 M 也是一个概率分配函数；如果 $K=0$，则 M 不存在，称 M_1 与 M_2 矛盾。多个可以组合的概率分配函数 $M_1,M_2,\cdots,Mn$，也可以通过正交和运算将它们组合为一个概率分配函数 M。

例5.3.4　设样本空间 $\Omega=\{a,b\}$，且从不同的知识来源得到的概率分配函数分别为

$$M_1(\{a\},\{b\},\{a,b\},\phi)=(0.3,0.5,0.2,0) \tag{5-30}$$

$$M_2(\{a\},\{b\},\{a,b\},\phi)=(0.6,0.3,0.1,0) \tag{5-31}$$

求 M_1 和 M_2 的正交和 $M=M_1\oplus M_2$。

解：先求 K

$$\begin{aligned}K&=1-\sum_{x\cap y=\phi}M_1(x)M_2(y)\\&=1-M_1(\{a\})M_2(\{b\})-M_1(\{b\})M_2(\{a\})\\&=1-0.3\times0.3-0.5\times0.6=0.61\end{aligned} \tag{5-32}$$

$$\begin{aligned}M(\{a\})&=K^{-1}\sum_{x\cap y=\{a\}}M_1(x)M_2(x)\\&=\frac{1}{0.61}[M_1(\{a\})M_2(\{a\})+M_1(\{a\})M_2(\{a,b\})\\&\quad+M_1(\{a,b\})M_2(\{a\})]\\&=\frac{1}{0.61}[0.3\times0.6+0.3\times0.1+0.2\times0.6]=0.54\end{aligned} \tag{5-33}$$

同理可求 $M(\{b\})=0.43$，$M(\{a,b\})=0.03$。

5.3.5　基于证据理论的不确定性推理

定义5.3.6　在证据理论中，不确定的知识表示形式为

$$\text{IF}\quad E\quad \text{THEN}\quad H=\{h_1,h_2,\cdots,h_n\}\quad CF=\{c_1,c_2,\cdots,c_n\} \tag{5-34}$$

其中，E 为前提条件，可以是简单条件也可以是复合条件；H 是结论，用集合的形式表示，其中，$h_1,h_2,\cdots,h_n$ 是该集合中的元素；CF 是可信度因子，$c_1,c_2,\cdots,$

c_n 表示对应的结论 $h_1,h_2,\cdots,h_n$ 的可信度。如 IF　流鼻涕　THEN　H = {感冒,鼻炎}　CF = {0.8,0.1}

表示在“流鼻涕”的情况下,“感冒”为真的可信度为 0.8,“鼻炎”为真的可信度为 0.1。

基于证据理论的不确定性推理,一般有以下步骤:

(1)需要根据实际问题建立问题的样本空间 Ω;

(2)由经验或专家系统,或根据随机性规则和事实的信度求幂集 2^{Ω} 的基本概率分配函数;对于同样证据得到不同结果的情况,利用概率分配函数的正交和求出对应的概率分配函数;

(3)计算所需要关心的子集 $A \in 2^{\Omega}$ 的信任函数 Bel(A)或似然函数 Pl(A);

(4)由 Bel(A)或者 Pl(A)得出结论。

例 5.3.5　设有以下规则:

(A)IF　流鼻涕　THEN　H = {感冒,鼻炎}　CF = {0.9,0.1}

(B)IF　打喷嚏　THEN　H = {感冒,鼻炎}　CF = {0.8,0.05}

又对一名患者有如下事实可信度:

(A)CF(流鼻涕) = 0.9

(B)CF(打喷嚏) = 0.4

试用证据理论推理该患者是患哪种病。

解:(1)根据问题,可取样本空间: $\Omega = \{h_1, h_2, h_3\}$,其中,$h_1$ 表示“感冒”,h_2 表示“鼻炎”,h_3 表示“感冒且鼻炎”。

(2)计算样本空间的基本概率分配函数。

根据规则(A)和事实可信度(A)得到如下基本概率分配函数:

$M_1(\{h_1\}) = 0.9 \times 0.9 = 0.81$

$M_1(\{h_2\}) = 0.1 \times 0.9 = 0.09$

$M_1(\{h_1, h_2, h_3\}) = 1 - M_1(\{h_1\}) - M_1(\{h_2\}) = 0.1$

根据规则(B)和事实可信度(B)得到如下基本概率分配函数:

$M_2(\{h_1\}) = 0.8 \times 0.4 = 0.32$

$M_2(\{h_2\}) = 0.05 \times 0.4 = 0.02$

$M_2(\{h_1, h_2, h_3\}) = 1 - M_2(\{h_1\}) - M_2(\{h_2\}) = 0.66$

利用正交和理论求出上面由两个不同规则得到的概率分配函数并进行组合，得到新的概率分配函数：

$K=1-[M_1(\{h_1\})\ M_2(\{h_2\})+M_1(\{h_2\})\ M_2(\{h_1\})]=0.955$

$M(\{h_1\})=K-1[M_1(\{h_1\})M_2(\{h_1\})+M_1(\{h_1\})M_2(\{h_1,\ h_2,h_3\})+M_1(\{h_1,\ h_2,h_3\})M_2(\{h_1\})]=\frac{1}{0.955}\times 0.8258=0.87$

$M(\{h_2\})=K-1[M_1(\{h_2\})M_2(\{h_2\})+M_1(\{h_2\})M_2(\{h_1,\ h_2,h_3\})+M_1(\{h_1,\ h_2,h_3\})M_2(\{h_2\})]=\frac{1}{0.955}\times 0.0632=0.066$

$M(\{h_1,\ h_2,h_3\})=1-M(\{h_1\})-M(\{h_2\})=0.064$

(3)求$\{h_1\}$和$\{h_2\}$的信任函数和似然函数。

信任函数为：$Bel(\{h_1\})=M(\{h_1\})=0.87$

$Bel(\{h_2\})=M(\{h_2\})=0.066$

似然函数为：$Pl(\{h_1\})=1-Bel(\neg\{h_1\})=1-Bel(\{h_2,h_3\})$

$=1-[M(\{h_2\})+M(\{h_3\})]$

$=1-[0.066+0]=0.934$

$Pl(\{h_2\})=1-Bel(\neg\{h_2\})=1-Bel(\{h_1,h_3\})$

$=1-[M(\{h_1\})+M(\{h_3\})]$

$=1-[0.87+0]=0.13$

(4)根据信任函数和似然函数得出结论。

结论："感冒"为真的信任度为0.87，非假的信任度为0.934；

"鼻炎"为真的信任度为0.066，非假的信任度为0.13；

可以推断该患者是"感冒"。

5.4　模糊推理方法

模糊理论是在模糊集合理论的数学基础上发展起来的，主要包括模糊集合、模糊关系、模糊推理和模糊决策。用数学的方法对自然界中出现的不精确、不完整的信息进行描述和处理，比如日常生活中的"比较多""比较少""很高""很矮"等不精确的模糊表述。还有，针对强非线性、大滞后等控制问题，一般很难建立精确的数学模型,此时模糊理论可以实现对不确定性系统较好的控制。

5.4.1 模糊逻辑的提出与发展

1965 年美国加利福尼亚大学伯克利分校电气工程系教授 L. A. Zadeh 发表关于“模糊集合”的论文,标志着模糊数学理论的诞生。随后,在 1966 年 P. N. Marinos 发表关于模糊逻辑的研究报告,1974 年,L. A. Zadeh 发表模糊推理的研究报告,模糊理论发展成为一个热门的课题。但是,这期间的研究主要集中在理论研究,关于模糊理论的实际应用几乎没有。

1974 年,英国伦敦大学教授 E. H. Mamdani 首次将模糊理论应用于热电厂的蒸汽机控制,揭开了模糊理论在控制领域的新篇章,1976 年,E. H. Mamdani 又将模糊理论成功应用到了水泥旋转炉的控制中。1980 年,丹麦的 L. P. Holmblad 和 Ostergard 在水泥窑炉采用模糊控制并取得了成功,这是第一个商业化的有实际意义的模糊控制器。

随着计算机技术的快速发展,日本成功将模糊理论运用到了工业控制和消费品控制中,1983 年,日本的 Fuji Electric 公司实现了饮水处理装置的模糊控制,1987 年,日本的 Hitachi 公司成功研制出地铁的模糊控制系统,仅在 1987 年至 1990 年,日本在过程控制、汽车电子、图像处理、机器人等领域的模糊产品专利就多达 319 种,在世界范围内掀起了模糊控制应用的高潮。

我国是世界上公认的模糊理论研究大国之一,早在 20 世纪 70 年代中期我国就已经开始了模糊理论的研究,时至今日在模糊理论和模糊控制等领域都有着巨大优势,并取得了一系列的重要成果。我国是最早把模糊理论引入气象预报、地震预测和高炉冶炼控制等应用的国家。另外,西南交通大学的智能控制开发中心在模糊逻辑、模糊推理和模糊控制等方面也做了大量工作,1991 年,由该中心研制的较通用的模糊控制系统已成功应用到电烤箱、电热水器等设备的控制中。北方工业大学模糊控制研究所与广东省模糊控制技术集团共同研制的“FC－IB 汽车安全行驶防撞电脑模糊控制器”是世界首创,具有广泛的应用前景和使用价值。由汪培庄教授提出的模糊随落影空间理论的模型和方法也得到广泛应用,其指导研究的模糊推理机——分立元件样机,使我国在突破模糊信息处理难关方面迈出了重要的一步。余永权教授把神经网络和模糊控制的结合作为实验智能控制的优先方式进行研究,其所研究的模糊电饭煲、模糊电冰箱、模糊蒸炖煲等产品已经由企业大批量生产。值得一提的是,我国模糊理论和模糊技术的实力较强,与北美、欧洲、日本一起被公认为国际模糊研究的四大主力。

5.4.2　模糊集合

1. 模糊集合的定义

集合在数学上一般是指具有某种特定性质的对象的全体,构成集合的对象称为元素。给定一个对象,该对象与集合的关系只有两种,要么在集合中,要么不在集合中。模糊集合是经典集合的扩充,是指某种程度上满足某种性质的对象的全体,为了表示这里的“某种程度”我们引入隶属度的概念。

定义 5.4.1　U 为所讨论的全体对象,称为论域,定义 U 到单位区间[0,1]上的一个映射,μ_A:U→[0,1],此时映射μ_A确定了 U 上的一个模糊集合(或模糊子集)A,记作 $A=\{(x,\mu_A(x))|x\in U\}$,$\mu_A(x)$称为隶属度,表示论域 U 中的元素 x 属于模糊集合 A 的程度,映射μ_A称为模糊集合 A 的隶属函数。

隶属函数是对模糊概念的定量描述,$\mu_A(x)$的值越接近于1,表示元素 x 的隶属度越高,即属于模糊集合 A 的强度越大;$\mu_A(x)$的值越接近于0,表示元素 x 的隶属度越低,即属于模糊集合 A 的强度越小。正确地确定隶属函数是利用模糊集合理论解决实际问题的基础,但是实际中遇到的模糊概念非常多,能够准确地反映模糊集合的隶属函数并没有统一的模式,常见的模糊隶属函数有:正态分布、三角分布、梯形分布等。

隶属函数的确定一般根据经验或统计确定或由专家给出,具有一定的主观性。对于同一模糊概念,由于理解或者经验的不同,不同的人可能会建立不同形式的隶属函数,只要能够较为准确地反映模糊概念,隶属函数形式的不同并不会影响处理实际模糊问题的结论。常用的确定隶属函数的方法(或原则)有:模糊统计方法、二元对比排序法、利用常见的模糊分布和神经网络模型的学习等方法。

2. 模糊集合的表示方法

与经典集合不同,模糊集合中的元素一般是以有序对的形式出现的,即不仅要列出属于模糊集合的元素,还要注明这个元素属于这个集合的隶属度。模糊集合 A 表示分离散和连续两种情况:

(1)当论域 U 是离散的、元素数目有限时

定义 5.4.2 数学描述法

$$A=\{(x_i,\mu_A(x_i))\mid x_i\in U,\ i=1,\ 2,\ 3,\ \cdots,\ n\} \tag{5-35}$$

定义 5.4.3 Zadeh 表示法

$$A=\mu_A(x_1)/x_1+\mu_A(x_2)/x_2+\cdots+\mu_A(x_n)/x_n=\sum_{i=1}^{n}\mu_A(x_i)/x_i \tag{5-36}$$

Zadeh 表示法是常用的方法。其中,x_i表示模糊集合 A 中所对应的论域 U 中的元素,$\mu_A(x_i)$表示对应的隶属度,"/"仅表示一个分隔符,并不是分数的意思,符号"+"或者"Σ"表示模糊集合在论域上的整体,并不表示求和。

定义 5.4.4 序偶表示法

$$A=\{(\mu_A(x_1),x_1),(\mu_A(x_2),x_2),\cdots,(\mu_A(x_n),x_n)\} \tag{5-37}$$

定义 5.4.5 向量表示法

$$A=[\mu_A(x_1),\mu_A(x_2),\cdots,\mu_A(x_n)] \tag{5-38}$$

在向量表示法中,默认模糊集合 A 中的元素顺序依次为$x_1,x_2,\cdots,x_n$,故隶属度为 0 的项仍需要按顺序列出。

(2)当论域 U 是连续的、元素数目无限时

定义 5.4.6 Zadeh 表示法将模糊集合 A 表示为

$$A=\int_{x\in U}\mu_A(x)/x \tag{5-39}$$

这里的"∫"只是一个记号,并不是数学中的积分符号,表示论域中各元素与其隶属度对应关系的总括。

例 5.4.1 以年龄为论域,取论域 U=[0, 200],Zadeh 给出了表示"年老"的模糊集 O 和表示"年青"的模糊集 Y 的隶属函数分别为$\mu_O(u)$和$\mu_Y(u)$,定义如下:

$$\mu_O(u)=\begin{cases}0, & 0\leqslant u\leqslant 50\\ \left[1+\left(\dfrac{5}{u-50}\right)^2\right]^{-1}, & 50<u\leqslant 200\end{cases} \tag{5-40}$$

$$\mu_Y(u)=\begin{cases}1, & 0\leqslant u\leqslant 25\\ \left[1+\left(\dfrac{u-25}{5}\right)^2\right]^{-1}, & 25<u\leqslant 200\end{cases} \tag{5-41}$$

采用 Zadeh 表示法,"年老"O 和"年青"Y 两个模糊集合可以表示为

$$O = \int_{50 < u \leqslant 200} \left[1 + \left(\frac{5}{u - 50}\right)^2\right]^{-1} / u \tag{5-42}$$

$$Y = \int_{0 \leqslant u \leqslant 25} 1/u \int_{25 < u \leqslant 200} \left[1 + \left(\frac{u - 25}{5}\right)^2\right]^{-1} / u \tag{5-43}$$

5.4.3 模糊集合的运算

模糊集合是经典集合的推广，但是模糊集合是由其隶属函数确定的，所以经典集合的运算并不能直接推广到模糊集合中，模糊集合的基本运算定义如下：

定义 5.4.7 设 A、B 是论域 U 中的两个模糊集

(1)模糊集合的包含关系

若 $\forall x$ 有 $\mu_A(x) \geqslant \mu_B(x)$，则称 A 包含 B，记作 $A \supseteq B$。

(2)模糊集合的相等关系

若 $\forall x$ 有 $\mu_A(x) = \mu_B(x)$，则称 A 与 B 相等，记作 $A = B$。

(3)模糊集合的交并补运算

①交运算 $A \cap B$：

$$\mu_{A \cap B}(x) = \mu_A(x) \wedge \mu_B(x) = \min\{\mu_A(x), \mu_B(x)\} \tag{5-44}$$

②并运算 $A \cup B$：

$$\mu_{A \cup B}(x) = \mu_A(x) \vee \mu_B(x) = \max\{\mu_A(x), \mu_B(x)\} \tag{5-45}$$

③补运算 $\overline{A}$ 或 A^C：

$$\mu_{\bar{A}}(x) = 1 - \mu_A(x) \tag{5-46}$$

(4)模糊集合的代数运算

①代数积 $A \cdot B$：

$$\mu_{A \cdot B}(x) = \mu_A(x)\mu_B(x) \tag{5-47}$$

②代数和 $A + B$：

$$\mu_{A+B}(x) = \mu_A(x) + \mu_B(x)\mu_{A \cdot B}(x) \tag{5-48}$$

③有界和 $A \oplus B$：

$$\mu_{A \oplus B}(x) = 1 \wedge [\mu_A(x) + \mu_B(x)] = \min\{1, \mu_A(x) + \mu_B(x)\} \tag{5-49}$$

④有界积 $A \otimes B$：

$$\mu_{A \otimes B}(x) = 0 \vee [\mu_A(x) + \mu_B(x) - 1] = \max\{0, \mu_A(x) + \mu_B(x) - 1\} \tag{5-50}$$

例 5.4.2 设论域 $U=\{x_1,x_2,x_3,x_4,x_5\}$，A 和 B 是论域 U 上的两个模糊集合，且已知

$$A=0.2/x_1+0.4/x_2+0.9/x_3+0.5/x_5 \quad (5-51)$$

$$B=0.1/x_1+0.7/x_3+1.0/x_4+0.3/x_5 \quad (5-52)$$

求$\overline{A}$，$A\cap B$，$A\cup B$，$A\cdot B$，$A+B$，$A\oplus B$ 和 $A\otimes B$。

解：$\overline{A}=0.8/x_1+0.6/x_2+0.1/x_3+1.0/x_4+0.5/x_5 \quad (5-53)$

$$A\cap B=0.1/x_1+0.7/x_3+0.3/x_5 \quad (5-54)$$

$$A\cup B=0.2/x_1+0.4/x_2+0.9/x_3+1.0/x_4+0.5/x_5 \quad (5-55)$$

$$A\cdot B=0.02/x_1+0.63/x_3+0.15/x_5 \quad (5-56)$$

$$A+B=0.28/x_1+0.4/x_2+0.97/x_3+1.0/x_4+0.65/x_5 \quad (5-57)$$

$$A\oplus B=0.3/x_1+0.4/x_2+1.0/x_3+1.0/x_4+0.8/x_5 \quad (5-58)$$

$$A\otimes B=0.6/x_3 \quad (5-59)$$

5.4.4 模糊关系与模糊关系的合成

1. 模糊关系

模糊关系在模糊集合论中具有重要地位，它描述了两个模糊集合中的元素之间的关联程度。在论域有限时，采用模糊矩阵来表示模糊关系。

定义 5.4.8 设 A 和 B 为论域 U 上的两个模糊集合，它们的模糊关系 R 可以用叉积 $A\times B$ 表示，并且对 $x\in A$，$y\in B$ 有

$$\mu_{A\times B}(x,y)=\mu_A(x)\wedge\mu_B(y)=\min\{\mu_A(x),\mu_B(y)\} \quad (5-60)$$

若模糊集 A 和 B 的隶属函数分别为

$$\mu_A=[\mu_A(x_1),\mu_A(x_2),\cdots,\mu_A(x_n)] \quad (5-61)$$

$$\mu_B=[\mu_B(y_1),\mu_B(y_2),\cdots,\mu_B(y_n)] \quad (5-62)$$

则其叉积运算为

$$\mu_{A\times B}=\mu_A{}^T\circ\mu_B \quad (5-63)$$

其中，“∘”表示模糊向量的乘积，和向量的乘积类似，只是把乘法运算用取小运算代替。

例 5.4.3 设模糊集合 A 和 B 分别为

$$A=1.0/x_1+0.8/x_2+0.5/x_3+0.2/x_4+0.0/x_5 \quad (5-64)$$

$$B=0.7/y_1+1.0/y_2+0.6/y_3+0.0/y_4 \tag{5-65}$$

试求 A 到 B 的模糊关系 R。

$$解:R=A\times B=\mu_A{}^T\circ\mu_B=\begin{bmatrix}1.0\\0.8\\0.5\\0.2\\0.0\end{bmatrix}\circ[0.7\quad 1.0\quad 0.6\quad 0.0]$$

$$=\begin{bmatrix}1.0\wedge0.7 & 1.0\wedge1.0 & 1.0\wedge0.6 & 1.0\wedge0.0\\0.8\wedge0.7 & 0.8\wedge1.0 & 0.8\wedge0.6 & 0.8\wedge0.0\\0.5\wedge0.7 & 0.5\wedge1.0 & 0.5\wedge0.6 & 0.5\wedge0.0\\0.2\wedge0.7 & 0.2\wedge1.0 & 0.2\wedge0.6 & 0.2\wedge0.0\\0.0\wedge0.7 & 0.0\wedge1.0 & 0.0\wedge0.6 & 0.0\wedge0.0\end{bmatrix}=\begin{bmatrix}0.7 & 1.0 & 0.6 & 0.0\\0.7 & 0.8 & 0.6 & 0.0\\0.5 & 0.5 & 0.5 & 0.0\\0.2 & 0.2 & 0.2 & 0.0\\0.0 & 0.0 & 0.0 & 0.0\end{bmatrix} \tag{5-66}$$

2. 模糊关系的合成

设 Q 是模糊集合 X 和 Y 的一个模糊关系(记作 Q∈X×Y),R 是模糊集合 Y 和 Z 的一个模糊关系(记作 R∈Y×Z),此时模糊关系 Q 和 R 的合成 S 是模糊矩阵的叉乘 $S=Q\circ R$,模糊矩阵的合成可以有多种计算方法,常用的有最大-最小合成法,最大-代数积合成法等。

(1)最大-最小合成:$\mu_{Q\circ R}(x,z)=\vee\{\mu_Q(x,y)\wedge\mu_R(y,z)\}$,实际上,在矩阵 Q 和 R 的乘积中,用取小运算代替乘积运算,用取大运算代替求和运算。

(2)最大-代数积合成:$\mu_{Q\circ R}(x,z)=\vee\{\mu_Q(x,y)\cdot\mu_R(y,z)\}$,实际上,在矩阵 Q 和 R 的乘积中,用取大运算代替求和运算。

例 5.4.4　设模糊集合 X、Y 和 Z 分别为 $X=\{x_1,x_2,x_3,x_4\}$,$Y=\{y_1,y_2,y_3\}$,$Z=\{z_1,z_2\}$,Q∈X×Y,R∈Y×Z,求模糊关系 Q 与 R 的合成 S=Q∘R,其中 Q 和 R 分别为以下矩阵

$$Q=\begin{bmatrix}0.5 & 0.6 & 0.3\\0.7 & 0.4 & 1.0\\0.0 & 0.8 & 0.0\\1.0 & 0.2 & 0.9\end{bmatrix},\quad R=\begin{bmatrix}0.2 & 1.0\\0.8 & 0.4\\0.5 & 0.3\end{bmatrix} \tag{5-67}$$

解:(1)最大-最小合成法

$$S = Q \circ R = \begin{bmatrix} 0.5 & 0.6 & 0.3 \\ 0.7 & 0.4 & 1.0 \\ 0.0 & 0.8 & 0.0 \\ 1.0 & 0.2 & 0.9 \end{bmatrix} \circ \begin{bmatrix} 0.2 & 1.0 \\ 0.8 & 0.4 \\ 0.5 & 0.3 \end{bmatrix}$$

$$= \begin{bmatrix} (0.5 \wedge 0.2) \vee (0.6 \wedge 0.8) \vee (0.3 \wedge 0.5) & (0.5 \wedge 1.0) \vee (0.6 \wedge 0.4) \vee (0.3 \wedge 0.3) \\ (0.7 \wedge 0.2) \vee (0.4 \wedge 0.8) \vee (1.0 \wedge 0.5) & (0.7 \wedge 1.0) \vee (0.4 \wedge 0.4) \vee (1.0 \wedge 0.3) \\ (0.0 \wedge 0.2) \vee (0.8 \wedge 0.8) \vee (0.0 \wedge 0.5) & (0.0 \wedge 1.0) \vee (0.8 \wedge 0.4) \vee (0.0 \wedge 0.3) \\ (1.0 \wedge 0.2) \vee (0.2 \wedge 0.8) \vee (0.9 \wedge 0.5) & (1.0 \wedge 1.0) \vee (0.2 \wedge 0.4) \vee (0.9 \wedge 0.3) \end{bmatrix}$$

$$= \begin{bmatrix} 0.6 & 0.5 \\ 0.5 & 0.7 \\ 0.8 & 0.4 \\ 0.5 & 1.0 \end{bmatrix} \tag{5-68}$$

(2)最大－代数积合成法

$$S = Q \circ R = \begin{bmatrix} 0.5 & 0.6 & 0.3 \\ 0.7 & 0.4 & 1.0 \\ 0.0 & 0.8 & 0.0 \\ 1.0 & 0.2 & 0.9 \end{bmatrix} \circ \begin{bmatrix} 0.2 & 1.0 \\ 0.8 & 0.4 \\ 0.5 & 0.3 \end{bmatrix}$$

$$= \begin{bmatrix} (0.5 \times 0.2) \vee (0.6 \times 0.8) \vee (0.3 \times 0.5) & (0.5 \times 1.0) \vee (0.6 \times 0.4) \vee (0.3 \times 0.3) \\ (0.7 \times 0.2) \vee (0.4 \times 0.8) \vee (1.0 \times 0.5) & (0.7 \times 1.0) \vee (0.4 \times 0.4) \vee (1.0 \times 0.3) \\ (0.0 \times 0.2) \vee (0.8 \times 0.8) \vee (0.0 \times 0.5) & (0.0 \times 1.0) \vee (0.8 \times 0.4) \vee (0.0 \times 0.3) \\ (1.0 \times 0.2) \vee (0.2 \times 0.8) \vee (0.9 \times 0.5) & (1.0 \times 1.0) \vee (0.2 \times 0.4) \vee (0.9 \times 0.3) \end{bmatrix}$$

$$= \begin{bmatrix} 0.48 & 0.5 \\ 0.5 & 0.7 \\ 0.64 & 0.32 \\ 0.45 & 1.0 \end{bmatrix} \tag{5-69}$$

5.4.5 模糊推理

模糊推理又称模糊逻辑推理，是指在确定的模糊规则下，由已知的模糊知识推出新的模糊结论的过程。对于模糊的不确定性，通常采用隶属度来描述，隶属度是一个命题中所描述的事物的属性、状态和关系等的强度。比如，一个命题“明天很可能会下雨”通常用一个三元组[明天，天气，(下雨，0.9)]，其中 0.9 描述了“很可能”，表示明天会下雨的可能性。这种隶属度的表示方法，一般是一种针对对象的表示方法，其一般形式为三元组[对象，属性，(属性值，隶属度)]，其中隶属度是对属性值的精确刻画。

通常，人类思维的基本形式为 IF A，THEN B，其中 A 表示条件，B 表示结论。在模糊推理中，条件和结论一般都是模糊的，我们可以利用三元组的形式来表示。例如，如下模糊规则。

如果患者头很疼并且发高烧，则患者很可能重感冒

可以表示为

IF[患者，症状，(头疼，0.9)] ∧ [患者，症状(发烧，0.95)]

THEN[患者，疾病(重感冒，0.9)]

许多的模糊规则实际上是一组多重条件语句，可以表示为从条件论域到结论论域的模糊关系 R。通过条件的模糊向量与模糊关系 R 的合成进行模糊推理，得出结论的模糊向量。对于 IF A，THEN B 类型的模糊推理，有如下合成规则：

若已知输入为 A，则输出为 B，R 为 A 到 B 的模糊关系，则输入为 A′时，输出 B′用合成规则 B′ = A′ ◦ R 求得。

例 5.4.5　已知输入的模糊集合 A 和输出的模糊集合 B 分别为

$$A = 1.0/x_1 + 0.8/x_2 + 0.5/x_3 + 0.2/x_4 + 0.0/x_5 \tag{5-70}$$

$$B = 0.7/y_1 + 1.0/y_2 + 0.6/y_3 + 0.0/y_4 \tag{5-71}$$

试求当输入为

$$A' = 0.4/x_1 + 0.7/x_2 + 1.0/x_3 + 0.6/x_4 + 0.0/x_5 \tag{5-72}$$

时，输出的模糊集合 B'。

解：先求 A 到 B 的模糊关系 R。

$$R = A \times B = \mu_A{}^T \circ \mu_B = \begin{bmatrix} 1.0 \\ 0.8 \\ 0.5 \\ 0.2 \\ 0.0 \end{bmatrix} \circ [0.7 \quad 1.0 \quad 0.6 \quad 0.0]$$

$$=\begin{bmatrix} 1.0\wedge0.7 & 1.0\wedge1.0 & 1.0\wedge0.6 & 1.0\wedge0.0 \\ 0.8\wedge0.7 & 0.8\wedge1.0 & 0.8\wedge0.6 & 0.8\wedge0.0 \\ 0.5\wedge0.7 & 0.5\wedge1.0 & 0.5\wedge0.6 & 0.5\wedge0.0 \\ 0.2\wedge0.7 & 0.2\wedge1.0 & 0.2\wedge0.6 & 0.2\wedge0.0 \\ 0.0\wedge0.7 & 0.0\wedge1.0 & 0.0\wedge0.6 & 0.0\wedge0.0 \end{bmatrix}=\begin{bmatrix} 0.7 & 1.0 & 0.6 & 0.0 \\ 0.7 & 0.8 & 0.6 & 0.0 \\ 0.5 & 0.5 & 0.5 & 0.0 \\ 0.2 & 0.2 & 0.2 & 0.0 \\ 0.0 & 0.0 & 0.0 & 0.0 \end{bmatrix} \tag{5-73}$$

根据上面的合成规则的

$$B'=A'\circ R=[0.4\quad 0.7\quad 1.0\quad 0.6\quad 0.1]\circ\begin{bmatrix} 0.7 & 1.0 & 0.6 & 0.0 \\ 0.7 & 0.8 & 0.6 & 0.0 \\ 0.5 & 0.5 & 0.5 & 0.0 \\ 0.2 & 0.2 & 0.2 & 0.0 \\ 0.0 & 0.0 & 0.0 & 0.0 \end{bmatrix}$$

$$\begin{aligned}=[&(0.4\wedge0.7)\vee(0.7\wedge0.7)\vee(1.0\wedge0.5)\vee(0.6\wedge0.2)\vee(0.0\wedge0.0),\\ &(0.4\wedge1.0)\vee(0.7\wedge0.8)\vee(1.0\wedge0.5)\vee(0.6\wedge0.2)\vee(0.0\wedge0.0),\\ &(0.4\wedge0.6)\vee(0.7\wedge0.6)\vee(1.0\wedge0.5)\vee(0.6\wedge0.2)\vee(0.0\wedge0.0),\\ &(0.4\wedge0.0)\vee(0.7\wedge0.0)\vee(1.0\wedge0.0)\vee(0.6\wedge0.0)\vee(0.0\wedge0.0)]\\ =[&0.7,0.7,0.6,0.0]\end{aligned} \tag{5-74}$$

即

$$B'=0.7/y_1+0.7/y_2+0.6/y_3+0.0/y_4 \tag{5-75}$$

对于多条规则的情况，每一条规则都可以得到一个相应的模糊关系，对于整个系统的全部控制规则所对应的模糊关系可以通过对多个模糊关系取“并”得到。假设 n 条规则对应着 n 个模糊关系：$R_1, R_2, \cdots, R_n$，对于整个系统的全部控制规则所对应的模糊关系 R 有下面形式

$R=R_1\cup R_2\cup\cdots\cup R_n$

对于模糊矩阵的“并”、“交”和“补”有如下定义：

设模糊矩阵 $R=(r_{ij})_{m\times n}$ 和 $Q=(q_{ij})_{m\times n}$，则

(1)“并”$R\cup Q=(r_{ij}\vee q_{ij})_{m\times n}$；

(2)“交”$R\cap Q=(r_{ij}\wedge q_{ij})_{m\times n}$；

(3)“补”$\overline{R}=(1-r_{ij})_{m\times n}$。

5.4.6　模糊决策

模糊决策是指把经过模糊推理得到的模糊向量，转化为确定值的过程，又叫作“反模糊化”。常用的模糊决策方法有最大隶属度法、加权平均法和中位数法等。

定义 5.4.9　最大隶属度法

最大隶属度法通常指取最大隶属度对应的元素值，有多个相同最大隶属度时，取它们对应元素的平均值。

例如，当得到的模糊向量为

$$B' = 0.1/x_1 + 0.4/x_2 + 0.7/x_3 + 1.0/x_4 + 0.3/x_5 \tag{5-76}$$

其中，元素x_4对应的隶属度最大为1.0，其结论为$B = x_4$。

当得到的模糊向量为

$$B' = 0.5/x_1 + 0.7/x_2 + 0.7/x_3 + 0.7/x_4 + 0.3/x_5 \tag{5-77}$$

其中，元素x_2, x_3, x_4对应的隶属度最大为0.7，故取结论为它们的平均值，即为

$$B = \frac{x_2 + x_3 + x_4}{3} \tag{5-78}$$

这种方法具有简单易行的优点，但是它完全不考虑隶属度较小元素的影响和作用，故不能充分利用模糊推理过程中的信息。

定义 5.4.10　加权平均法

加权平均法克服了最大隶属度法的缺点，采用加权平均法充分考虑每个元素的影响。加权平均法中结论由以下加权平均公式给出，即隶属度与对应元素乘积的和与所有隶属度的和之比

$$B = \frac{\sum_{i=1}^{n} \mu(b_i) b_i}{\sum_{i=1}^{n} \mu(b_i)} \tag{5-79}$$

例如，当得到的模糊向量为

$$B' = 0.1/x_1 + 0.4/x_2 + 0.7/x_3 + 1.0/x_4 + 0.3/x_5 \tag{5-80}$$

利用加权平均法得到结论

$$B = \frac{0.1\,x_1 + 0.4\,x_2 + 0.7\,x_3 + 1.0\,x_4 + 0.3\,x_5}{0.1 + 0.4 + 0.7 + 1.0 + 0.3} \tag{5-81}$$

定义 5.4.11 中位数法

中位数法就是把模糊集合的中位数作为系统的控制量。中位数是指把隶属函数曲线与横坐标轴所围成图形的面积平分成两部分的元素。对于有限离散的情况可以根据下面公式求中位数b^*，

$$\text{如果} \sum_{i=1}^{m} \mu(b_i) = \sum_{i=m+1}^{n} \mu(b_i), \text{则} b^* = b_m。$$

例如,当得到的模糊向量为

$$B' = 0.1/x_1 + 0.4/x_2 + 0.8/x_3 + 1.0/x_4 + 0.3/x_5 \tag{5-82}$$

由于 $0.1 + 0.4 + 0.8 = 1.0 + 0.3 = 1.3$,故中位数为$b^* = x_3$,于是得到结论为$\mathrm{B} = x_3$。

如果该点在有限元素之间,可以用插值的方法来计算。例如,当得到的模糊向量为

$$B' = 0.1/x_1 + 0.5/x_2 + 0.3/x_3 + 0.1/x_4 + 0.1/x_5 + 0.4/x_6 + 0.5/x_7 + 0.1/x_8 + 0.2/x_9 \tag{5-83}$$

注意到 $0.1 + 0.5 + 0.3 + 0.1 + 0.1 = 1.1$,$0.4 + 0.5 + 0.1 + 0.2 = 1.2$,显然此时中位数在$x_5$和$x_6$之间,利用插值方法,令 $\Delta \mathrm{b} = \frac{1.2}{1.1 + 1.2} = 0.522$,取$b^* = x_5 + \Delta \mathrm{b}$。其实在很多实际计算中,可以不用插值算法,直接取中位数$b^* = x_5$或者$b^* = x_6$。

最大隶属度法简单易行,但是不能充分利用模糊推理过程中的信息,加权平均法和中位数法利用了更多的信息,一般情况下都优于最大隶属度法,但是其计算也更复杂,尤其是中位数法,对于连续隶属度函数,需要求解积分方程,因此加权平均法应用更加广泛。加权平均法和中位数法各有所长,中位数法的动态性能要优于加权平均法,静态性能却不如加权平均法。使用中位数法的模糊控制器类似于多级继电控制器,使用加权平均法的则类似于 PI 控制器。

5.4.7 模糊推理的应用

模糊推理的过程一般为:由模糊集合确定模糊关系→由模糊推理确定结论的模糊向量→由模糊决策把模糊向量转换为确定的结论值。

例 5.4.6 设温度和风速的论域为{1,2,3,4,5},并且有模糊控制规则:“如果温度低,则风速大”。“温度低”和“风速大”的模糊向量可以表示为

"温度低" = 1.0/1 + 0.5/2 + 0.3/3 + 0.0/4 + 0.0/5

"风速大" = 0.0/1 + 0.0/2 + 0.3/3 + 0.6/4 + 1.0/5

已知事实"温度较低",其模糊集合表示为

"温度较低" = 0.8/1 + 1.0/2 + 0.6/3 + 0.3/4 + 0.0/5

试用模糊推理确定风速。

解:(1)根据模糊规则确定模糊关系 R

$$R = \begin{bmatrix} 1.0 \\ 0.6 \\ 0.3 \\ 0.0 \\ 0.0 \end{bmatrix} \cdot [0.0 \quad 0.0 \quad 0.3 0.6 1.0]$$

$$= \begin{bmatrix} 1.0 \wedge 0.0 & 1.0 \wedge 0.0 & 1.0 \wedge 0.3 & 1.0 \wedge 0.6 & 1.0 \wedge 1.0 \\ 0.6 \wedge 0.6 & 0.6 \wedge 0.0 & 0.6 \wedge 0.3 & 0.6 \wedge 0.6 & 0.6 \wedge 1.0 \\ 0.3 \wedge 0.0 & 0.3 \wedge 0.0 & 0.3 \wedge 0.3 & 0.3 \wedge 0.6 & 0.3 \wedge 1.0 \\ 0.0 \wedge 0.0 & 0.0 \wedge 0.0 & 0.0 \wedge 0.3 & 0.0 \wedge 0.6 & 0.0 \wedge 1.0 \\ 0.0 \wedge 0.0 & 0.0 \wedge 0.0 & 0.0 \wedge 0.3 & 0.0 \wedge 0.6 & 0.0 \wedge 1.0 \end{bmatrix}$$

$$= \begin{bmatrix} 0.0 & 0.0 & 0.3 & 0.6 & 1.0 \\ 0.0 & 0.0 & 0.3 & 0.6 & 0.6 \\ 0.0 & 0.0 & 0.3 & 0.3 & 0.3 \\ 0.0 & 0.0 & 0.0 & 0.0 & 0.0 \\ 0.0 & 0.0 & 0.0 & 0.0 & 0.0 \end{bmatrix} \tag{5-84}$$

(2)根据模糊推理确定模糊向量

设"温度较低"时风速的模糊向量为B',则

$$B' = A' \circ R = [0.8 \quad 1.0 \quad 0.6 \quad 0.3 \quad 0.0] \cdot \begin{bmatrix} 0.0 & 0.0 & 0.3 & 0.6 & 1.0 \\ 0.0 & 0.0 & 0.3 & 0.6 & 0.6 \\ 0.0 & 0.0 & 0.3 & 0.3 & 0.3 \\ 0.0 & 0.0 & 0.0 & 0.0 & 0.0 \\ 0.0 & 0.0 & 0.0 & 0.0 & 0.0 \end{bmatrix}$$

$$= [0.0 \quad 0.0 \quad 0.3 \quad 0.6 \quad 0.8] \tag{5-85}$$

(3)根据模糊决策把输出的模糊向量转换为确定的结论值

用最大隶属度法得到风速为5,加权平均法和中位数法得到风速为4。

5.5 不确定性推理在警务应用中的案例

不确定性推理是一种重要的推理方法,可以帮助人们在面对不确定的情况时做出合理的决策。在警务领域,不确定性推理被广泛应用于犯罪预测、案件调查和监狱管理等方面。下文将以监狱管理为例,探讨不确定性推理在警务中的具体应用。

在监狱管理中,不确定性推理可以应用于犯人分类和评估。监狱管理人员需要对犯人进行分类和评估,以便采取适当的措施进行管理和改造。然而,犯人的情况往往是不确定的,例如他们的犯罪背景、心理状态和行为表现等,这些因素都会影响监狱管理人员对犯人的分类和评估。不确定性推理可以帮助监狱管理人员考虑这些不确定因素,并做出更为合理的决策。

不确定性推理还可以应用于监狱安全管理。监狱是一个高风险的地方,安全管理非常重要。然而,监狱安全管理面临着很多不确定因素,如犯人之间的冲突、犯人逃跑和暴力事件等。不确定性推理可以帮助监狱管理人员预测这些事件的可能性,并采取相应的措施进行防范和应对。

最后,不确定性推理还可以应用于监狱改造计划。监狱改造计划的目的是帮助犯人重新融入社会,减少再犯罪率。然而,犯人的情况和需要是不同的,监狱管理人员需要根据犯人的情况制订个性化的改造计划。不确定性推理可以帮助监狱管理人员考虑犯人的不确定因素,制订更为有效的改造计划。

不确定性推理在监狱管理中有着广泛的应用。通过不确定性推理,监狱管理人员可以更好地对犯人进行分类和评估,预测和防范安全事件,制订个性化的改造计划,从而提高监狱管理的效果和安全性。

5.6 本章小结

在本章节中,我们通过对警务不确定性推理方法进行学习,主要掌握了其定义、作用、特点及相应的计算方法。

1. 定义及作用

警务不确定性推理方法是指在警务工作中，根据已知的不完整、模糊、随机或不可靠的信息，通过某种推理方式，对案件进行精确判断的方法。不确定性推理方法的应用有助于提高警务工作的效率，减少错误判断的可能性，为案件侦破提供有力支持。

2. 警务不确定性推理方法的特点

不确定性推理符合人类专家的直觉，能够用概率解释，且具有一定的灵活性。不确定性推理方法在一定程度上模拟了人类专家在处理模糊、不确定信息时的推理过程，具有较强的可接受性；在概率上可以为结论提供某种解释，使判断结果具有一定的可信度；可以适用于不同类型的问题，具有较强的通用性。

3. 警务不确定性推理方法的应用场景

通过使用警务不确定性推理方法，我们可以高效、快速处理案件难点，提高破案效率和破案准确度，降低出错率。该推理方法具体可以应用于犯罪嫌疑人的识别与定位、犯罪动机分析、线索排查和风险评估。根据犯罪嫌疑人的特征描述，如年龄、身高、体形、与被害人关系等，进行模糊匹配，从而缩小搜查范围。对嫌疑人，通过使用该推理方法可以推断犯罪嫌疑人的动机，为案件侦破提供方向，同时对其及其犯罪团伙进行排查，提高破案率。

总之，警务不确定性推理方法在案件侦破、风险评估等方面具有重要应用价值。随着相关技术的不断发展和完善，警务不确定性推理方法将为警务工作提供更精确、高效的支持。

习　题

1. 什么是不确定性推理？不确定性推理中需要解决的基本问题有哪些？不确定性推理的方法有哪些？

2. 什么是可信度？可信度因子的定义及其含义是什么？

3. 如何求解问题结论的可信度？

4. 概率分配函数、信任函数和似然函数的定义分别是什么？

5. 简述基于证据理论的不确定性推理的步骤。

6. 模糊推理的一般过程是什么？

7. 设有下面一组推理规则：

r_1:IF E_1 THEN $E_2(0.8)$

r_2:IF E_2 AND E_3 THEN $E_4(0.6)$

r_3:IF E_4 THEN $H(-0.7)$

r_4:IF E_5 THEN $H(0.5)$

且已知：$CF(E_1)=0.5$，$CF(E_3)=0.3$，$CF(E_5)=0.6$，求 $CF(H)$？

8. 设有下面一组推理规则：

r_1:IF E_1 THEN $H(0.7)$

r_2:IF E_2 THEN $H(0.6)$

r_3:IF E_3 THEN $H(0.4)$

r_4:IF H AND E_4 THEN $R(0.5)$

且已知：$CF(E_1)=CF(E_2)=CF(E_3)=CF(E_4)=0.5$，R 的初始可信度为 $CF_0(R)=0.3$，求结论 R 的可信度 $CF(R)$？

9. 设有下面一组推理规则：

r_1:IF E_1 THEN $H_1(0.7)$

r_2:IF E_2 THEN $H_1(0.6)$

r_3:IF E_5 THEN $E_2(0.5)$

r_4:IF E_3 AND E_4 THEN $E_1(0.9)$

r_5:IF E_6 OR E_7 THEN $E_2(-0.1)$

且已知：$CF(E_3)=0.6$，$CF(E_4)=0.9$，$CF(E_5)=0.7$，$CF(E_6)=0.1$，$CF(E_7)=0.3$，求可信度 $CF(H_1)$？

10. 设样本空间 $\Omega=\{a,b,c,d\}$，M,N 为定义在 2^{Ω} 上的概率分布函数，其中

$M:M(\{b,c,d\})=0.6, M(\{a,b,c,d\})=0.4$，其余的基本概率函数为0；

$N:N(\{a,b\})=0.3, N(\{a,b,c,d\})=0.7$，其余的基本概率函数为0。

求正交和 $M\oplus N$？

11. 设有论域 $U=\{x_1,x_2,x_3,x_4,x_5\}$，集合 A,B 为 U 上的两个模糊集，其中 $A=0.1/x_1+0.5/x_2+0.3/x_3+0.1/x_4+0.1/x_5$

$B=0.4/x_1+0.7/x_2+1.0/x_3+0.6/x_4+0.0/x_5$

求模糊集合 A 和 B 的交、并、补。

12. 设有如下模糊关系

$$R_1=\begin{bmatrix}0.7 & 1.0 & 0.6\\ 0.7 & 0.8 & 0.9\\ 0.5 & 0.5 & 0.4\\ 0.2 & 0.2 & 0.1\end{bmatrix},R_2=\begin{bmatrix}0.2 & 0.4 & 0.8\\ 0.1 & 0.1 & 0.4\\ 0.5 & 0.7 & 0.6\\ 0.8 & 0.2 & 0.1\end{bmatrix},R_1=\begin{bmatrix}0.3 & 1.0 & 0.6\\ 0.5 & 0.6 & 0.5\\ 0.8 & 0.2 & 0.3\\ 0.9 & 0.1 & 0.0\end{bmatrix}$$

试求$R_1 \cdot R_2$,$R_1 \cdot R_3$和$R_1 \cdot R_2 \cdot R_3$。

13. 设有模糊规则“如果温度较高,则风门关小”。设温度和风门开挡论域为{a,b,c,d,e}。并且“温度高”和“风门小”的模糊向量有如下表示

“温度高” $=0.0/1+0.2/2+0.5/3+0.8/4+1.0/5$

“风门小” $=1.0/1+0.8/2+0.5/3+0.2/4+0.0/5$

已知事实“温度较高”,表示为

“温度较高” $=0.0/1+0.1/2+0.5/3+1.0/4+0.8/5$

试通过模糊推理的方法确定风门开挡?

第 6 章

智能计算及其应用

智能计算,也称为计算智能,是一种经验化的计算机思考性程序,辅助人类去处理各式问题的具有独立思考能力的系统,包括遗传算法、进化算法、启发式算法、模拟退火算法、禁忌搜索算法、蚁群算法、人工鱼群算法、混合智能算法、免疫算法、粒子群算法、人工智能、神经网络、机器学习、生物计算、DNA 计算、量子计算、智能计算与优化、模糊逻辑、模式识别、知识发现、数据挖掘等。一般有以下几个关键特征:

(1)持续进化,具有自我智能管理与升级的能力;

(2)环境友好,与位置无关的随地部署、无缝连接与高效协同;

(3)开放生态,通用、普惠的计算资源,让更多参与者参与其中。

6.1 进化算法的产生与发展

6.1.1 进化算法的概念

进化算法,又称演化算法,是一个"算法簇",是一些基于自然选择和遗传等生物进化机制的搜索算法,包括遗传规划(Genetic Programming)、遗传算法(Genetic Algorithms)、进化规划(Evolution Programming)和进化策略(Evolution Strategies)等典型方法。尽管这些方法存在多种变化,包括不同的遗传基因表达方式、交叉和变异算子,以及再生和选择方法,但它们的灵感都来自大自然的生物进化。

进化算法是以达尔文的生物进化论为背景,通过模拟生物进化过程与机制用于求解问题的一种自组织、自适应的人工智能技术，是一类借鉴生物界自然选择和遗传机制的随机搜索算法。这类算法本质上从不同的角度对达尔文的进化理论进行了不同的阐述和运用，在解决复杂的非线性优化问题中具有强大的优势。与生物进化的繁殖、变异和竞争类似，进化算法是通过选择、重组和变异来实现问题优化的，进化算法的基本框架如图6－1所示。与普通的搜索算法一样，进化算法也是一种迭代算法。不同的是在最优解的搜索过程中，普通的搜索算法是从某个单一的初始点开始搜索，进化算法是从源问题的一组解出发改进到另一组较好的解，再从改进的解出发继续改进。但是进化算法需要在源问题建立优化模型后，对源问题进行编码。进化算法是一种概率型算法，它利用结构化和随机性的信息来搜索目标并选择满足目标的最优决策。进化算法具有自组织、自适应和自学习的特性。此外，它还具有广泛的应用性、高度的非线性、易于修改和可并行性。进化算法能够不受问题性质限制，适应不同的环境和问题，并能有效处理大规模复杂的优化问题。

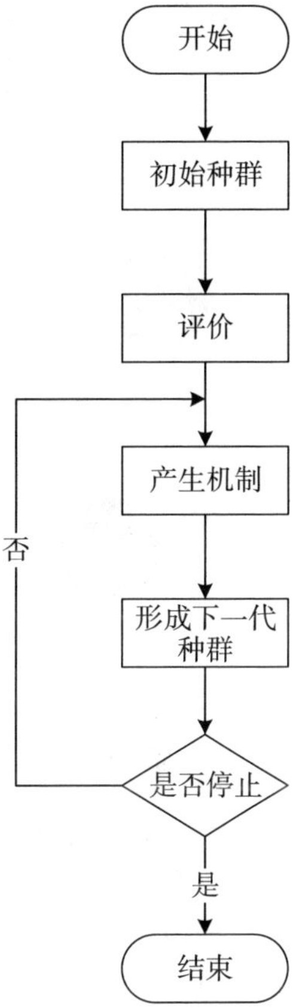

图6－1　进化算法的基本框架

6.1.2　进化算法的生物学背景

进化算法其实就是模拟大自然的选择过程，与生物的进化类似，在不断的成长演化过程中，收敛到最优化问题的最优解。“能够生存下来的物种，不是最强的，也不是最聪明的，而是最能适应变化的”。达尔文的这句话揭示了大自然生物进化的一个规律，那就是“适者生存”，对于进化算法来说，这句话就是整个进化算法的核心思想。

以一个初始的生物群体为起点，经过生物进化中“适者生存，优胜劣汰”的基本规律，一部分群体经过生存竞争被淘汰，保留下来的一部分成为种群。种群经过婚配产生子代群体（也就是子群），在进化过程中为了适应环境等生存条件，可能会出现变异的新个体，随着变异的出现，子群成长为一个新的群体，代替旧的群体成为新的循环的开始,生物进化的基本过程如图 6 – 2 所示。

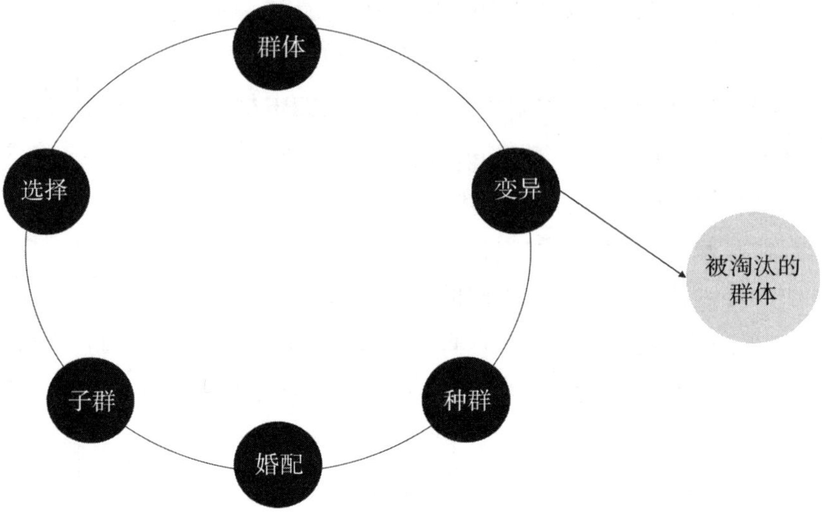

图 6 – 2　生物进化基本过程

6.1.3　进化算法的设计原则

进化算法的设计与生物的进化过程类似,一般有以下几个步骤:

(1)给定一组初始解,评价这组解的性能;

(2)从这组解中选择一定数量的解作为迭代的基础;

(3)对选择的解进行操作,得到迭代后的解;

(4)判断迭代后的解是否满足要求,如果满足要求就停止,否则将迭代后的解作为当前的解重新进行操作。

进化算法的设计需要遵循如下原则:

(1)适用性原则,指算法所能适用的问题种类,它取决于算法所需的限制与假定。

(2)可靠性原则,指算法对于所设计的问题,以适当的精度求解其中大多数问题的能力。

(3)收敛性原则,指算法能否收敛到全局最优,并且在收敛的前提下,希望算法具有较快的收敛速度。

(4)稳定性原则,指算法对其控制参数及问题的数据的敏感度。设计算法时应尽量使算法对一组固定的参数能在较广泛的问题的数据范围内解题,并且对一组给定的问题数据,算法对其控制参数的微小扰动不敏感。

(5)生物类比原则,进化算法的设计思想是基于生物演化过程进行的,把生物界有效方法及操作可以通过类比的方法引入算法中,有时会带来较好的结果。

6.2　基本遗传算法

遗传算法起源于对生物系统所进行的计算机模拟研究,针对不同的问题设计不同的编码方法,利用不同的遗传算子来模仿不同环境下的生物遗传特征,不同的编码方式和遗传算子构成了不同的遗传算法。所有的遗传算法都具有通过对生物遗传和进化过程中选择、交叉和变异的模仿,来完成解的自适应搜索的特点。基于这一点,哥德堡(Goldberg)总结出了基本遗传算法,只使用选择算子、交叉算子和变异算子三种基本遗传算子,遗传进化操作简单,便于理解,给出了各种遗传算法的一个基本框架,也就是图 6 - 1 所示的进化算法的基本框架。

6.2.1　遗传算法的发展历史

遗传算法是近年来迅速发展起来的一种全新的随机搜索的优化算法,具有自组织、自适应和自学习的特征,它的基本思想是基于进化论和遗传学说,借鉴生物界的进化规律(适者生存,优胜劣汰的规律)演化来的。虽然遗传算法是在 20 世纪 80 年代后兴起,但是它和其他的科学技术一样,都是经历一段成长过程,逐步发展起来的。遗传算法的发展大致可以分为萌芽期、成长期和发展期三个主要阶段。

萌芽期在 20 世纪 50 年代后期至 20 世纪 70 年代初期。最初的研究起源于一些生物学家采用电子计算机模拟生物的遗传系统,纯粹用来研究生物现象,但是其中已经有了一些现代遗传算法的标识方法,一些代表性的技术和方法对后来的遗传算法发展产生了一定的影响。早在 1962 年 Fraser 就提出了与现代遗传算法相似的概念和思想,只是并未意识到自然遗传算法可以转化为人工遗传算法。Holland 和他的学生认为能够开拓一种能模拟自然选择遗传机制的方法,并发现了基于适应度的人工遗传选择的基本作用，于1965年提出了人工遗传操作，并应用在了自然系统和人工系统中。1967年，Bagley在其博士论文中首次提出了遗传算法，并提出了许多现代遗传算法中的概念，对遗传算法的发展有极其重要的意义，但是Bagley并没有进行计算机的模拟实验。同期，Rosenberg以模拟生物进化为主要研究方向对遗传算法进行了研究，并提出了许多独特的设想。1970年，Cavicchio用遗传算法设计了一组应用于识别的检测器，为遗传算法应用于模式识别做了一定的贡献。1971年，Hollstien在论文《计算机控制系统中人工遗传自适应方法》中研究了遗传算法用于数字反馈控制的方法，首次把遗传算法用于函数优化。

成长期在20世纪70年代中期至20世纪80年代末期。1975年，遗传算法的创始人Holland教授出版的专著《自然和人工系统的适应》，被视为遗传算法问世的重要标志，该书系统地阐述了遗传算法的基本理论和方法。同年，DeJong在论文《遗传自适应系统的行为分析》中，结合Holland的模式理论进行了大量的纯数值函数优化的实验，把理论与计算实验结合起来，为遗传算法的应用打下了基础，是遗传算法发展史上的一个重要里程碑。1985年，Goldberg出版专著《遗传算法——搜索、优化及机器学习》，全面、系统地介绍遗传算法，使这一技术得到普及与推广。同年，第一届遗传算法国际学术会议在美国举行，参会学者积极交流遗传算法的研究成果和经验。1987年，Lawrence公开出版《遗传算法和模拟退火算法》一书，以论文集形式用大量实例介绍遗传算法，对遗传算法的应用研究产生了一定的影响。

在20世纪90年代遗传算法进入兴盛的发展期，遗传算法不断地向广度和深度发展。1991年，Lawrence出版《遗传算法手册》一书，详尽地介绍遗传算法的工作细节。1996年，Michalewicz的专著《遗传算法+数据结构=进化程序》深入讨论了遗传算法的各种专业问题。同年，Back的专著《进化算法的理论与实践：进化策略、进化规划、遗传算法》，深入阐明遗传算法的许多理论问题。同时，在这期间关于遗传算法的国际学术会议也非常活跃，比如国际遗传算法会议、IEEE国际进化算法会议等，对遗传算法的发展产生了巨大的推动作用。目前，遗传算法广泛应用于自动控制、图像处理、智能机器人等领域，成为继专家系统、人工神经网络之后有关人工智能方面的又一热点。

我国对于遗传算法的研究也早就开始进行了,自 1990 年以来遗传算法在我国发展迅速,尤其近几年中,遗传算法在许多领域都有着显著的成果。很多专家、学者都花费大量精力进行遗传算法的研究工作,并取得了不错的进展,国内有关遗传算法的专著层出不穷,如刘勇、康立山出版的《非数值并行计算——遗传算法》,周明、孙树栋等撰写的《遗传算法原理及应用》,王小平、曹立明编写的《遗传算法——原理、应用与软件实现》等。其应用上也越来越广泛,在我国遗传算法正在迅速发展,在数学建模、量子信息等领域发挥着重要作用。

6.2.2 遗传算法的基本思想

遗传算法搜索最优解的方法是模拟生物的进化过程,模拟自然选择和遗传中发生的复制、交叉和变异的过程,生物进化与遗传算法的对应关系如表 6－1 所示。

表 6－1　生物进化与遗传算法的对应关系

生物进化	遗传算法
环境	适应度函数
种群	问题的一组可行解
个体	问题的一个可行解
染色体	可行解的编码
基因	编码的元素
交叉	以交叉的方式产生新的可行解
变异	编码的某些量发生变化的过程
适者生存,优胜劣汰	适应度函数越大的解,被保留的可能性就越大

遗传算法是解决搜索问题的一种通用算法,对于各种通用问题都可以使用。它从代表问题可能潜在解集的、经过基因编码的、一定数量个体组成的一个初始种群开始,对种群进行反复的选择、交叉和变异操作,估计每个个体的适应度,根据“适者生存,优胜劣汰”的生物进化规律,产生更适应环境的一部分个体,并向着最优解的方向进化,最后把满足条件的末代种群中的最优个体经过解码得到最优解。

利用遗传算法求解问题，首先需要把问题的解选择适当的方式编码，并根据问题建立个体的适应度函数。然后随机地生成初始种群，即初始的可行解，记作 p(t)，t 表示迭代步，称为演化代，一般情况下群体的规模是不发生变化的，也就是 p(t) 中元素的个数不变。之后，重复地对种群进行选择、交叉、变异等遗传操作，直到满足停止准则，相应的流程图如图 6-3 所示。

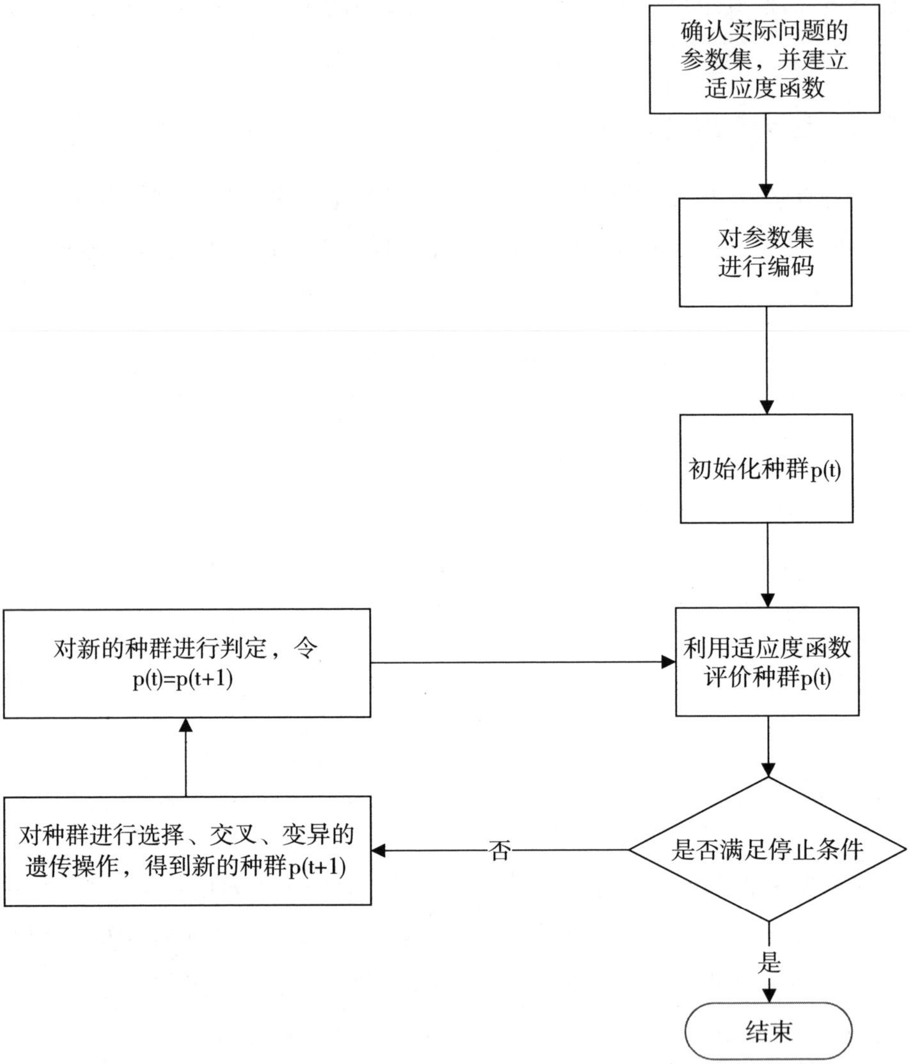

图 6-3　遗传算法流程

6.2.3 编码

遗传算法的应用过程包括染色体的编码和解码、初始群体的设定、适应度函数的设计、选择、交叉和变异等遗传操作，以及控制参数的设定。由于遗传算法不能直接处理问题空间的参数，需要通过编码把求解的问题由基因按照一定的结构表示成遗传空间的染色体，也就是需要把解所在的空间映射到基因型空间上。一个具体问题如何进行编码是遗传算法的首要问题，也是遗传算法的难点之一。事实上，并不存在通用的编码方法，不同的问题需要采用具体的编码方法，好在由于遗传算法的健壮性，实际操作中对编码的要求并不苛刻，以下是几种常见的编码方式。

(1)位串编码

一维染色体编码法是指把问题空间的参数用一维排列的染色体表示出来，通常采用的是二进制编码。

定义 6.2.1　二进制编码

二进制编码是指用若干个二进制数表示一个个体，把原问题映射到位串空间{0,1}上，然后在该空间上进行遗传的操作。例如，要在区间［a,b］内寻找参数 x 的最优值，根据精度要求选择长度为 n 的二进制编码来表示 x，可以产生 2^n 种不同的编码：

$$0000\cdots0000=0$$

$$0000\cdots0001=1$$

$$0000\cdots0010=2$$

$$\cdots$$

$$1111\cdots1111=2^n-1$$

对于某个值，如果编码为 $b_1,b_2,\cdots,b_n$，解码后对应的参数 x 的值为

$$x=a+\frac{b-a}{2^n-1}\sum_{k=1}^{n}b_k2^{k-1} \tag{6-1}$$

二进制编码是最简单也是最常用的编码方式，采用二进制编码时，算法处理的模式也是最多的。在精度允许的范围内，可以将区间内的无穷多个点用间隔足够小的有限点来代替，在降低计算量的同时可以保持精度。二进制编码类似于生

物染色体的组成，更易于用生物遗传理论来解释算法，并且对于交叉、变异等遗传操作容易实现。

但是，二进制编码可能具有较大的汉明距离，或称汉明悬崖，例如 15 和 16 的二进制表示分别为 01111 和 10000，此时要从 15 进化到 16 就需要改变所有位，由交叉和变异来实现这种进化就变得困难，这使遗传算子的搜索效率大大降低。二进制编码时，一般要先给出解的精度来确定二进制的长度，这使算法缺乏了微调的功能。同时，在高维问题中，二进制编码串会很长，这也将导致算法的效率降低。

(2) 格雷编码

格雷编码是一种基于二进制编码的循环码，其特点是任意两个连续整数的编码之间只有一位是不同的，很好地避免了二进制编码的汉明悬崖这一问题，如图 6-4 所示。格雷编码需要对普通的二进制编码从最右侧一位起，依次将每一位与其左侧的一位做异或运算，作为对应格雷码在该位的值，最左边一位保持不变，图 6-4 为 8 位二进制编码到格雷编码的转换示意图，部分十进制数对应的二进制编码和格雷码在表 6-2 中给出。

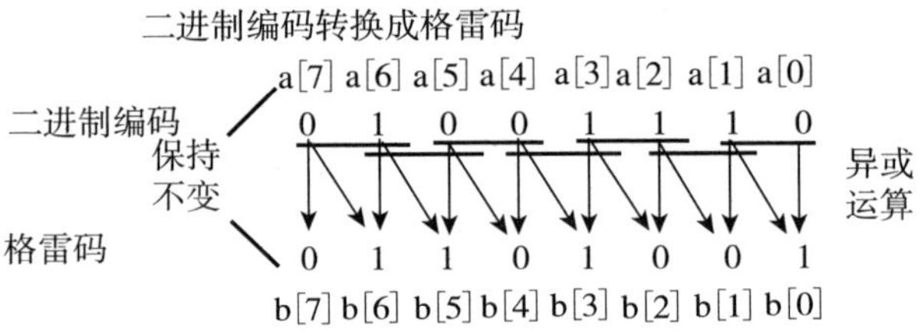

图 6-4　二进制编码到格雷码的转换示意图

表 6-2　部分十进制数对应的二进制编码和格雷码

十进制数	二进制编码	格雷码	十进制数	二进制编码	格雷码
0	00000	00000	6	00110	00101
1	00001	00001	7	00111	00100
2	00010	00011	8	01000	01100
3	00011	00010	9	01001	01101
4	00100	00110	10	01010	01111
5	00101	00111	11	01011	01110

(3)实数编码

实数编码是用若干实数表示一个个体,在实数空间上进行遗传操作。实数编码不需要数制转换,可直接在解空间上进行遗传操作。在求解高维或复杂优化问题时,一般采用实数编码的方法,实数编码已经被证实在函数优化和约束优化领域比二进制编码和格雷编码更有效。

(4)多参数级联编码

多参数级联编码通常用于多参数优化问题的遗传算法中,其基本思想是把每个参数先进行二进制编码得到子串,每个子串有不同的长度和参数取值范围,再把这些子串连成一个完整的染色体。

6.2.4 群体设定

遗传算法是对群体操作的,因此需要从初始种群的产生和种群规模的确定两个方面考虑设定一个由若干初始解组成的初始群体。

1. 初始种群的产生

遗传算法中初始种群的个体是可以随机产生的,但是一般情况下采用如下策略:

(1)根据固有知识,依据猜测的最优解所占空间在整个问题空间的分布情况设定初始群体。

(2)在随机产生的一定数目的个体中以一定的规则挑选最好的个体放到初始群体中,不断重复该过程,直到初始群体的规模达到预先确定的规模。

2. 种群规模的确定

种群规模就是种群中个体的数量,种群规模的大小直接影响优化的结果和算法的效率。通常情况下,种群规模在20~100。种群太小时,容易导致局部最优解的产生,优化结果一般不会太好;种群太大时,会增加计算的复杂度,导致算法的效率降低。

6.2.5 适应度函数

遗传算法遵循自然界优胜劣汰的原则,在进化搜索中基本不用外部信息,而是用适应度的值来表示个体的优劣,作为遗传操作的依据,适应度越高,被选择的概率就越大。适应度函数是用来区分群体中个体好坏的标准，是算法演化过程的驱动力，是进行自然选择的唯一依据，适应度函数的选择非常关键，直接影响遗传算法的收敛速度以及是否能够找到最优解。

定义 6.2.2 通常情况下，适应度函数都由目标函数转化而来，常见的形式有：

(1)对于目标函数为最大化的问题，适应度函数可以取为

$$fitness(f(x)) = f(x) \text{或} e^{f(x)} \tag{6-2}$$

(2)对于目标函数为最小化的问题，适应度函数可以取为

$$fitness(f(x)) = -f(x) \text{或} e^{-f(x)} \tag{6-3}$$

在遗传算法中，通常群体的规模一般和实际物种的规模相距甚远，因此个体繁殖数量的调节在遗传操作中就非常重要。如果在遗传过程中，群体中出现了个体的适应度值远远超过了群体的平均适应值的超级个体，在按照适应值比例选择时，该个体很快就会在群体中占有绝对比例，这就会导致算法较早地收敛到一个局部最优点，这种现象称为过早收敛现象，这种情况下需要缩小这些个体的适应度，以降低超级个体的竞争力。此外，在搜索过程的后期，即便群体中存在足够的多样性，但群体的平均适应值很可能会接近群体的最优适应值，这时群体实际上已经不存在竞争，搜索的目标难以得到改善，出现搜索停滞现象，这种情况下应该改变原始适应值的比例，以提高个体之间的竞争力。

在遗传算法中，把所有妨碍适应度值高的个体产生，从而影响遗传算法正常工作的问题统称为欺骗问题，过早收敛现象和搜索停滞现象都是欺骗问题。对适应度函数值域的某种映射变换称为适应度函数的尺度变换或者定标，对适应度函数的尺度变换是解决部分欺骗问题的一种方法，常见的尺度变换有线性变换和非线性变换等。

定义 6.2.3 线性变换

设原适应度函数为 f，定标后的适应度函数为 F，可以通过以下线性变换得到

$$F = af + b \tag{6-4}$$

系数 a 和 b 可以有多种方法确定，但是要满足以下两个条件：

(1)变换后的适应度平均值 F_{avg} 要等于原适应度的平均值 f_{avg}，以保证适应度为平均值的个体在下一代的期望复制数为 1。

(2)变换后的适应度的最大值 F_{max} 要是原适应度平均值的倍数,即 $F_{max} = C \cdot f_{avg}$,以控制适应度最大的个体在下一代中的复制数。实验表明,对于不太大的群体(群体数在 50 ~ 100),C 的取值范围为 1.2 ~ 2.0。

根据以上两个条件,可以确定线性变换的系数 a 和 b,

$$a = \frac{(C-1)f_{avg}}{f_{max} - f_{avg}} \tag{6-5}$$

$$b = \frac{(f_{max} - Cf_{avg})f_{avg}}{f_{max} - f_{avg}} \tag{6-6}$$

线性变换法变换了适应度之间的差距,保持了种群的多样性,计算简单,易于实现。如果群里某些个体适应度远远低于平均值,有可能出现变换后适应度值为负的情况。为满足最小适应度值非负的条件,可以进行如下变换:

$$a = \frac{f_{avg}}{f_{avg} - f_{min}} \tag{6-7}$$

$$b = \frac{-f_{min}f_{avg}}{f_{avg} - f_{min}} \tag{6-8}$$

定义 6.2.4　非线性变换

常用的非线性变换有幂函数变换法、指数变换法等。

(1) 幂函数变换法变换公式为 $F = f^K$,其中 K 与求解问题有关,并且需要在算法过程中按需修正。

(2) 指数变换法的变换公式为 $F = e^{-af}$,这种变换方法基本思想来源于退火算法,其中 a 决定了复制的强制性,值越小,复制的强制性就越趋向于那些具有最大适应度的个体。

6.2.6　选择

遗传算法的本质就是模拟“物竞天择”的自然学说,选择为遗传算法提供了驱动力。选择操作也称为复制操作,是从当前群体中按照一定概率选出优良的个体,使它们有机会作为父代繁殖下一代子孙。选择的思想就是达尔文的适者生存原则,即适应度值更高的染色体获得选择(或复制)的机会越大。选择方法的关键是找到一个策略,既要使种群较快地收敛,又要维持种群的多样性。选择操作的实现方法很多,下面介绍几种常用的选择方法。

1. 个体选择概率分配方法

在遗传算法中,个体是否被选择是根据概率进行的。适应度大的个体被选择的概率大,但也不是一定会被选上。同理,适应度小的个体被选择的概率小,但也不是一定不会被选上。我们需要根据个体的适应度确定被选择的概率,常用的个体选择概率分配方法有以下两种。

(1)适应度比例方法

适应度比例方法也称为蒙特卡罗法,是遗传算法中最基本的也是最常用的选择方法。在适应度比例方法中,每个个体被选择的概率和其适应度值成比例。设群体规模为 M,个体 i 的适应度值为 f_i,则该个体被选择的概率为

$$p_i = \frac{f_i}{\sum_{i=1}^{M} f_i} \tag{6-9}$$

(2)排序法

排序法是在计算每个个体的适应度后,根据适应度的大小顺序对群体中的个体进行排序,然后把事先设计好的概率按排序分配给个体,作为各自的选择概率。选择概率仅仅取决于个体在种群中的序位,而不是实际的适应度值,排在前面的个体有较多被选择的机会。

排序法克服了适应度比例方法的过早收敛和停滞现象,并且对于极值问题不需要进行适应度的标准化和调节。排序法比适应度比例方法更健壮,是一种更优的选择方法。排序法有线性排序和非线性排序两种。

①线性排序

线性排序选择最初是由 Baker 提出的,首先假设群体成员按适应度值大小依次排列为 $x_1, x_2, \cdots, x_M$,然后根据如下线性函数给出第 i 个个体 x_i的选择概率 p_i,即

$$p_i = \frac{a - b_i}{M(M+1)} \tag{6-10}$$

其中,a,b 是常数。然后按照类似于转盘的方式选择父代个体以进行遗传操作。

②非线性排序

非线性排序同样对群体成员按照适应度值大小依次排序,不过是利用非线性

函数进行选择概率 p_i 的分配，非线性函数的选择可以多样，但一般遵循以下原则：

设 $\{x_1, x_2, \cdots, x_M\}$ 按照适应度值从大到小依次排列，分配概率 p_i 满足 $p_1 \geqslant p_2 \geqslant \cdots \geqslant p_M$，且 $\sum_{i=1}^{M} p_i = 1$。

常见的非线性排序是下面的由 Michalewics 提出的选择概率的分配公式

$$p_i = \begin{cases} q(1-q)^{i-1}, i = 1,2,\cdots,M-1 \\ (1-q)^{M-1}, i = M \end{cases} \tag{6-11}$$

其中，i 表示个体排序序号，q 为常数，表示最好的个体的选择概率。

2. 选择个体方法

选择操作是根据个体的选择概率确定哪些个体被选择进行交叉、变异等操作的。常用的选择方法有以下几种：

（1）轮盘赌选择

轮盘赌选择是遗传算法中使用最多的策略。在轮盘赌选择方法中按照个体的选择概率产生一个轮盘，轮盘每个区的角度与个体的选择概率成正比，通过产生一个随机数，其所落在的区域确定选择的个体。

（2）锦标赛选择

锦标赛选择是从群体中随机选择 k 个个体（k 称为竞赛规模），将其中适应度最高的选择到下一代。反复进行这一过程，直到选择到下一代的个体数达到预先设定的数量为止。锦标赛选择的一种特殊情况叫作随机竞争法，是每次按轮盘赌的方法选取一对个体，然后让这两个个体进行竞争，适应度高的被选择，反复进行，直到选择的个体数达到目标值为止。

锦标赛方法克服了基于适应度比例选择和基于排序的选择在群体规模较大时，额外计算量很大的问题。同时这种方法由于只使用适应值的相对值作为选择标准，与适应值大小不成直接比例，从而也能避免超级个体的影响，在一定程度上避免了过早收敛和停滞的现象。并且锦标赛选择比轮盘赌选择能得到更多样化的群体。

（3）最佳个体保存选择

最佳个体保存选择方法也称为精英选拔法，是把群体中适应度最高的一个或者几个个体不进行交叉而直接复制到下一代，以保证遗传算法终止时得到的最后结果一定是历代出现过的最高适应度的个体。在使用其他选择方法时，一般会同时使用最佳个体保存的方法，用来保证最优个体的不丢失。精英选拔法能够明显地提高遗传算法的收敛速度，但是有可能会使种群过快收敛而产生局部最优解。大量实验表明，保留种群个体总数2% ~5%的适应度最高的个体时，效果最为理想。

6.2.7 交叉操作

交叉又称为重组，是遗传算法中最主要的遗传操作，发生在两个染色体之间，染色体相互混合杂交以后，产生一个由双方基因组成的新的染色体组。遗传算法中起核心作用的是交叉算子（或基因重组），能够使父代的特征遗传给子代，使子代能够部分或者全部继承父代的结构特征和有效基因。

交叉概率是用来确定两个染色体之间进行局部的互换以产生两个新的子代的概率，用 P_c表示。一般取值在0.25 ~1.0之间。较大的交叉概率可以增强遗传算法开辟新的搜索区域的能力，但是也会增加破坏高性能模式的可能性，较小的交叉概率又会使搜索陷入迟钝，实验表明，交叉概率通常取0.7左右是理想的。

1. 基本交叉算子

(1)一点交叉，又称作简单交叉，是指在个体串中随机设定一个交叉点，在以交叉概率 P_c进行交叉操作时，交叉点前或后的两个个体的部分结构进行互换，生成两个新的个体。例如，两条全为1和全为0的10位染色体，设交叉点的位置为4，则执行交叉操作如图6 -5所示。

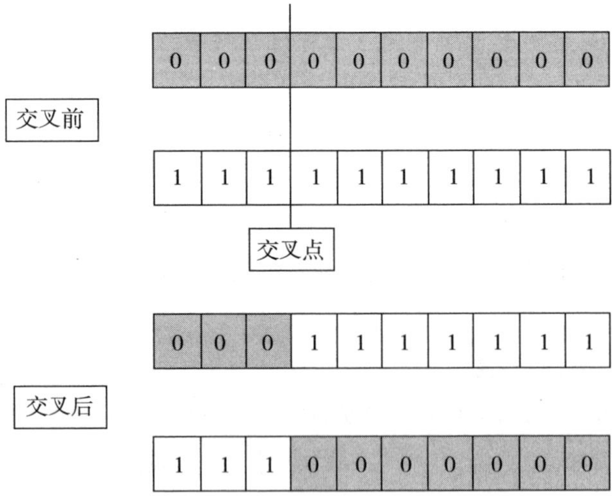

图6 -5 一点交叉示意图

(2)两点交叉,与一点交叉类似,只是随机设置了两个交叉点,把两个交叉点之间的部分进行互换。类似地,还可以有多点交叉。例如,两条全为 1 和全为 0 的 10 位染色体,设两个交叉点的位置为 4 和 8,则执行交叉操作如图 6－6 所示。

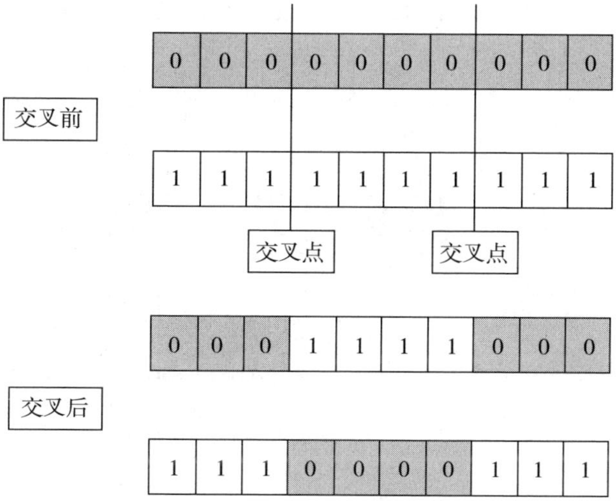

图 6－6　两点交叉示意图

2. 修正的交叉方法

基本的交叉操作可能出现不满足约束条件的非法染色体,因此就需要对交叉、变异等遗传操作进行适当的修正,以使其自动满足优化问题的约束条件,常见的修正的交叉方法有部分匹配交叉、顺序交叉和循环交叉等。

部分匹配交叉是 Goldberg 和 Lingle 提出的,以两个交叉点为例,如图 6－7 所示。

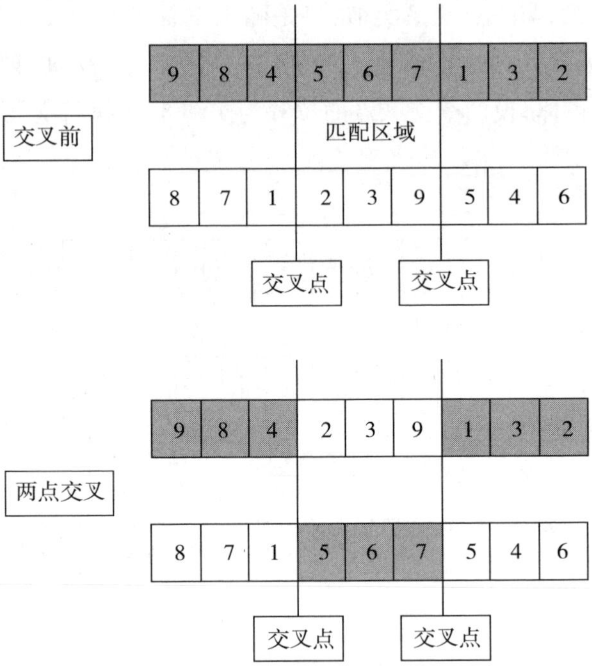

图 6-7　修正交叉算法

注意到，在进行两点交叉后，两个新的染色体中都出现了重复的任务，这种情况我们称为非法的调度，解决方法就是把匹配区域外出现的重复任务按照匹配区域的位置映射进行变换，排列成为可行调度。

以第一条染色体为例，注意到重复的任务有 9、2 和 3，匹配区域外的 9 变换为匹配区域内的 9 对应的第二条染色体中的 7，同理 3 换成 6，2 换成 5，如图 6-8 所示。对于第二条染色体，使用同样的方法进行变换，如图 6-9 所示。

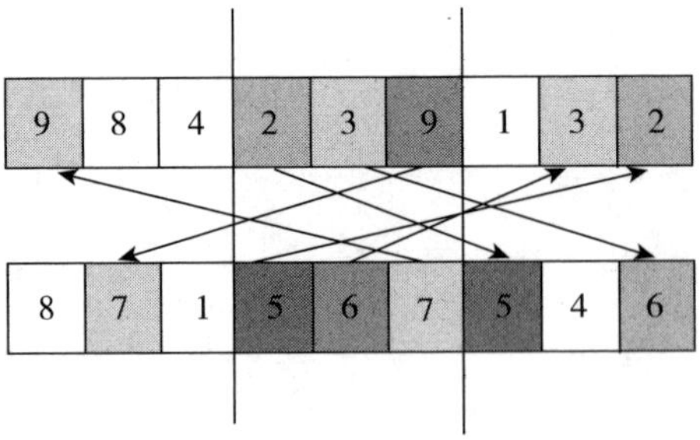

图 6-8　第一条染色体变化示意图

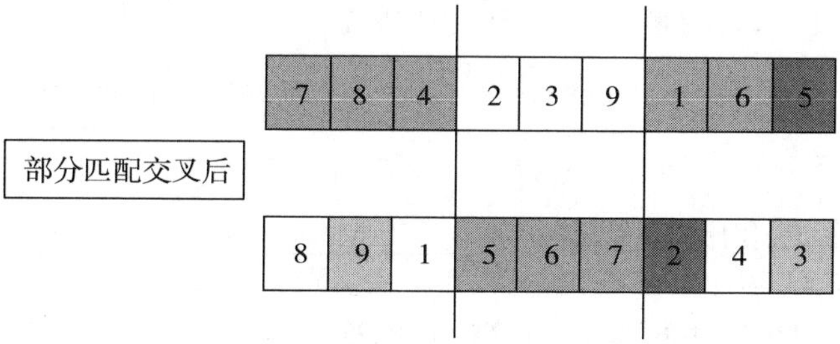

图6-9　第二条染色体变化示意图

如果在第一次变换后仍然存在重复任务，则按照相同的原则进行变换，直到没有重复的任务为止。

6.2.8　变异

在遗传算法中，变异操作首先在种群中随机选择一个个体，对该个体以一定的概率 P_m（P_m为变异概率）随机改变个体编码中的某一个或某一些基因的值。变异操作主要目的是维持群体的多样性，对选择、交叉过程中可能丢失的某种遗传基因进行修复和补充，是遗传算法中辅助性的操作。变异概率控制着变异操作被使用的频率，变异概率较大时，可以产生较多的个体，增加群体的多样性，但是也有可能破坏掉很多好的模式，使遗传算法趋于纯粹的随机搜索。变异概率太小时，变异操作产生新个体和抑制过早收敛现象的能力就会变差。大量实验总结，变异概率常取0.001左右。主要的变异方法有以下几种。

（1）位点变异，指的是对个体的编码随机挑选一个或多个基因座，并对这些基因座的基因值以变异概率 P_m 做变动。对于二进制编码的染色体，变异的基因会由1变为0或者由0变为1；对于整数编码的染色体，将被选择的基因变为以概率选择的其他基因。

（2）逆转变异，指的是在个体的编码串中随机选择两个点（称为逆转点），然后将这两个点之间的基因逆向排序后插入到原位置上。

（3）插入变异，指的是在个体编码串中随机选择一个基因码，然后将此基因码插入随机选择的两个插入点之间。

（4）互换变异，指的是在个体编码串中随机选择两个基因码，然后把这两个基因进行简单的互换位置。

(5)移动变异,指的是在个体编码串中随机选择一个基因,然后向左或者向右移动一个随机的位数。

6.3 遗传算法的改进算法

为了优化遗传算法的性能,许多改进的遗传算法被提出,比如双倍体遗传算法、双种群遗传算法和自适应遗传算法等。下面我们对这三种改进的遗传算法做详细的介绍。

6.3.1 双倍体遗传算法

1. 基本思想

Holland 提出的遗传算法是一种"单倍体遗传",每个基因型由一条染色体组成,通常被称为基本遗传算法。这种"单倍体遗传"只被自然界中一些简单的植物所采用,大多数的动物和高级植物都是双倍体遗传,每个基因型是由一对染色体组成的。

双倍体遗传算法采用显性和隐性两个染色体同时进行进化,提供了一种记忆以前有用的基因块的功能,即在某些低适应度的染色体中,可能其局部的基因块非常有用,可能是最优解中的基因片段,保留这些基因块有利于提高物种的适应能力。双倍体遗传的方法延长了有用基因块的寿命,提高了算法的收敛能力,能够在变异概率较低的情况下保证一定水平的多样性,比单倍体遗传的跟踪能力更强。

2. 双倍体遗传算法设计

(1)编码/解码

在双倍体遗传算法中,群体中的个体都具有显性染色体和隐性染色体两个染色体,每个染色体的编码/解码方式与基本遗传算法中的相同。

(2)复制算子

在进行复制操作时,计算显性染色体的适应度,按照显性染色体的复制概率将个体复制到下一代的群体中。

(3)交叉算子

对于交叉操作,从群体中随机选取两个个体,其显性染色体和隐性染色体同时分别进行交叉操作,显性交叉率和隐性交叉率可以不同,也可以相同。

(4)变异算子

对于变异操作,个体的显性染色体按照正常的变异概率进行变异操作,而隐性染色体按照较大的变异概率进行变异操作。

(5)显隐性重排算子

在复制、交叉和变异三个算子都执行完成后,将个体染色体的显隐性重排,适应度较大的染色体定为显性染色体,适应度较小的设定为隐性染色体。

双倍体遗传算法的流程如图 6-10 所示。

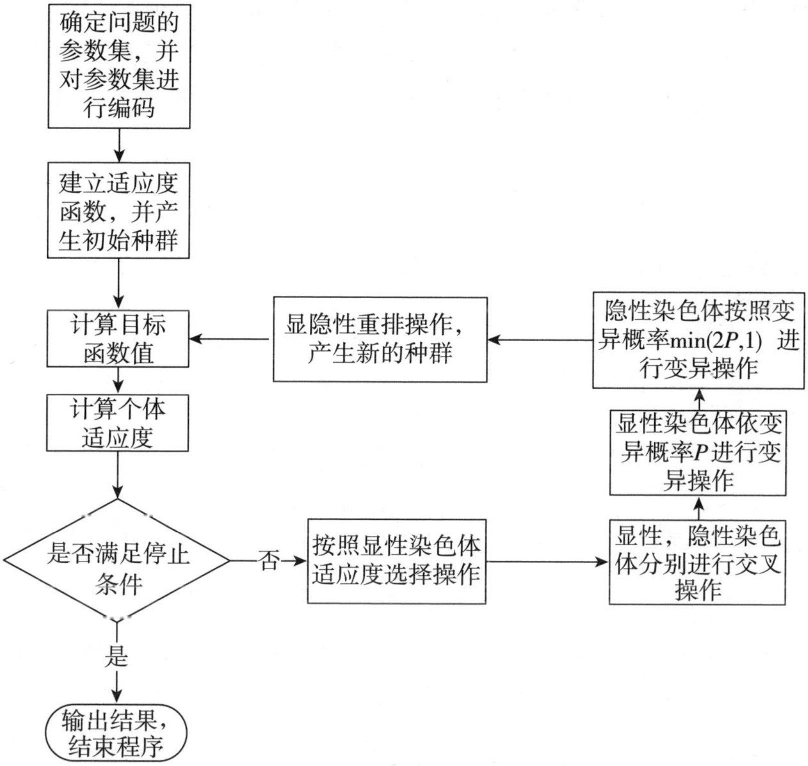

图 6-10　双倍体遗传算法流程

6.3.2　双种群遗传算法

1. 基本思想

基本遗传算法是针对一个种群进行复制、交叉和变异三种操作,由于生长演化环境和原始种群的局限性,在一段时间后种群会进化到一个相对优势的状态

(称为平衡态),在这种状态下种群的特征就不会再有很大的变化。为了解决这类问题,多种群遗传算法是利用多种群同时进行进化,并交换种群之间的优秀个体所携带的遗传基因,以打破这种平衡态,有利于算法跳出局部最优解。本质上,多种群算法是一种并行算法,有利于提高算法的效率。

2. 双种群遗传算法设计

双种群遗传算法就是建立两个遗传算法的群体,分别独立地进行复制、交叉和变异操作(各自的交叉概率和变异概率是不同的),同时在每一代执行完三种操作后,选择两个种群中的随机个体及最优个体分别交换,进行杂交操作。

所谓杂交操作就是在两个种群 A 和 B 各自完成选择、交叉和变异操作后,随机生成一个随机数 rand,随机选取种群 A 中 rand 个个体和最优个体,同时随机选取种群 B 中 rand 个个体和最优个体,交换两者,以打破平衡态。

双种群遗传算法的流程如图 6－11 所示。

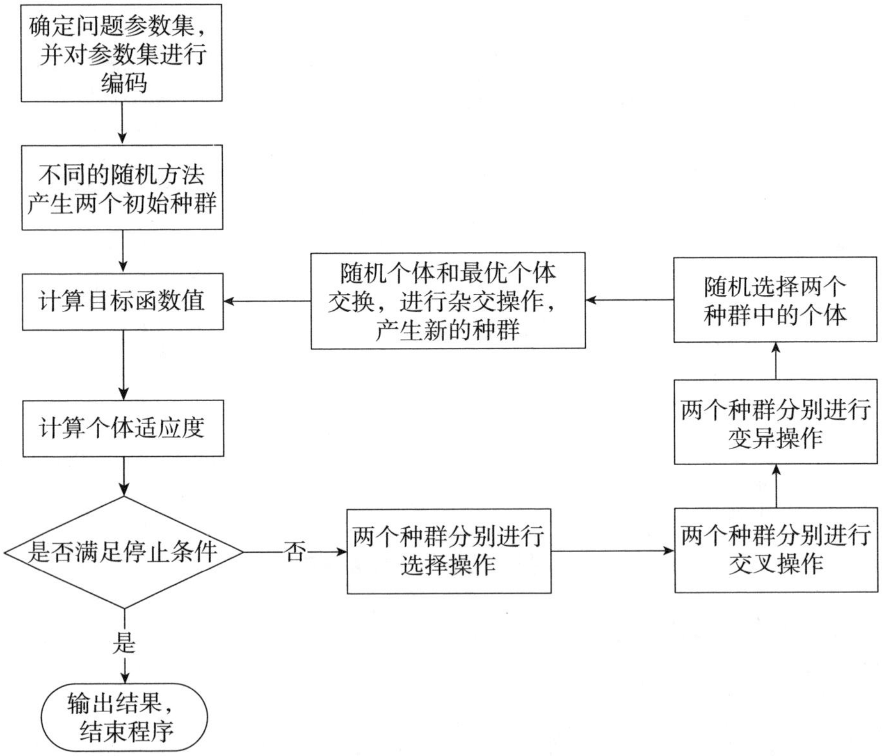

图 6－11　双种群遗传算法流程

6.3.3　自适应遗传算法

1. 基本思想

遗传算法的交叉概率 P_c 和变异概率 P_m 的值是影响遗传算法性能的关键参数，直接影响算法的收敛性。对于交叉概率 P_c，取值越大，新个体产生的速度就越快，但是 P_c 过大时会增大遗传模式被破坏的可能性，使具有高适应度的个体结构很快被破坏；P_c 过小时，会使搜索进行缓慢，以致停滞不前。对于变异概率 P_m，如果 P_m 过大时，会使遗传算法趋于纯粹的搜索算法；如果 P_m 过小时，就不容易产生新的个体结构。对于不同的问题，需要反复试验来确定交叉概率 P_c 和变异概率 P_m 的值，这不仅增加了工作量，并且很难找到对每个问题都适应的最佳值。

自适应遗传算法是由 Srinvivas M. 和 Patnaik L. M. 等人在 1994 年提出的。自适应遗传算法中交叉概率 P_c 和变异概率 P_m 的值能够随适应度变化而自动改变。自适应的交叉概率 P_c 和变异概率 P_m 能够提供相对某个解的最佳值，当种群的各个体适应度趋于一致或者趋于局部最优时，增加 P_c 和 P_m 的值，以跳出局部最优；当群体适应度比较分散时，减少 P_c 和 P_m 的值，以利于优良个体的生存。对适应度高于群体平均适应度的个体，选择较低的 P_c 和 P_m，以便该个体被保护进入下一代；对适应度低于群体平均适应度的个体，选择较高的 P_c 和 P_m，以便淘汰该个体。可以看出，自适应遗传算法在保持群体多样性的同时，保证了遗传算法的收敛性。

2. 自适应的交叉概率和变异概率

在自适应遗传算法中，交叉概率 P_c 和变异概率 P_m 按照以下公式进行自适应调整：

$$p_c = \begin{cases} \dfrac{k_1(f_{\max} - f')}{f_{\max} - f_{avg}}, f' > f_{avg} \\ k_2, f \leqslant f_{avg} \end{cases} \tag{6-12}$$

$$p_m = \begin{cases} \dfrac{k_3(f_{\max} - f)}{f_{\max} - f_{avg}}, f > f_{avg} \\ k_4, f \leqslant f_{avg} \end{cases} \tag{6-13}$$

其中,f_{max}是种群中最大的适应度值,f_{avg}是每代种群的平均适应度值,f'是要交叉的两个个体中较大的适应度值,f是要变异的个体的适应度值,k_1、k_2、k_3和k_4是(0,1)之间的常数。

3. 自适应遗传算法的步骤

第一步:编码/解码设计与基本遗传算法相同。

第二步:产生初始种群,种群规模为N(N是偶数)。

第三步:定义适应度函数f,计算每个个体的适应度值f_i。

第四步:进行选择操作,求平均适应度值f_{avg}和最大适应度f_{max}。

第五步:将种群中个体随机搭配成N/2对,对每一对个体按照自适应公式计算自适应交叉概率P_c,以P_c为交叉概率进行交叉操作,即产生随机数rand(0,1),若rand(0,1) $< P_c$,对该染色体进行交叉操作。

第六步:对种群中所有个体按照自适应公式计算自适应变异概率P_m,以P_m为变异概率进行变异操作,即产生随机数rand(0,1),若rand(0,1) $< P_m$,则对该染色体进行变异操作。

第七步:计算由交叉和变异生成新个体的适应度,新个体与父代一起构成新的种群。

第八步:判断是否达到预定的迭代次数,是则输出结果,结束程序,否则转到第四步,继续循环,直至满足停止条件。

6.4 遗传算法的应用

以柔性作业车间调度为例——分析遗传算法。柔性作业车间调度问题:某工厂要加工4个工件,每个工件有3道工序,有6台机器可供使用,其对应工件、工序与选用机器所用时间如表6-3所示。比如P_{11}代表第一个工件的第一道工序,如果使用第一台机器用时为2,如果使用第二台机器则用时为3,如果使用第三台机器则用时为4,第四台、第五台和第六台机器不能用于第一个工件的第一道工序。

表6-3　柔性作业车间调度

工件	工序	选择机器及对应时间					
		Q_1	Q_2	Q_3	Q_4	Q_5	Q_6
J_1	P_{11}	2	3	4			
	P_{12}		3		2	4	
	P_{13}	1	4	5			
J_2	P_{21}	3		5		2	
	P_{22}	4	3		6		
	P_{23}			4		7	11
J_3	P_{31}	5	6				
	P_{32}		4		3	5	
	P_{33}			13		9	12
J_4	P_{41}	9		7	9		
	P_{42}		6		4		5
	P_{43}	1		3			

用遗传算法求解该问题,参数选择为:交叉概率取0.6,变异概率取0.1,种群规模为20,迭代次数为50,得到最优解为17,运算结果平均值和最优值的变化和机器甘特图分别由图6-12和图6-13给出。

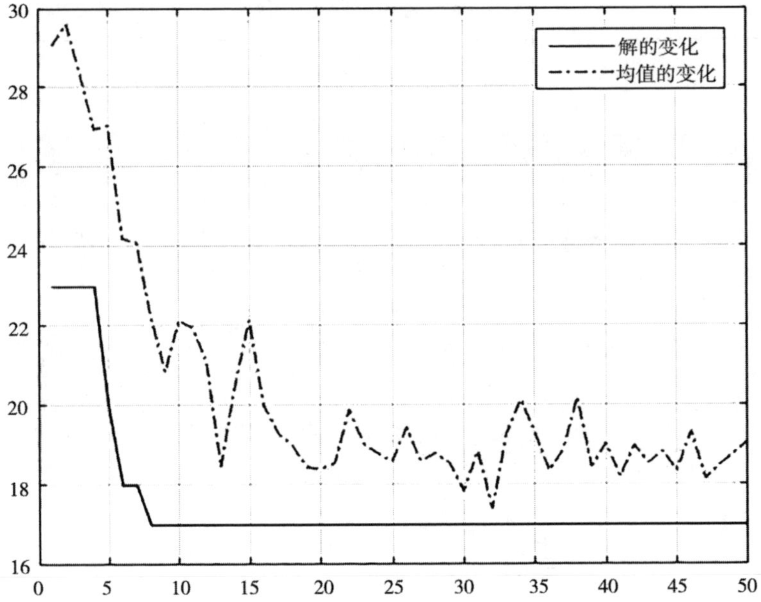

图 6－12　车间调度问题平均值和最优值的变化

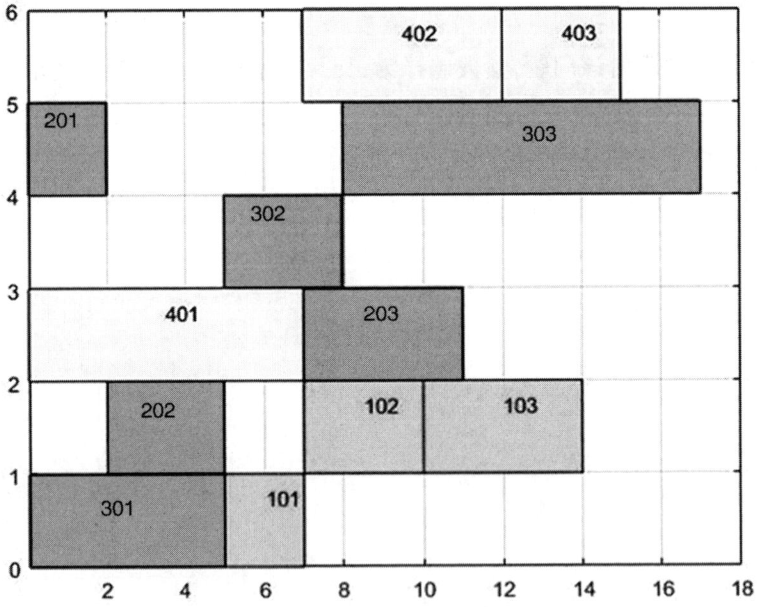

图 6－13　车间调度问题机器甘特图

6.5　群智能算法

自然界中有许多动物的群体现象,如蚂蚁搬家、蜜蜂筑巢和鸟群觅食等,这些由简单个体组成的群落与环境以及个体之间的互动行为,称为“群体智能”。群智能算法是一类受到动物群体智能启发的算法。群智能算法通过向大自然中的某些生命现象或自然现象学习,以实现对问题的求解,这一类算法包含了自然界中生命现象所具有的自组织、自学习和自适应等特性。在运算过程中,通过获得的计算信息自行组织种群对解空间进行搜索。因此,在应用群智能算法解决问题时,不需要事先对求解问题进行详细的求解思路描述,对于复杂的问题的求解更为高效。

群智能算法通过设定相应的种群进化机制完成计算,种群内的个体则具有一定的独立性,个体之间的信息交流是可有可无的,个体的进化方式完全取决于自身的状态,对群智能算法而言,个体之间本质上是一种并行机制。因此,群智能算法能够充分利用多处理器机制,实现并行计算,提高算法的性能。

群智能算法通常是对大自然中某种生命或者其他事物的智能协作进化现象的模拟,利用某种进化机制指导种群对解空间进行搜索。由于该算法缺少严格的数学理论支撑,对问题的解空间采用反复迭代的概率性搜索,群智能算法会存在过早收敛和解精度低等问题,这也是所有群智能算法都存在的问题。

在计算智能领域,群智能算法包括粒子群优化算法、蚁群算法和人工免疫算法等。群智能算法和进化算法既有相同之处,也有明显的不同。首先,两种算法都是受自然现象的启发,基于简单的自然规则而发展出来的计算模型。其次,两种算法都是基于种群的方法,种群中个体之间,个体与环境之间存在相互作用。最后,两种算法都是一种元启发式随机搜索方法。不同之处在于,进化算法强调的是“适者生存,优胜劣汰”的进化论,群智能算法则重视的是种群中个体之间的相互作用和智能协作。

6.6 粒子群优化算法及其应用

粒子群优化算法(Particle Swarm Optimization,PSO)也称粒子群算法或鸟类觅食算法,是由美国普渡大学的Kennedy和Eberhart根据早期对鸟类群体行为的研究,于1995年在IEEE International Conference on Neural Network上提出的一种仿生优化算法,该算法在对动物集群活动行为观察基础上,利用群体中的个体对信息的共享使整个群体的运动在问题求解空间中产生从无序到有序的演化过程,从而获得最优解,是一种基于群智能理论的全局优化算法。它比遗传算法规则更为简单,它没有遗传算法的"交叉"和"变异"操作,具有易实现、精度高、收敛快等优点,同时该算法还是一种并行算法。

6.6.1 粒子群优化算法的基本原理

粒子群优化算法模拟的是鸟群的捕食行为,一群鸟在随机搜索食物,鸟群在整个搜寻的过程中,通过相互传递各自的信息,让其他的鸟知道自己的位置,通过这样的协作,来判断自己找到的是不是最优解,同时也将最优解的信息传递给整个鸟群,最终,整个鸟群都能聚集在食物源周围,即找到了最优解。每个优化问题的解都是搜索空间中的一只鸟,我们称为"粒子"。所有的粒子都有一个由被优化的函数决定的适应值,每个粒子还有一个速度决定它们飞翔的方向和距离,粒子们追随当前的最优粒子在解空间中搜索。粒子群优化算法初始化为一群随机粒子(称为随机解),然后通过迭代找到最优解。在每一次迭代中,粒子通过跟踪两个"极值"来完成更新。第一个就是粒子本身所找到的最优解,这个解叫作个体极值pbest,也就是粒子本身经过的最优位置。另一个极值是整个种群目前找到的最优解,这个极值是全局极值gbest,也就是粒子群体经历过的最优位置。

在粒子群优化算法中,设搜索空间为n维连续空间,对粒子群中第$i(i=1,2,\cdots,m)$个粒子,用k表示迭代的步数。定义其当前的位置向量$x^i(k)=[x_1^i\ x_2^i\ \cdots\ x_n^i]^T$和该粒子至今所获得的具有最优适应度$f_p^i(k)$的最优位置向量$p^i(k)=[p_1^i\ p_2^i\ \cdots\ p_n^i]^T$,以及$n$维速度向量$v^i(k)=[v_1^i\ v_2^i\ \cdots\ v_n^i]^T$用来表示该粒子的搜索方向。

每个粒子经过的最优位置(pbest)记作$p^i(k)=[p_1^i\ p_2^i\ \cdots\ p_n^i]^T$,粒子群体经过

的最优位置(gbest)记作$v^g(k)=[p_1^g\ p_2^g\ \cdots\ p_n^g]^T$,则基本的粒子群优化算法公式为

$$v_j^i(k+1)=\omega(k)v_j^i(k)+\varphi_1 rand(0,a_1)(p_j^i(k)-x_j^i(k))+\varphi_2 rand(0,a_2)(p_j^g(k)-x_j^i(k)) \quad (6-14)$$

$$x_j^i(k+1)=x_j^i(k)+v_j^i(k+1) \quad (6-15)$$

其中,$\omega(k)$是惯性权重因子,$i=1,2,\cdots,m;j=1,2,\cdots,n$。$\varphi_1,\varphi_2$是加速度常数,为非负值。rand$(0,a_1)$,rand$(0,a_2)$为 $[0,a_1]$ 和 $[0,a_2]$ 范围内具有均匀分布的随机数,a_1,a_2为相应的控制参数。注意到$v_j^i(k+1)$右边有三部分相加,第一部分是粒子在前一时刻的速度对下一时刻速度的影响;第二部分为个体“认知”分量,表示粒子本身的思考,将现有位置和曾经经历过的最优位置相比;第三部分是群体的“社会”分量,表示粒子间的信息共享与合作。φ_1和φ_2分别控制个体认知分量和群体社会分量相对贡献学习率,引入随机数是为了增加个体认知分量和群体社会分量的搜索方向的随机性和多样性。基于学习率φ_1和φ_2,Kennedy 给出了四种类型的粒子群优化算法模型:

(1)若$\varphi_1>0,\varphi_2>0$,称该算法为粒子群优化算法全模型。

(2)若$\varphi_1>0,\varphi_2=0$,称该算法为粒子群优化算法认知模型。

(3)若$\varphi_1=0,\varphi_2>0$,称该算法为粒子群优化算法社会模型。

(4)若$\varphi_1=0,\varphi_2>0$ 且 $g\neq i$,称该算法为粒子群优化算法无私模型。

标准的粒子群优化算法有全局算法和局部算法两种,以上介绍的都是全局粒子群优化算法。局部粒子群优化算法只需要用局部领域内最优邻居的状态代替整个群体的最优状态即可。全局算法收敛快,但容易陷入局部极值点;局部算法精度高,但速度慢。

粒子群优化算法的流程:

(1)初始化每个粒子,即在允许的范围内随机设置每个粒子的初始位置和初始速度。

(2)评价每个粒子的适应度,计算每个粒子的目标函数。

(3)设置每个粒子经过的最好位置p^i。对每个粒子,将对应的适应度与其经过的最好位置p^i进行比较,如果优于p^i,则将其替换为该粒子的最好位置p^i。

(4)设置全局最优p^g。对每个粒子,将其适应度与群体经过的最好位置p^g进行比较,如果优于p^g,则将其作为当前群体的最好位置p^g。

(5)根据基本的粒子群优化算法的公式更新粒子的位置和速度。

(6)检查终止条件,满足条件则输出结果,不满足预设的条件(一般为最大误差或者最大迭代次数),则返回2继续执行。

粒子群优化算法流程如图6-14所示。

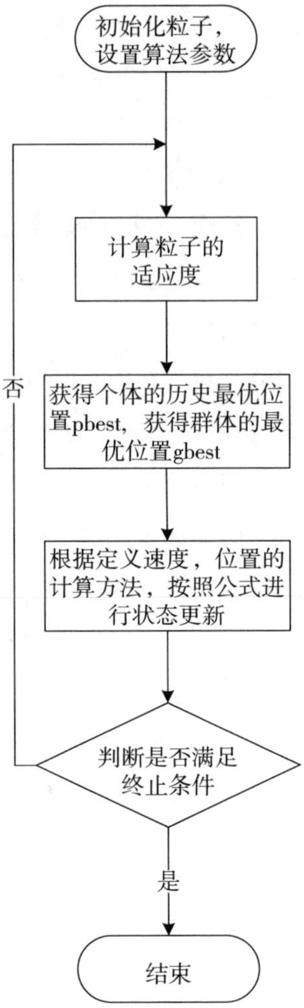

图6-14 粒子群优化算法流程

6.6.2 粒子群优化算法的参数分析

1. 粒子群优化算法的参数

粒子群优化算法中的参数有:群体规模 m,惯性权重 ω,加速度常数 φ_1 和 φ_2,最大速度 V_{max},最大代数 G_{max}。

最大速度 V_{max} 用来限制粒子的速度 v_i,如果当前粒子的某维速度大于最大速度 V_{max},则该维度的速度被限制为取最大速度 V_{max}。最大速度 V_{max} 决定了当前位置与最好位置之间的区域的精度,如果取值太大,粒子可能会飞过较好的解,如果取值太小,粒子容易陷入局部最优值。

惯性权重 ω 使粒子保持运动惯性,使其有扩展搜索空间的趋向,并有能力搜索新的区域。加速度常数 φ_1 和 φ_2 代表将每个粒子推向 p^i 和 p^g 位置的统计加速度项的权重。较小的值使粒子在被拉回之前可以在目标区域外徘徊,较大的值则可能会导致粒子突然冲向或者冲过目标区域。

2. 位置更新方程中各部分的影响

考虑基本的粒子群优化算法公式为

$$\nu_j^i(k+1) = \omega(k)\nu_j^i(k) + \varphi_1 rand(0,a_1)(p_j^i(k) - x_j^i(k)) + \varphi_2 rand(0,a_2)(p_j^g(k) - x_j^i(k)) \tag{6-16}$$

$$x_j^i(k+1) = x_j^i(k) + \nu_j^i(k+1) \tag{6-17}$$

其中，$i=1,2,\cdots,m$；$j=1,2,\cdots,n$。可以看出，对于$v_j^i(k+1)$由三部分的和组成。

当$\varphi_1=\varphi_2=0$时，只有第一部分，此时粒子会一直以当前速度飞行直至边界，此时搜索区域有限，很难找到最优解。若 $\omega=0$，此时$v_j^i(k+1)$没有第一部分，速度只取决于粒子当前位置和历史最好位置，速度本身没有记忆，此时类似局部算法。加上第一部分后，粒子有扩展搜索空间的趋势。故 ω 有针对不同的搜索问题调整算法全局和局部搜索平衡的能力。

如果$\varphi_1=0$，此时没有第二部分，为社会模型，粒子没有认知能力。在粒子的相互作用下，有能力到达新的搜索空间，其收敛速度比标准版本更快，但是对复杂问题更容易陷入局部最优解。如果$\varphi_2=0$，此时没有第三部分，为认知模型，粒子之间没有社会共享信息，此时相当于各个粒子单独运行，个体之间没有交互，很难得到最优解。

3. 粒子群优化算法参数设置

粒子群优化算法的初始群体的产生方法与遗传算法类似。可以随机产生，也可以根据固有知识产生。种群的大小需要根据问题的规模来确定，并且需要考虑算法的运行时间。适应度函数同样根据具体问题来确定，将目标函数转换成适应度函数的方法与遗传算法类似。粒子的编码采用的是实数编码，其优点是方便求解连续函数优化问题，并且对粒子速度的求解和粒子位置的更新一目了然。

粒子群优化算法早期实验中惯性权重 ω 通常取固定值 1，加速度常数φ_1和φ_2取 2，最大速度 V_{max}取对应维变化范围的 10% ~20% 。后来实验表明，φ_1和φ_2取其他常数，也能得到较好的解。Shi 和 Eberhart 提出一个模糊系统来调节 ω 显著提高了平均适应值。类似的其他参数也可以使用模糊系统来进行调节。

6.6.3　粒子群优化算法的应用领域

粒子群优化算法在众多领域中得到了应用，并且取得了很多成果，主要应用在以下领域：

(1) 通信领域，如电路的设计，光通信系统的偏振膜色散补偿问题等。

(2) 医学领域，如医学模型参数的确定，预测药物对抗性等。

(3) 经济领域，如博弈论中的均衡问题，股票交易决策问题等。

(4)机器人领域,如利用基于粒子群优化算法的模糊控制器对可移动式传感器进行导航以及求解机器人路径的规划问题等。

(5)运筹学领域,如利用基于可变邻域搜索的粒子群优化算法解决最小耗时指标的置换问题等。

(6)神经网络训练,如利用粒子群优化算法来训练神经网络,将遗传算法与粒子群优化算法相结合来设计递归神经元网络等。

(7)化工领域系统,如利用粒子群优化算法求解苯乙烯聚合反应的最优稳态操作条件,估计在化工动态模型中产生的不同动态现象等。

此外,粒子群优化算法还在机械设计、图像处理、生物信息等领域发挥着重要作用。

6.6.4 粒子群优化算法在车辆路径问题中的应用

1. 车辆路径问题的模型

车辆路径问题:设配送中心最多可以用 K 辆车对 L 个客户进行配送。每辆车载重为 $b_k(k=1,2,\cdots,K)$,每个客户的需求为 $d_i(i=1,2,\cdots,L)$,客户 i 到客户 j 的运输成本为 c_{ij},其中 $i=0$ 表示仓库。定义如下变量:

$$y_{ik}=\begin{cases}1,\text{客户 } i \text{ 由车辆 } k \text{ 配送}\\0,\text{其他}\end{cases}$$

$$x_{ijk}=\begin{cases}1,\text{车辆 } k \text{ 由客户 } i \text{ 到 } j\\0,\text{其他}\end{cases}$$

则车辆路径问题的数学模型如下:

$$\min\sum_{k=1}^{K}\sum_{i=0}^{L}\sum_{j=0}^{L}c_{ij}x_{ijk} \tag{6-18}$$

$$\sum_{i=1}^{L}d_iy_{ik}\leqslant b_k,\ \forall k;\ \sum_{k=1}^{K}y_{ik}=1,\ \forall i \tag{6-19}$$

$$\sum_{i=1}^{L}x_{ijk}=y_{jk},\ \forall j,k;\ \sum_{j=1}^{L}x_{ijk}=y_{ik},\ \forall i,k \tag{6-20}$$

$$\sum_{i,j\in s\times s}^{L}x_{ijk}\leqslant|S|-1,S=\{1,2,\cdots,L\},\ \forall k \tag{6-21}$$

$$x_{ijk}=0\text{ 或 }1,\ \forall i,j,k;y_{ik}=0\text{ 或 }1,\ \forall i,k \tag{6-22}$$

2. 编码与初始种群

对于这类组合优化问题,编码方式、初始解的设置对问题的求解都有很大影响。采用常用的自然数编码方式,对于 K 辆车和 L 个客户的问题,用从 1 到 L 的自然数的随机排列来产生一组解,然后用节约法或最近插入法来构造初始解。

3. 实验结果比较

在粒子群优化算法中采用如下参数设置:种群规模为 50,最大迭代次数为 1000,ω 的初始值为 1,随着迭代的进行线性减小到 0,$\varphi_1 = \varphi_2 = 1.4$,$|V_{max}| \leq 100$,其实验结果与遗传算法的比较如表 6 – 4 所示。

表 6 – 4　粒子群优化算法和遗传算法的比较

实例	粒子群优化算法		遗传算法	
	Best	Dev(%)	Best	Dev(%)
A – n32 – k5	829	5.73	818	4.34
A – n33 – k5	705	6.65	674	1.97
A – n34 – k5	832	6.94	821	5.52
A – n39 – k6	872	6.08	866	5.35
A – n44 – k6	1016	8.49	991	5.76
A – n46 – k7	977	6.89	957	4.70
A – n54 – k7	1205	3.26	1203	3.08
A – n60 – k9	1476	9.01	1410	4.13
A – n69 – k9	1275	10.0	1243	7.24
A – n80 – k10	1992	12.9	1871	6.12

6.7　蚁群算法及其应用

蚁群算法是由意大利科学家 Marco Dorigo、V. Maniezzo 和 A. Colorni 等人受蚂蚁觅食行为启发,于 20 世纪 90 年代初提出的。研究表明,蚁群优化算法在解决离散组合优化问题方面具有良好的性能。20 世纪 90 年代末,这种算法得到了广泛关注,许多学者对其进行了改进并成功应用到其他领域。Dorigo 等提出了蚁群优化算法的框架,所有符合蚁群优化算法框架的算法都可以称作蚁群优化算法。Gutgahr 首次证明了蚁群优化算法的收敛性,为该算法提供了重要理论支撑。

Marco Dorigo、V. Maniezzo 等人在观察蚂蚁觅食过程中发现,蚂蚁总能找到蚁穴与食物之间的最短路径。深入研究发现,蚂蚁在寻找食物时有信息素的跟踪和信息素的遗留两种行为,即一方面蚂蚁会按照一定概率沿着信息素较强的路径觅食,另一方面蚂蚁会在走过的路径上释放信息素,使在一定范围内的其他蚂蚁能够觉察并由此影响它们的行为。当某一条路径上的信息素越来越多,蚂蚁选择该路径的概率就会增大,从而进一步增加该路径上的信息素强度,所以蚂蚁系统也称为增强型学习系统。

6.7.1 基本蚁群算法模型

蚁群优化算法最初应用在旅行商问题上,M. Dorigo 等人利用蚁群搜索事物与旅行商问题的相似性,通过模拟蚂蚁觅食的过程来求解旅行商问题。

旅行商问题(TPS)是基本的线路问题,是指一名推销员要到达 n 个城市时,如何找到在到达每一个城市一次后再回到起点的最短路径。设 m 是蚁群中蚂蚁的数量,$d_{xy}(x,y=1,2,\cdots,\mathrm{n})$ 表示城市和城市之间的距离,$\eta_{xy}(t)$ 表示能见度,称为启发信息函数,等于距离的倒数,即$\eta_{xy}(t)=\dfrac{1}{d_{xy}}$。$b_x(t)$ 表示 t 时刻位于城市 x 的蚂蚁的个数,$m=\sum_{x=1}^{n}b_x(t)$。$\tau_{xy}(t)$ 表示 t 时刻在连线 xy 上的信息素,初始时刻各个线路上的信息素都为常数 C,即$\tau_{xy}(0)=C$。蚂蚁 $k(k=1,2,\cdots,m)$ 在运动过程中,根据各条线路上的信息素决定移动方向。$P_{xy}^{k}(t)$ 表示在 t 时刻蚂蚁 k 选择从城市 x 到 y 的概率。

$P_{xy}^{k}(t)$ 是由信息素$\tau_{xy}(t)$和局部启发信息$\eta_{xy}(t)$共同决定的,也称为随机比例规则,

$$P_{xy}^{k}(k)=\begin{cases}\dfrac{[\tau_{xy}(t)]^{\alpha}[\eta_{xy}(t)]^{\beta}}{\sum_{y\in J_k(x)}[\tau_{xy}(t)]^{\alpha}[\eta_{xy}(t)]^{\beta}},y\in J_k(x)\\0,\text{其他}\end{cases}\tag{6-23}$$

其中,$J_k(x)=\{c-tabu_k(x)\}$表示蚂蚁 k 下一步允许选择的城市,c 表示城市集,$tabu_k(x)(k=1,2,\cdots,m)$记录蚂蚁 k 当前走过的城市集。α 是信息素启发式因子,反映了蚁群在路径搜索中随机性因素作用的强度,β 是期望值启发式因子,反

映了蚁群在路径搜索中先验性、确定性因素的作用强度。α 值越大，该蚂蚁越倾向于选择其他蚂蚁经过的路径，该状态转移概率越接近于贪婪规则。当 $\alpha=0$ 时，就不再考虑信息素水平，算法便成为多重起点的随机贪婪算法。当 $\beta=0$ 时，算法就成为纯粹的正反馈启发式算法。

随着时间的推移，之前的信息素逐渐消失，用参数 $1-\rho$ 表示信息素消失程度，蚂蚁完成一次循环，各路径上的信息素浓度消散规则为

$$\tau_{xy}(t+1)=\rho\tau_{xy}(t)+\Delta\tau_{xy}(t) \tag{6-24}$$

其中，$\Delta\tau_{xy}(t)=\sum_{k=1}^{m}\Delta\tau_{xy}^{k}(t)$，其中 $\tau_{xy}(t)$ 为当前路径上的信息素，$\Delta\tau_{xy}(t)$ 为路径 xy 上信息素的增量，$\Delta\tau_{xy}^{k}(t)$ 为第 k 只蚂蚁留在路径 xy 上的信息素增量。根据具体算法的不同，$\Delta\tau_{xy}^{k}(t)$，$\Delta\tau_{xy}(t)$，$\tau_{xy}(t)$ 和 $P_{xy}^{k}(t)$ 的表达形式可以不同，具体问题具体分析。M. Dorigo 给出了 $\Delta\tau_{xy}^{k}(t)$ 的三种不同模型：

(1)蚂蚁圈系统

单只蚂蚁在所访问路径上的信息素更新规则为

$$\Delta\tau_{xy}^{k}(t)=\begin{cases}\dfrac{Q}{L_k},\text{第 } k \text{ 只蚂蚁在本次循环中从 } x \text{ 到 } y\\ 0,\text{其他}\end{cases}$$

其中，Q 为常数，L_k 为优化问题的目标函数值，表示第 k 只蚂蚁在本次循环中走的路径长度。

(2)蚂蚁数量系统

$$\Delta\tau_{xy}^{k}(t)=\begin{cases}\dfrac{Q}{d_{xy}},\text{第 } k \text{ 只蚂蚁在本次循环中从 } x \text{ 到 } y\\ 0,\text{其他}\end{cases}$$

(3)蚂蚁密度系统

$$\Delta\tau_{xy}^{k}(t)=\begin{cases}Q,\text{第 } k \text{ 只蚂蚁在本次循环中从 } x \text{ 到 } y\\ 0,\text{其他}\end{cases}$$

蚂蚁圈系统利用的是整体信息，即蚂蚁完成一个循环后，更新所有路径信息，通常是蚁群优化算法的基本模型。蚂蚁数量系统和蚂蚁密度系统利用的是局部信息，即每走完一步都要更新残留信息素，并不是走完所有城市。全局信息更新方法很好地避免了残留信息素的无限积累，如果路径越来越少地被选择，上面残

留的信息素也会随着时间的推移逐渐减弱。即使路径被经常选择,也不至于由于 $\Delta\tau_{xy}^{k}(t)$ 的不断积累,而产生 $\Delta\tau_{xy}^{k}(t)\gg\eta_{xy}(t)$ 使期望值的作用无法体现,充分体现了算法中全局范围内较短路径的生存能力,提高了系统搜索收敛的速度。在蚁群算法中,通常采用蚂蚁圈系统作为其基本模型。

6.7.2 蚁群算法的参数选择

从上一节蚁群算法的模型中可以看出,算法中参数的选择对算法性能有着重大影响,但是目前大部分的参数选择都是根据经验来估计的,其选取方法和选取原则并没有理论上的证明。

信息素启发式因子 α,其大小反映了蚁群在路径搜索中随机性因素作用的强度,取值越大表示蚂蚁选择以前走过的路径的可能性就越大,搜索的随机性减弱。但是取值过大时,会使蚁群的搜索过早地陷入局部最优解。

期望值启发式因子 β,其大小反映了蚁群在路径搜索中先验性、确定性因素作用的强度,取值越大表示蚂蚁在某个局部点上选择局部最短路径的可能性越大,虽然提高了收敛的速度,但是减少了随机性。蚁群算法在全局寻优快速收敛,一方面要求搜索过程的强随机性,另一方面又需要搜索过程的高确定性,故信息素启发因子和期望值启发因子的选择是互相影响的。

信息素挥发度 $1-\rho$,直接关系到蚁群算法的全局搜索能力和收敛速度。当要处理的问题规模很大时,会使那些从来未被搜索到的路径上的信息量减少到接近于0,大大降低了全局搜索的能力。当信息挥发度取值过大时,以前选择的路径再次被选择的可能性也会过大,影响算法的随机性和全局搜索能力。当信息挥发度过小时,虽然提高了随机性,但是又会降低算法的收敛速度。

在蚂蚁圈系统中,总信息量 Q 是蚂蚁循环一周时释放在所经过路径上的信息素的总量。总信息量 Q 越大,在蚂蚁已经走过的路径上信息素积累得越快,可以加强正反馈能力,有助于提高算法的收敛速度。在不同的系统中,总信息量 Q 对算法性能的影响是不同的。不过初始信息素 $\tau_{xy}(0)$ 对算法性能的影响并不是很大。

6.7.3 蚁群算法的应用

考虑旅行商问题,以我国省级行政区的 34 个城市为例,其对应坐标如表 6-5

所示。

表 6 - 5　我国省级行政区的 34 个城市对应坐标

序号	城市	纬度(约)	经度(约)	平面坐标 x	平面坐标 y
1	北京	39°92′	116°4′	12964.2	4854.3
2	天津	39°13′	117°2′	13046.6	4740.3
3	上海	31°22′	121°4′	13523.1	3661.4
4	重庆	29°59′	106°5′	11859.9	3450.9
5	拉萨	29°97′	91°11′	10142.3	3499.6
6	乌鲁木齐	43°77′	87°68′	9760.49	5429.9
7	银川	38°47′	106°2′	11829.9	4646.0
8	呼和浩特	40°82′	111°6′	12428.8	4985.8
9	南宁	22°84′	108°3′	12059.2	2612.6
10	哈尔滨	45°75′	126°6′	14096.3	5740.3
11	长春	43°88′	125°3′	13953.8	5446.8
12	沈阳	41°8′	123°3′	13734.5	5131.0
13	石家庄	38°03′	114°4′	12743.8	4583.6
14	太原	37°87′	112°5′	12526.7	4561.0
15	西宁	36°56′	101°7′	11325.6	4377.9
16	济南	36°65′	117°0′	13024.3	4390.4
17	郑州	34°76′	113°6′	12645.8	4131.3
18	南京	32°04′	118°7′	13222.5	3768.5
19	合肥	31°86′	117°2′	13054.4	3744.9
20	杭州	30°26′	120°1′	13379.4	3537.0
21	福州	26°08′	119°3′	13280.4	3008.9
22	南昌	28°68′	115°8′	12900.8	3334.9
23	长沙	28°21′	113°0′	12579.1	3275.4
24	武汉	30°52′	114°3′	12724.9	3570.5
25	广州	23°16′	113°2′	12604.7	2651.3
26	兰州	36°03′	103°7′	11547.1	4304.7
27	西安	34°27′	108°9′	12128.2	4065.1

续表

序号	城市	纬度(约)	经度(约)	平面坐标 x	平面坐标 y
28	成都	30°67′	104°0′	11583.9	3589.9
29	贵阳	26°57′	106°7′	11878.9	3069.8
30	昆明	25°04′	102°7′	11435.8	2880.6
31	香港	22°20′	114°1′	12701.5	2535.5
32	澳门	22°13′	113°3′	12615.8	2527.1
33	台北	25°05′	121°5′	13525.3	2881.8
34	海口	20°02′	110°3′	12284.1	2275.4

采用蚁群算法求解,对应的参数选择为:信息素启发式因子 $\alpha=1$,期望值启发式因子 $\beta=5$,信息素挥发因子 $\rho=0.1$,蚂蚁圈系统中总信息量 $Q=200$,

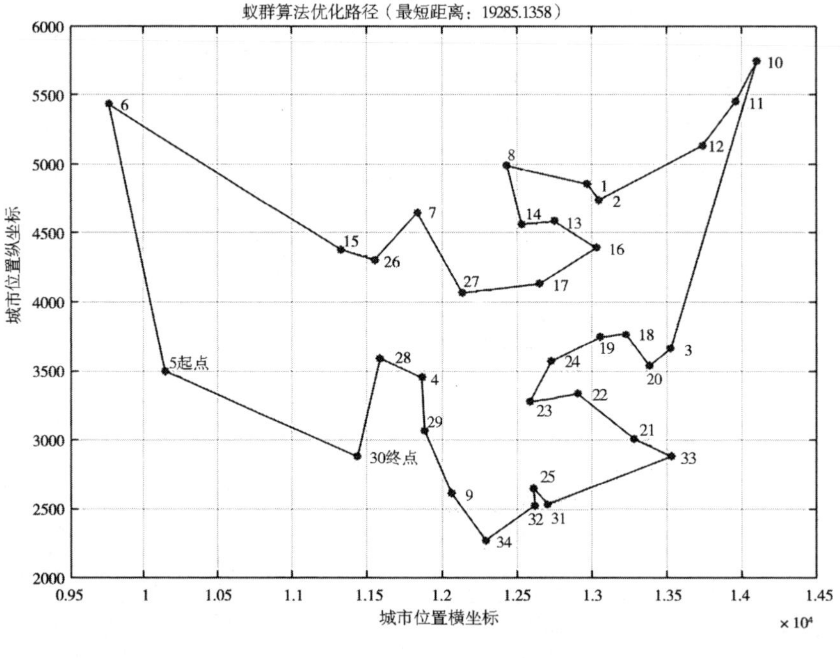

图 6-15 旅行商问题最优路径

最大迭代次数为 150 次,得到的最短路径为:

5→6→15→26→7→27→17→16→13→14→8→1→2→12→11→10→3→20→18→19→24→23→22→21→33→31→25→32→34→9→29→4→28→30→5,最短距

离为 19285.13。最优算法路径和各代最优距离及平均距离的图像分别如图 6－15 和图 6－16 所示。

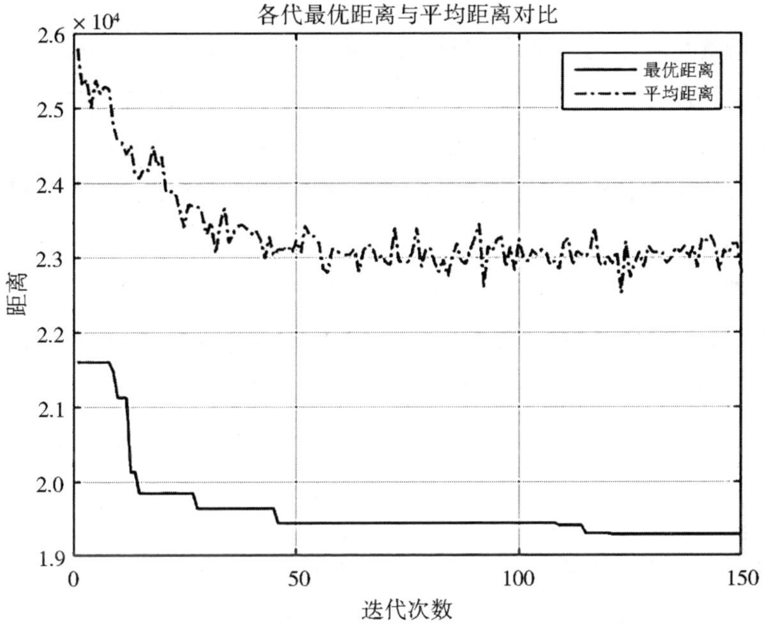

图 6－16　旅行商问题最优距离和平均距离变化

6.8　本章小结

进化算法是一类基于群体智能、仿生学原理和进化论思想的优化算法，它通过模拟自然界生物进化过程中的基因遗传、优胜劣汰和适者生存等机制来搜索最优解。其中，遗传算法、粒子群优化算法和蚁群算法是三种经典的进化算法。

基本遗传算法是最早提出的一种进化算法，它模拟了自然界中生物的繁殖和变异过程。该算法主要包括个体的编码、交叉、变异和选择四个基本操作，通过不断的迭代来搜索最优解。为了提高遗传算法的搜索精度和收敛速度，研究者对其进行了诸多改进，如精英保留遗传算法、多目标遗传算法、动态遗传算法等。遗传算法在多个领域都有广泛应用，如组合优化问题、机器学习、人工神经网络优化等。

群智能算法是一类模拟自然界中蚂蚁、鸟群、鱼群等生物群体行为的算法,如粒子群优化算法、蚁群算法、鱼群算法等。这些算法利用群体的协同行为,快速地搜索最优解。

粒子群优化算法是一种基于模拟小鸟觅食过程的优化算法,它建立了一个由粒子组成的群体,通过模拟粒子在目标函数空间中的搜索过程,找到最优解。该算法已被广泛应用于函数优化、神经网络训练等领域。

蚁群算法是一种基于模拟蚂蚁在寻找食物时的行为的算法,它通过模拟蚂蚁在寻找食物时的信息素的传播和更新,来快速找到最优解。该算法已被广泛应用于图像处理、数据挖掘等领域。

总之,进化算法是一类有效的优化算法,各种进化算法在不同的应用领域都有广泛的应用,能够有效地解决许多实际问题。

习 题

1. 简述遗传算法的基本思想、步骤和主要特点。

2. 简述适应度函数及其作用。

3. 简述改进的遗传算法与基本遗传算法的区别点。

4. 简述群智能算法的主要特点和基本思想。

5. 尝试区别群智能算法与进化算法。

6. 简述粒子群算法的搜索原理、主要特点和基本流程。

7. 简述粒子群算法的参数选择原则。

8. 简述蚁群算法的搜索原理、主要特点和基本流程。

9. 简述蚁群算法的参数选择原则。

10. 用遗传算法计算函数 $f(x) = x\cos(5\pi x) + 3.5$ 在区间 $[-1, 2.5]$ 上的最大值。

11. 用遗传算法计算函数

$$f(x) = \sum_{k=1}^{5} k\cos[(k+1)x + k] \times \sum_{k=1}^{5} k\cos[(k+1)y + k]$$

在区间 $[-10, 10] \times [-10, 10]$ 上的最大值。

12. 使用遗传算法、粒子群优化算法和蚁群算法求解车辆路径问题。

第 7 章

数据挖掘与机器学习

7.1　数据挖掘概述

7.1.1　数据挖掘的概念与发展

1. 数据挖掘的定义

数据挖掘可在技术与商业层面进行界定。从技术上讲，数据挖掘是指在海量数据中挖掘出有用信息。在商业层面上，数据挖掘是一种商业信息的处理技术，以海量业务数据的提取、变换、分析与建模处理为主要特征，并从中挖掘出关键性数据来协助商业决策。

数据挖掘与传统数据分析方法存在本质区别。传统数据分析方法通常基于既定假设或预期，如查询、报表、联机应用分析等；数据挖掘就是对信息和知识进行发掘而无须确定假设。数据挖掘所得到的信息具有过去未知、高效和实用三个主要特征。过去未知的信息是指预先未曾预料，可能是直觉与经验无法觉察与解释的信息。发掘出的信息越偶然，就越有可能创造高价值。数据挖掘商业应用的典型案例是“尿布和啤酒搭配”事件。在本事件中，通过数据挖掘发现尿布和啤酒之间存在销售关联性，而这可能是依靠直觉以及经验所不易发现的。本研究的结果可以指导商家制定更具针对性的销售策略，从而获取更多的商业价值。通俗地说，数据挖掘是一种与传统数据分析方法不同的，能够帮助人们发现之前所未知的、有效的、切实可行的信息的技术。通过挖掘这类信息，人们可以更深入地了解业务情况，作出更明智的决策，并获得商业价值。

2. 数据挖掘技术的发展

当今,随着信息技术的高速发展,数据库应用的规模、范围和深度的不断扩大,互联网已成为人们获取信息的主要渠道。随着数据的不断累积,“数据过剩”“信息爆炸”“知识贫乏”等问题不断出现,人们难以快速地从海量数据中作出正确的决策。在旺盛的商业需求的驱动下,商家逐渐意识到有效解决海量数据利用其中蕴藏着巨大的商业价值。同时,学者也开始思考如何从海量数据集中获取有用的信息和知识。然而,面对高维、复杂、异构的海量数据,如何提取潜在的有用信息成了主要问题。为了应对这种挑战,数据挖掘技术应运而生,并显示出强大的生命力。数据挖掘技术能够帮助人们从海量的数据中发现有用的信息和知识,从而为决策提供支持。总之,随着数据的不断积累和信息技术的不断发展,数据挖掘技术已成为处理海量数据的有效手段,具有非常广阔的应用前景和商业价值。国内对数据挖掘的研究起步较晚,1993 年国家自然科学基金首次对这一领域的研究给予支持。后来,国家自然科学基金委、省自然科学基金委、国家社科基金、“863”、“973”等一批国家、省级科技项目,每年都有相关项目获得支持。很多研究机构和大学成立了专门的项目组。越来越多的人开始进行数据挖掘方面的研究与应用,在中国期刊全文数据库 CNKI 中检索主题词“数据挖掘”,得到的论文数量如图 7 - 1 所示。该图表明数据挖掘经过了十多年的快速发展,于 2008 年达到了顶峰,数据挖掘的一些基本理论问题逐步得到了解决,并已经开始运用到数据挖掘当中。

数据挖掘也是国内多次召开的信息技术学术会议的重要主题,如中国机器学习会议(China Conference on Machine Learning,CCML)、全国数据库学术会议、中国数据挖掘会议(China Conference on Data Mining,CCDM)、全国搜索引擎和网上信息挖掘学术研讨会(Symposium of Search Engine and Web Mining,SEWM)。

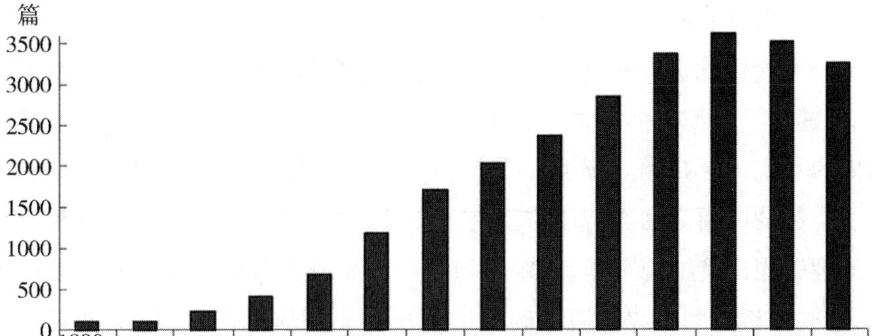

	1990~1997年	1998年	1999年	2000年	2001年	2002年	2003年	2004年	2005年	2006年	2007年	2008年	2009年	2010年
■论文数量	97	98	217	409	681	1175	1708	2030	2376	2843	3371	3613	3514	3240

图 7－1　国内学术期刊发表的关于“数据挖掘”的论文数

数据挖掘是一门新兴的、正在不断发展的学科。自数据挖掘诞生以来，其经历了二十多年的发展，应用也越来越广泛。目前，数据挖掘在数据流、互联网信息、生物信息等领域的研究已成为人们关注的焦点。

7.1.2　数据挖掘的任务

通常，数据挖掘任务可分为预测型任务与描述型任务两类。预测型任务是基于其他属性的数值对某一属性值进行预测，如回归分析、分类任务和离群点检测。描述型任务致力于挖掘数据中可能存在的关联与规律，如聚类分析、关联分析、演化分析及序列模式挖掘。预测型任务的目的是利用其他属性的值来预测具体属性的值，从而为决策提供支持。例如，通过回归分析技术，可以根据顾客的其他信息，如年龄、收入、购买历史等，预测顾客可能的购买行为。描述型任务通过揭示潜在的联系与模式来帮助人们更好地了解数据的特性与结构。比如聚类分析能把数据集中样本分成不同的组，使相同组的样本有相似的性质，不同组的性质有很大区别。关联分析与演化分析也是常用的描述型工作。利用关联分析可以找出数据集中各属性间的关联性，如根据顾客超市采购记录，找出采购牛奶的客户较容易采购面包的关联。演化分析注重数据在不同时点的变化及趋势，如在顾客消费行为中找出部分商品价格变化对于消费量的影响等。综上所述，数据挖掘技术能够通过描述型任务与预测型任务向决策者提供综合数据分析与预测能力，以支持更加精准的决策。

1. 分类(Classification)分析

分类分析就是先通过对示例数据库进行数据分析,对每一个类制定精确的描述、构建分析模型或者挖掘出分类规则,接着再使用该分类模型或者规则将数据库内的其他记录归类。分类分析在用户行为分析、风险分析和生物科学中已经得到了广泛的应用。在进行用户行为分析时,对用户数据进行分类分析能够更加精准地理解用户特征与需求,为定位与推广产品或者服务奠定基础。在风险分析方面,分类分析有助于决策者准确描述与预测不同风险类别,以便更好管理风险与制定应对策略。在生物科学领域,分类分析还广泛用于基因组学、蛋白质组学以及代谢组学的研究,揭示出不同种类生物样本间的区别与特点,为疾病的诊断与治疗提供科学依据。

综上所述,分类分析作为一种高效的数据分析与分类方法已被广泛应用于各领域,可以为决策者提供更加精确全面的数据支撑。

2. 聚类(Clustering)分析

"物以类聚,人以群分。"聚类分析技术力图发现集中数据之间的共性与区别,把有共性的物体汇聚到对应的簇上,有助于评判哪种组合更具有实际意义。聚类分析在客户细分、定向营销和信息检索中得到了广泛的应用。

聚类和分类是两个易被混淆的概念。聚类是观察式学习中不需要预先确定的类别而不需要进行引导;分类为引导示例式学习、事先界定类别。分类指训练样本含有分类属性值的情况,聚类指从训练样本中发现该类分类属性的情况。它们之间的区别见表 7－1。

表 7－1　聚类与分类的区别

类别 / 对比项目	聚类	分类
是否监督(指导)	无指导学习	指导学习
是否有预先定义的类	否	是
是否建立模型或训练集	否	是
功能	发现实体属性间的函数关系	具有预测功能

3. 回归(Regression)分析

回归分析是一种确定两个或者更多变量间相互依赖性的定量关系的方法,常用于风险分析、作文自动评分等领域。

4. 关联(Association)分析

关联分析的重点是发现特征之间的相互依赖关系,通常是为了发现在给定数据集中常出现的模式知识(又称为关联规则)。关联分析被广泛地应用于市场营销和事务分析等领域。

5. 离群点(Outlier)检测

离群点检测旨在发现与众不同的数据,广泛应用于(商业、金融和保险)诈骗、网络入侵、反洗钱、犯罪嫌疑人调查、海关、税务稽查等领域。

6. 演化(Evolving)分析

演化分析是通过建模来刻画数据对象随时间的变化规律和变化趋势的方法。演化分析通常用来描述商品销售过程中的周期(季节)变化、股票行情等。

7. 序列模式(Sequential Pattern)挖掘

序列模式挖掘是指分析数据间的前后序列关系,包括相似模式挖掘、周期模式挖掘等,应用于客户购买行为模式预测、Web 访问模式预测、疾病诊断、网络入侵检测等领域。

7.1.3 数据挖掘的应用

数据挖掘技术从其产生的那一天起就是面向应用的。数据挖掘技术的应用范围越来越广。目前数据挖掘技术运用比较完善的领域有金融保险业、电信、市场营销分析、医学、体育、生物信息学等。下面主要说明数据挖掘在商业领域和计算机领域的运用。

1. 商业领域

在商业领域,商业智能作为重要工具被用来协助企业识别顾客特征、提供针对性服务和作出正确而明智的业务决策。商业智能在企业界及软件开发行业被普遍重视,如 IBM 成立专门负责 BI 方案设计研究中心 ORACLE 等。商业智能技术以数据挖掘为核心,能够解决数据库营销、客户群体划分、客户背景分析、交叉销售、客户流失分析、客户信用记分和欺诈检测等一系列商业典型问题。此外,商业智能还能辅助业务决策。例如,对顾客流失进行分析、对顾客信用进行记分等,使企业对顾客忠诚度、信用情况有一个比较深入的认识,进而制定出比较合理的业务策略与决策。另外,商业智能也可应用在欺诈检测这样的应用场景中。以金融行业为例,对数据进行挖掘与分析能够发现异常交易与欺诈行为,以维护企业与顾客的利益。简言之,商业智能就是帮助商家深入了解顾客、了解生意,进而提供更优质服务、制定更英明决策的重要手段。

(1)电子商务

电子商务通过智能交易平台实现了企业和客户的双向互动。客户从网站中了解商家所提供的各种服务,商家也从网站中了解用户的偏好及行为模式等,以完善网站结构并向客户提供更具针对性的营销手段及服务。电子商务领域中的数据挖掘技术有如下应用:

客户关系管理:数据挖掘聚类技术及协同过滤方法能够确定客户组,使新客户关联到适当客户组。这将有利于商家对不同客户群采取不同的营销与服务策略,以提升顾客满意度与忠诚度。

个性化服务:利用数据挖掘这一技术,商家能够针对顾客个人特征及消费数据提供个性化服务及营销策略,以提升顾客满意度及忠诚度。

交叉营销:利用数据挖掘中的聚类技术及协同过滤方法来确定客户组,从而把新客户关联到适合该客户的组中。这也将有利于商家对不同客户群采取不同的营销与服务策略,以提升顾客满意度与忠诚度。

资源优化:利用数据挖掘这一技术,能够优化资源以增加商家利益贡献。

这些应用场景旨在帮助商户更深入地了解顾客、提供更优质的服务、制定营销策略等,以保持其在激烈市场竞争中的竞争力。

(2)风险分析

客户信用风险分析与欺诈行为预测对于企业财务安全至关重要。运用数据挖掘的关联分析、离群点检测等技术来分析企业经营管理数据,预测可能会出现的风险,判断风险成因及来源。通过对各类信用风险精确而及时的监控、评价、预警与管理来评估其严重程度、出现概率以及控制其的代价,从而在信用风险出现之前加以预警与管控,趋利避害,预防信用风险。

(3)市场分析和管理

将数据挖掘技术运用于市场营销需要建立在这样的基本假设之上,消费者过去的行为能够较好地预测消费者未来的消费倾向。通过对海量消费者信息进行采集、加工与处理，数据挖掘有助于商家识别特定消费群体或者个人的利益、消费习惯、消费倾向以及消费需求。根据这些数据，商户能够推断对应消费群体或者个人接下来的行为，进而有针对性地开展定向营销。这种定向营销比传统大规模营销手段更准确，可以节约营销成本，改善营销效果，进而给商户带来高额利润。

商业消费信息可通过多种渠道获取，如顾客用信用卡进行消费后，商户可通过信用卡结算时采集；在顾客填表或者处理业务的过程中，商户可获取顾客个人信息。商家在自己搜集业务信息的同时，也会向其他企业或者单位进行采购。这些从多种渠道获取的数据信息整合后有助于商家发掘出可应用于定向营销决策的信息。在市场经济较为发达的国家或地区，很多企业在原有信息系统基础之上，通过数据挖掘来深度加工业务信息，从而构建企业竞争优势并不断扩大市场份额。以数据挖掘为基础进行营销，对于我国目前市场竞争有一定的启示作用。我们常常会发现商家不分“青红皂白”地发布大量的商品宣传广告，这一无效营销方式浪费了不少资源。商家若能有针对性地营销某一消费群体或者个人，如给刚买过家电的顾客发维修服务广告、给在某一门诊看病的患者发药品广告等，营销效果一定更好。

（4）企业危机管理

危机管理目前在管理领域引起了广泛关注。以市场竞争所产生的危机为切入点，利用数据挖掘技术可以对企业危机的成因及其发生过程进行分析，并对企业预防危机、处理危机以及化解危机的方法与策略进行研究，从而提高企业免疫力、应变力以及竞争力。数据挖掘能够帮助管理者及时准确地获得自己需要的信息，快速捕捉企业中所有可能出现危机的潜在事件及前兆，并在此基础上采取有效措施，避免危机发生。危机爆发前，借助数据挖掘技术深入分析市场环境，有助于企业适时调整策略、趋利避害，以维持持久竞争优势。但由于危机成因复杂、类型多样、诸多因素很难定量，再加上历史数据及相应统计资料的匮乏，很难做出科学计算与评价。数据挖掘技术能够作用于危机识别、分析与控制，给管理者提供更加精准、科学的决策支持，有助于企业解决各类挑战与危机。企业通过对数据挖掘技术的运用，能够较好地处理市场竞争中存在的不确定因素，增强其适应能力与应变能力，从而在激烈的市场竞争环境下脱颖而出。

利用 Web 挖掘、收集、整理和分析外部环境信息（包括政策、市场、竞争对手、供求信息，以及其他关系到企业成长的相关信息），利用数据挖掘技术分析企业经营状况（包括企业资金流、生产、供销物资流、客户关系等有关信息），获取企业危机前兆信息，在严重威胁企业生存、发展的情况下，及时发出警告，使企业能够采取有效的措施避免危机，对管理者适时作出正确的决策和经营战略的调整提供支持。在危机出现后，借助 Web 挖掘技术、多种搜索引擎工具、E－mail 自动处理工具等，能够迅速获得危机管理所需的多种信息，以将危机处理信息传播给顾客、社区和新闻界，同时将详尽的风险防御与危机管理计划传播到各类媒体，特别是各机构或各部门网站，让有关人士及时了解危机处理信息和危机的最新进展。

2. 计算机领域

（1）信息安全

伴随着越来越多的敏感信息在网络中的存储与处理，网络安全已经渐渐成为网络系统的第一大难题。现代信息安全的内涵已不限于信息防护，更多的是针对整个信息系统进行防护与防御，其中包括信息防护、探测、反应与恢复。传统信息安全系统一般仅能检测出已知入侵行为而很难检测出新入侵行为。为解决这一难题，人们期望能在抽象层次上自动地和高度地分析审计数据，以抽取有代表性和概括性的系统特征模式，以减少人的工作量并自动检测出新的入侵行为。为达到这一目的，可采用数据挖掘和机器学习等智能方法为入侵检测提供数据分析技术，尽可能地从大量的安全事件资料中挖掘出潜在的威胁信息，抽象出可利于判断、对比的涉及安全的普遍特征以检测未知入侵行为。另外，数据挖掘技术也可应用于垃圾邮件和正常邮件之间异同点的分析和对比。通过构建垃圾邮件过滤的模型能够对无聊电子邮件、商业广告以及其他垃圾邮件进行过滤，从而提高邮件过滤的精度与效率。

（2）互联网信息挖掘

互联网信息挖掘就是将数据挖掘技术运用到网络信息处理中，即通过数据挖掘技术提取 Web 有关资源及行为所关心的信息、有用模式与隐含信息，涵盖了 Web 技术、数据挖掘、计算机语言学、信息学等学科，属于一门综合性技术。

互联网信息挖掘，即 Web 数据挖掘，包括 Web 结构挖掘、Web 使用挖掘和 Web 内容挖掘等。

Web 结构挖掘：在 Web 中挖掘链接结构，也就是 Web 文档结构。对所给

Web 文档集合要能用算法找到其连接。文档间超链接体现文档间的包含、引用或从属关系。引用文档对于所引用文件的描述通常是比较客观、概括和精确的。通过 Web 页面之间的链接信息来确定权威页面、安全隐患(非法链接)信息。

Web 使用挖掘:通过分析用户访问行为或者 Web 日志得到用户访问模式并构建用户兴趣模型。Web 上的 Log(日志)记录了包括 URL 请求、IP 地址和时间在内的用户访问信息。用户上网时会留下很多关于网络访问行为的信息,本章通过在网络访问日志中运用数据挖掘算法来分析用户点击和浏览等行为,对用户的兴趣爱好进行深层次的挖掘,构建用户兴趣模型,从而为用户推荐个性化的服务。分析并找出隐含在 Log(日志)之中的规则,能够确定潜在顾客,追踪 Web 服务质量,侦探使用者的违规访问情况等。

Web 内容挖掘:通过对 Web 页面内容和后台交易数据库的挖掘,从中获取 Web 文档内容和其描述内容信息的一种有用知识。Web 内容丰富(含有文本,声音和图片的信息),且构成成分复杂(无结构的、半结构的)。Web 内容挖掘与文本挖掘(Text Mining)、Web 搜索引擎(Search Engine)等领域密切相关,包括文档自动摘要、文本聚类、文本分类等,此处不做过多赘述。

(3)自动问答系统

自动问答系统就是利用自然语言处理技术,以达到精确了解用户质疑并产生正确回答的目的。这一研究内容涵盖了计算语言学、信息科学以及人工智能等诸多领域,也是当前计算机应用中的热点问题之一。自然语言理解是自动问答系统中的一项核心技术,可以帮助计算机对自然语言进行更好的理解与处理。尽管现在距离完全机器理解自然语言还有些差距,但是在某些具体领域中,由于采取了有针对性的手段,很多应用都得到了成功的发展。这些应用是自然语言处理技术发展的结果,可以帮助计算机对自然语言进行更好的处理与理解,以达到更加有效的自动问答。经过不断地研究与完善,自动问答系统在将来会被运用到更加广阔的领域,给用户带来更加精准快捷的问题回答。如北京理工大学自然语言处理实验室顺利完成了银行领域业务咨询问答系统的研发;百度知道和维基百科(Wikipedia)也运用群体智慧部分地实现了自动问答。

当前,自动问答系统研究虽处于起步阶段,但却已经有众多科研院所及知名企业积极参与其中。Microsoft、IBM 和麻省理工等都在开展相关研究项目,阿姆斯特丹大学、新加坡国立大学、苏黎世大学、南加州大学和哥伦比亚大学等也都在此领域有自己的研究团队；国内对自动问答系统的研究与国外相比比较欠缺，研究机构以中科院计算所、复旦大学、哈尔滨工业大学和北京理工大学、沈阳航空工业学院、香港城市大学、台湾中研院等为主。

在2011年2月14日至16日举行的首次广义性人机智力大赛中，IBM超级计算机“沃森”(Watson)击败了美国颇受欢迎的智力竞赛节目Jeopardy中的两位最成功的参赛者肯·詹宁斯(Ken Jennings)和布拉德·鲁特(Brad Rutter)。这一事件充分表明自动问答系统技术有了很大的发展。

(4)网络游戏

网络游戏中的游戏外挂给游戏运营商造成了极大的损失。所谓网络游戏外挂，是指玩家钻了游戏自身玩法上的空子或者通过作弊程序对网络游戏软件进行修改。外挂能够对游戏数据进行修改和损坏，严重时还会导致游戏数据损失和游戏速度变慢。外挂给玩家带来了好处，却让游戏运营商蒙受损失。运用数据挖掘技术对玩家进行特征分析并找出游戏中存在的漏洞，能够使得游戏自身具有自动检测外挂的能力，降低游戏运营商所受的损失。

网络游戏试玩之初，游戏运营商一般会通过免费试玩来检验和改进游戏，不断扩大玩家群体，所以在其正式运行之前，注册用户已非常多。游戏运营商期望通过把这些注册用户变成付费客户来获得游戏的切实利益。为达到这一目的，游戏运营商可借助数据挖掘技术对注册用户实施差别化的营销策略。通过对注册用户进行数据分析，了解其兴趣与需求，进而采取适当的营销手段为其提供个性化服务与优惠，以增强市场营销活动成效，实现企业利润最大化。数据挖掘技术有助于游戏运营商深入理解注册用户、发现潜在付费客户、采用更加准确的营销策略。通过上述方式，既能提升游戏付费用户转化率，又能提升用户满意度与忠诚度，使游戏运营商获得长久稳定的回报。

3. 其他领域中的应用

(1)生物信息或基因数据挖掘

大规模的生物信息给数据挖掘提出了新的挑战，需要新的思想的加入。由于生物系统的复杂性及缺乏在分子层上建立的完备的生命组织理论，虽然常规方法仍可以应用于生物数据分析中，但其也越来越不适用于序列分析问题。机器学习的目的是期望采用如推理、模型拟合及从样本中学习的方法，从数据中自动获得相应的理论。机器学习使得利用计算机从海量生物信息中提取有用知识、发现知识成为可能。

（2）情报分析挖掘

数据挖掘技术在情报学中的应用已成为当前情报学科研究的热点问题之一。经济、军事情报分析与发掘研究中存在诸多急需解决的课题，特别是实际应用和推广时，例如数据复杂化所需领域知识更加丰富、庞大数据库对于算法效率要求更加严格等。在进行数据挖掘时，人机交互功能和内部数据更高的个人数据安全防护等方面有待加强。

（3）体育竞赛

美国 NBA 的 30 个球队中有 25 个球队使用了 IBM 的数据挖掘工具 Advanced Scout，通过分析每个对手的数据（盖帽、助攻和犯规的数据）来获得比赛时的对抗优势。数据挖掘技术让他们更有针对性地进行训练并提高竞赛技术。

（4）化学与制药行业

自动提取各类文献资料中的化学反应信息，并从中找出有用的新化学成分。尽管数据挖掘技术在各个领域应用广泛，但它并不是万能的。首先，要清楚地认识到数据挖掘只是一种工具，不可能解决全部的问题。数据挖掘技术有助于我们在数据中发现规律、预测结果，但是它不能代替人进行判断与决策。其次，数据挖掘所获得的预测模型只能告诉我们将来可能出现的情况，而无法解释其原因。这种差异是很重要的，因为对预测结果成因与机制的了解有助于我们在决策与行动中发挥更大作用。尽管数据挖掘技术给我们带来了有力的帮助，但是我们仍然要慎用数据挖掘技术，并且结合其他方法与技巧来达到更加综合、高效的决策支持。与此同时，在数据挖掘技术的运用过程中，还需清楚自身的局限性，不断地探索与开发其他的方法与工具来更好地处理各类问题。

7.1.4　数据挖掘的过程与方法

数据挖掘和知识发现有着密切的关系。理解数据挖掘过程前，首先要理解知识发现这一概念。所谓知识发现，就是从资料中挖掘有用的、有新见的和可以被人们所认识的规律或定律的一种不寻常的活动。这一过程要求在数据中识别有效模式并进行深入的分析,以得到有用的认识和宝贵的洞见。数据挖掘在知识发现的过程中起着重要作用。它采用了一系列的技术与算法来处理与分析海量数据,从而揭示出隐藏于其中的可能存在的规律与关系。知识发现与数据挖掘具有类似的目的,均是从数据中挖掘出有用信息,但是二者对数据的处理方式与对知识的挖掘方式存在区别。在进行知识发现时,一般利用数据挖掘来对数据进行有用信息处理与抽取,为后续模式识别与知识理解提供支撑。而数据挖掘可以与其他技术和方法结合使用,实现更全面、更深入的知识发现。知识发现是个不断重复的过程,从技术上讲,其基本流程如图 7 - 2 所示。数据挖掘在知识发现中占有重要地位,初学者常常将二者混用或者等同。知识发现主要环节介绍如下:

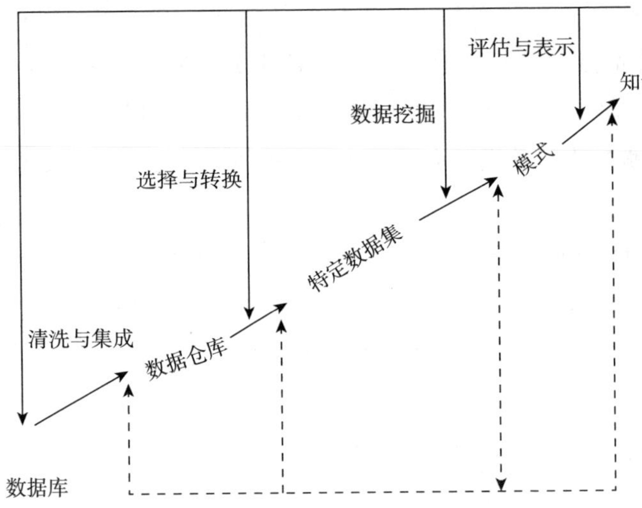

图 7 - 2　知识发现的主要步骤

数据清洗(data cleaning),其作用是清除数据中的噪音和与挖掘主题明显无关的数据。

数据集成(data integration),其功能就是把从多种数据源获取的有关数据进行集成。

数据选择(data selection),其作用是根据数据挖掘的目标选择待处理的数据。

数据转换(data transformation),其作用是将数据转换成便于数据挖掘的数据存储形式。

数据挖掘(data mining),其作用是用智能方法挖掘数据模式或规律知识。

模型评估(pattern evaluation),其作用是按照设定的标准进行评估,从挖掘出来的数据中筛选出有意义的知识。

知识表示(knowledge representation),其作用是以可视化方式、运用知识表达技术向用户呈现被挖掘到的知识。

从商业应用上看,数据挖掘的全过程可被描述为三个步骤:先收集数据,再采用数据挖掘相关方法抽取有用知识,最后利用抽取出的知识帮助对应决策者做出决策。

7.2　数据挖掘分类

7.2.1　决策树分类法

决策树分类法是基于树状结构的常用机器学习算法。决策树按照特征属性对数据集进行分类,并通过一系列决策节点与叶子节点对不同类别进行表达。决策树的每个内部节点都表示一个特征属性测试,每个分支代表一个测试输出,每个叶子节点代表一个类别标签。

决策树的构建过程通常涉及以下步骤:

1. 特征选择

根据特征属性选择一个最佳划分的准则,如信息增益、信息增益率、基尼指数等。该选择过程的目标是找到具有区分能力的特征进行划分。

2. 构建树

根据选定的特征准则,将数据集递归地划分为子集,分别对每个子集进行特征选择和构建树的过程,直到满足某个终止条件为止。终止条件可以是达到预定的树深度、节点中的数据属于同一类别、数据子集的大小低于某个阈值等。

3. 剪枝

为了避免过拟合或提高模型的泛化能力,可以对构建好的决策树进行剪枝。剪枝会去除一些分支或叶子节点,以降低模型的复杂度,提高其在未知数据上的预测能力。

4. 分类预测

使用建立好的决策树对新样本进行分类预测。基于新样本的特征属性对决策树做出递归判断,最后达到叶子节点,以叶子节点代表的类作为预测结果,如图7-3所示。

决策树分类法具有容易理解与解释、能处理离散与连续型特征、对于缺失值与异常值具有容忍度等优点。但决策树存在对数据分布比较敏感,易过拟合以及不够稳定的不足。为克服这些不足,可通过集成学习方法(如随机森林、梯度提升树等)及剪枝的方法加以改进。决策树分类法被广泛地应用于各个领域,如医学诊断、金融欺诈检测、天气预测和电子商务推荐系统。

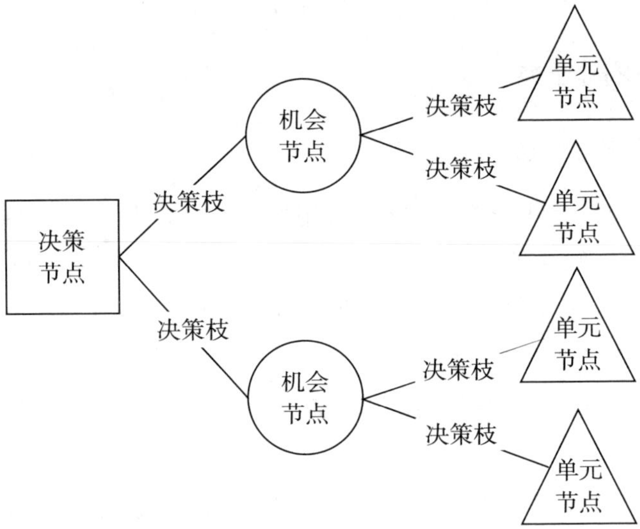

图7-3　决策树分类的主要步骤

7.2.2　基于规则的分类器

规则分类器(Rule-based Classifier)是一种常用的分类算法,它利用一系列人为定义的规则对数据进行分类。每条规则一般包括条件及对应类别标签。在所述输入数据符合所述规则要求的情况下,所述分类器对所述数据指定对应类别标签。

规则的条件通常基于数据的特征属性,可以使用各种比较运算符(如等于、大于、小于等)和逻辑运算符(如与、或、非)来构造。如对一个二元分类问题,可界定规则为:

规则一:若特征 A 超过阈值 X,类别标签 Y1。

规则二:若特征 B 与特征 C 相等,特征 D 低于阈值 Y,类别标签 Y2。

规则三:若特征 A 低于等于阈值 Z,类别标签 Y3。

分类器按规则顺序匹配,当发现满足该条件时,则把数据归类为对应类。若未匹配到任何一条规则,分类器可选择预设类别标签进行预测。

基于规则的分类器的优点包括易于解释和理解,可以直观地表示领域专家的知识和经验。此外,规则可以根据领域的要求进行灵活调整和修改。然而,基于规则的分类器也面临一些挑战,例如规则的构建和维护成本较高,规则之间可能存在冲突和重叠,以及在处理大规模和高维数据时性能可能受限等。

在实际应用中,基于规则的分类器常常与其他机器学习方法结合使用,例如将规则用作预处理步骤或者作为规则提取的结果与其他分类算法进行融合。这样既可以充分利用规则的优势,又可以弥补其一些不足之处,从而提高分类性能和泛化能力。

7.2.3　朴素贝叶斯分类器

朴素贝叶斯分类器(Naive Bayes Classifier)是一种基于贝叶斯定理和特征条件独立性假设的概率分类算法。它是一种简单但常用的分类器,在文本分类和垃圾邮件过滤等领域被广泛应用。

朴素贝叶斯分类器的核心思想是利用贝叶斯定理计算后验概率,即在给定特征的条件下,某个类别的概率。朴素贝叶斯分类器假设每个特征与其他特征之间是条件独立的,这个假设称为朴素贝叶斯假设。假设我们有一个训练数据集,该数据集包含一组已知的特征和对应的类别标签。朴素贝叶斯分类器的训练过程分为以下几个步骤:

1. 特征提取

根据问题的特点从原始数据中提取相关的特征,并将其表示为特征向量。

2. 特征条件独立性假设

基于朴素贝叶斯假设,假设每个特征与其他特征之间是条件独立的。这意味着要分类对象的特征向量可以表示为各个特征的联合概率分布的乘积。

3. 计算类别先验概率

计算每个类别在训练数据集中出现的概率,作为类别的先验概率。

4. 计算特征的条件概率

对于每个特征,计算在给定类别下该特征的条件概率。这可以通过统计训练数据中每个特征在不同类别下的出现频率来估计。

5. 预测分类

对于一个未知的测试样本,先根据已有的训练模型计算每个类别的后验概率,再选择具有最大后验概率的类别作为预测结果。

朴素贝叶斯分类器具有简单、速度快、在小范围数据上性能好、在高维数据上也能具有更好的性能等优点。该方法不需要大量的训练数据集,在处理文本分类等问题时,通常具有优异的性能。但是朴素贝叶斯分类器假设可能和实际不符,特征之间条件独立性假设也会使分类结果出现偏差。朴素贝叶斯分类器虽然假定非常简单,但是在很多实际运用中既能成为功能强大的基准分类器,又能和其他算法相结合,如特征选择、集成学习以及改进贝叶斯网络来改善分类性能。

7.2.4 基于距离的分类算法

基于距离的分类算法是以样本之间相似性度量为分类基础的一类算法。这类算法往往基于样本间的距离或者相似度做出分类决策。下面介绍一些常用的距离型分类算法:

1. k 最近邻算法(k - Nearest Neighbors,k - NN)

k 最近邻算法是基于样本之间的距离进行分类的一种算法。对给定的未知样本,通过计算其与训练样本之间的距离(如欧氏距离、曼哈顿距离等),选择与其最近的 k 个邻居,根据这 k 个邻居的类别进行投票,确定未知样本的类别。

2. 最近中心分类器(Nearest Centroid Classifier)

算法利用类的中心点先表示出整个类,再根据未知样本到每个类中心点之间的距离进行分类,最后归类的决定就是把未知样本指派到最接近的类。

3. 感知机算法(Perceptron)

感知机算法是根据样本之间的距离进行二分类的分类方法。它以一超平面为分类边界,并通过权重及偏置的不断更新来对样本进行正确的分类。感知机算法将样本距离和权重的乘积用于损失函数以调节分类边界。

4. 支持向量机(Support Vector Machines,SVM)

支持向量机是一种基于最大间隔分类的算法,通过计算样本与决策边界之间的距离,寻找最大间隔的分类边界。支持向量机可以通过选择合适的核函数来处理非线性分类问题。

5. 密度聚类算法(Density - based Clustering)

密度聚类算法(如 DBSCAN)按样本间密度分为不同类别。算法在一个核心样本四周定义邻域,通过对邻域内样本进行密度与连接性计算划定类别。

这些距离型分类算法适用于不同问题领域及数据集,对数据空间样本分布及距离度量的选取有一定的要求。同时,样本间的距离度量还可针对特定问题自定义,以便更好地拟合分类任务特征。

7.3　机器学习概述

首先要解释一点:机器不会学习。通常说的“机器学习”是机器探求一个合适数学公式。当机器发现了研究人员认为较适合的公式后,研究人员可将一组训练数据送入机器,通过机器使用该公式来操作并将其与相应已知的正确结果相比较。研究员们希望在多数情况下输入较多的新数据(除训练数据外,从具有相同或者类似分布特性中提取出的数据)后,机器所探求的公式能算出正确的结果。

这种“机器学习”并不算是平时所说的“学习”,因为对于机器探寻到的数学公式,当输入数据发生细微改变时,有可能计算的结果与正确结果相距甚远。而人类或其他动物的学习效果与此完全不同。比如小朋友学习切菜,如果小朋友在非常平整的案板上可以切好,那么即使案板上出现小的坡面,或者案板有不严重的倾斜,也不会影响小朋友的切菜效果。但是,如果换成是机器学习的算法来指挥刀具切菜,那么案板的这些变化很可能对它来说是无法处理的,那它也就无法正常切菜了。

“机器学习”这个词是怎么来的呢?

“机器学习”的概念由 IBM 的亚瑟·塞缪尔(Arther Samuel)在 1959 年首次提出,它的提出很大程度上是为了配合商业宣传。这个具有科幻情怀的概念的确帮助 IBM 吸引了客户,也招揽了一些精英。2010 年前后,IBM 又提出了“认知计算”(Cognitive Computing)的概念,再次助力公司取得了在本领域的领先优势。

虽然机器学习并不能真正具有生物的学习能力,但是它已经成为计算机领域构建一种系统的科学和工程方法。使用“机器学习”构建的系统,无须明确地使用指令编程,即可输出正确结果。机器学习可以看作一种比喻,并不是机器真正具有学习的能力。

机器学习研究如何利用具有一些特定属性的集合的样本数据来构建算法,属于计算机学科的一个分支。机器学习使用到的样本数据来源渠道很广,凡是能够抽象出数学特征的事物都可以:可以来自大自然,也可以是人工生成的,更有可能是其他算法产生的数据。

我们也可以认为机器学习就是一套解决问题的流程。具体顺序为:收集数据,利用算法对数据进行统计建模,利用构建好的模型解决具体问题。

7.4 机器学习分类

机器学习就是让机器像人一样能够理性地思考,并做出理性的行为。我们需要对大量的数据进行分析,并从数据中获取关键信息。任何通过数据训练的学习算法的相关研究都属于机器学习,包括很多已经发展多年的技术,这些算法可以用来解决许多实际问题。例如,线性回归可以用来预测连续数值,如股票价格。K 平均算法可以用来聚类数据,例如,根据图像的像素值将图像分为不同的类别。决策树和随机森林可以用来进行分类和回归分析,例如,预测一个人是否会患上某种疾病。主成分分析可以用来降维,例如,将高维数据降至低维,以便更好地理解和分析数据。支持向量机可以用来进行分类和回归分析,例如,在图像分类和手写数字识别中的应用。人工神经网络可以用来模拟人类的神经网络,例如,在语音识别和自然语言处理中的应用。总之,机器学习的算法非常多样,可以应用于不同的领域和问题。

7.4.1 根据学习能力分类

根据数据集的组成(也就是学习能力)不同,将机器学习分为以下四种:监督

(supervised)学习、半监督(semi supervised)学习、强化(reinforcement)学习和无监督(unsupervised)学习。

1. 监督学习

根据现有的数据集，了解输入和输出结果之间的关系。根据这种已知的关系，训练得到了最好的模型。在监督学习中，训练数据既有特征，又有标签(通常称为目标变量)。通过训练，机器可以找到特征和标签之间的联系，并在面对没有标签的数据时预测标签。例如，如果我们想用监督学习方法检测垃圾邮件，标签就有两类——{“垃圾邮件”“非垃圾邮件”}。监督学习算法(supervised learning algorithm)利用有标签数据集生成一个模型。以一个样本的特征向量作为输入，模型可以输出用于判断该样本标记的信息。例如，一个改正预测模型可以利用某患者的特征向量，输出该患者患有癌症的概率。

2. 半监督学习

半监督学习是一种结合监督学习与无监督学习的方法，它利用大量的未标记数据以及同时使用的标记数据来进行模式识别工作。半监督学习因能够以较少的人力投入获得比较高的准确性而越来越受到人们的关注。半监督学习是一种具有广泛应用前景的学习方法。在未来的研究中，如何更好地综合利用已标签样例和未标签样例是半监督学习需要解决的问题之一。

3. 强化学习

强化学习是智能系统从环境到行为映射的学习，可使奖励信号函数值最大化。强化学习不需要标签。举例而言，在迷宫里放一只老鼠，它的目的是找到出口。如果它走出了正确的步骤，它就会得到奖励，否则就会受到惩罚。当它走完所有的路时，无论它被放在哪里，它都可以通过以前的学习找到最正确的出口之路。强化学习的典型案例是 Alphago，它不会直接给你解决方案。你应该通过试错找到解决方案。

4. 无监督学习

无监督学习，指根据数据的性质自动分为许多小组，每个组的问题都有相似的性质。与监督学习相比，无监督学习更像是自学，让机器学会自己做事，没有标签(目标变量)。

7.4.2 根据学习方法分类

机器学习按学习方法分类可分为机械式学习(rote learning)、指导式学习(guided learning)、示例学习(learning from examples)、类比学习、解释学习等。这是温斯顿在1977年提出的一种分类方法。

下面对机械式学习、指导式学习、示例学习进行介绍。

1. 机械式学习

机械式学习又称记忆学习或者死记式学习,是一种基于直接记忆和重复练习的最原始学习方法。机械式学习通过直接记忆或者存储外部环境所提供的信息达到学习的目的,并在以后通过对知识库的检索得到相应的知识来直接求解问题。

在机械式学习中,系统会反复学习和记忆特定的知识点或任务,并将其存储在知识库中。机械式学习的本质是以存储空间为代价来换取处理时间的节省。尽管可以节省计算时间,但却会占用大量的存储空间。随着学习积累的知识越来越多,所占用的空间也会不断增加,检索效率也会下降。因此,在机械式学习中需要权衡时间和空间的关系,以取得更好的效果。这种方法适用于那些可以通过简单的记忆和模式匹配来解决的问题。

2. 指导式学习

指导式学习又称为嘱咐式学习或者教授式学习。在指导式学习中,外部环境向系统提供一般性的指示或建议,系统将其转化为具体的细节知识,并将其存储到知识库中。在学习过程中,系统会对形成的知识进行反复评估和完善。指导式学习的学习过程可以概括为以下四个步骤:

(1)征询指导者的指示或建议:学习者向指导者(教师、导师或专家)寻求指导、建议或信息。

(2)转换为可执行的内部形式:征询意见的目的是获得知识,以便用这些知识求解问题。为此,学习系统应具有把用约定形式表示的征询意见转化为计算机内部可执行形式的能力,且能在转化过程中进行语法检查及适当的语义分析。

(3)加入知识库:将转化后的知识添加到系统的知识库中,以便在以后的学习和问题求解中使用。在加入过程中,要对知识进行一致性检查,以防出现矛盾、冗余、环路等问题。

(4)评价:对已经加入知识库的知识进行评价,以确保其准确性和有效性。若新知识中存在某些问题,此时可把有关信息反馈给指导者,请他给出另外的指导意见。

3. 示例学习

示例学习又称为实例学习或从例子中学习,是一种通过从外部环境获取与某个概念相关的一系列示例,并通过归纳推理得出一般性概念的学习方法。在示例学习中,外部环境(教师)提供一组示例,包括正例和反例,从这些具体示例中归纳出适用于更广泛情况的一般性知识,该知识能够涵盖所有正例并排除所有反例。

示例学习的过程是:首先从示例空间中选择合适的训练示例,其次经解释归纳出一般性的知识,最后从示例空间中选择更多的示例对它进行验证,直到得到可实用的知识为止。示例学习的学习模型如图 7-4 所示。

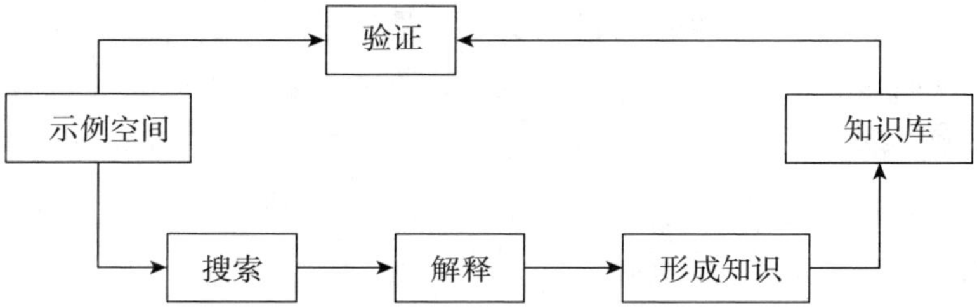

图 7-4　示例学习的学习模型

"示例空间"是指可用于系统训练的所有示例的集合。示例空间的质量、数量以及组织方式是与示例学习相关的重要问题。示例的质量和数量直接影响到学习的质量,而示例的组织方式则影响到学习的效率。

"搜索"的任务是从示例空间中查找所需的示例。为了提高搜索效率,需要设计适合的搜索算法,并考虑示例空间的组织方式。通过有效的搜索,可以迅速找到与学习目标相关的示例。

"解释"是从搜索到的示例中提取出所需的相关信息,以便形成知识。当示例空间中的示例与知识的表示形式存在较大差异时,需要将示例转化为适合形成知识的中间形式。解释过程将具体示例中的关键信息抽象出来,为后续的知识形成做准备。

"形成知识"指的是通过综合、归纳等方式将解释得到的信息形成一般性的知识。关于知识形成的方法会在后续进行讨论。形成的知识应该能够概括示例空间中的共性和规律,以便在面对新的情况时能够进行推理和泛化。

“验证”的作用是检验所形成的知识的正确性。因此,需要从示例空间中选择大量的示例进行验证。如果通过验证发现形成的知识不正确,就需要获取更多的示例并对知识进行修正。而后再进行反复的验证和修正过程,直到形成正确的知识为止。

7.5 数据关联规则

7.5.1 基本概念

关联规则是由 R. Agrawal 等人首先提出的一个能够客观反映大量数据中各数据项之间的关联或者相关关系的重要研究课题。关联规则最初是针对购物篮分析(Market Basket Analysis)问题提出的,如“90% 的顾客在购买 A 产品时,也会购买 B 产品”就是一个关联规则的例子。目前,关联规则的应用领域主要有顾客购物分析、目录设计、商品广告、邮寄分析、销售仓储规划及网络故障诊断分析等。

关联规则的挖掘过程主要包括两个阶段:第一个阶段为频繁项集的发现。在此阶段中,算法对给定事务集中所有项集进行分析,以确定出现频率大于给定阈值的项集(最小支持度)。该阈值被预置以甄别事务集中发生频率高的项集。通过该阶段能够识别出事务集中经常出现的项集,为之后关联规则的发现奠定基础。第二个阶段为根据频繁项集产生关联规则。该算法将在第一阶段所得频繁项集的基础上进一步产生符合最小置信度的关联规则。这些规则能够为不同项集间的联系提供有用的信息,有助于我们深入了解数据并找到有意义的规律。

关联规则挖掘时,最小支持度与最小置信度都是至关重要的参量。最小支持度被用来判断频繁项集是否达到阈值,反映数据集上规则发生的次数。最小置信度被用来判断关联规则是否可靠,体现出规则所产生的确定性以给定为前提条件。现就关联规则中的几个有关概念作详细描述:

事务集 D 包括一组交易记录,通常可以用 $D=\{t\_1, t\_2, t\_3, \cdots, t\_n\}$ 来表示,它通常是有限集合;$t\_i(i=1,2,\cdots,n)$ 是任意交易记录,它是非空项集。每条交易记录 T 一般都包括项目列表集合(Itemlist),并均对应唯一标识符 TID。所有交易记录中包含的所有项目的集合通常可表示为 $l=\{l_1,l_2,\cdots,l_m\}$，那么有 $T\subseteq l$。

设 A、B 均是一个项集，关联规则是形如 $A\Rightarrow B$ 的蕴含式，其中 $A\cap B=?$。规则 $A\Rightarrow B$ 成立，应具有支持度 s(Support)，s 是事务集 D 中包含 $A\cup B$ 的概率 $P(A\cup B)$，即事务集 D 中同时包含 A 和 B 的百分比；规则 $A\Rightarrow B$ 还需满足置信度要求 c(Confident)，c 表示事务集 D 中包含 A 事务的同时，也包含 B 事务的百分比，即条件概率 $P(B|A)$。支持度和置信度公式为

$$s(A\Rightarrow B)=P(A\cap B)=\frac{Count(A\cap B)}{n} \tag{7-1}$$

$$c(A\Rightarrow B)=P(B|A)=\frac{Count(A\cap B)}{Count(A)} \tag{7-2}$$

其中，$Count(A)$、$Count(A\cap B)$ 分别用来表示项集 A、$A\cap B$ 出现的频度，即包含该项集的事务数。如果一条规则同时满足最小支持度和最小置信度要求，则该规则是有意义的，该规则被称为强规则。

在关联规则挖掘的两个步骤中，第一个步骤相对复杂且比较耗费系统资源，第二个步骤则相对简单，因此目前对关联规则的研究主要集中在第一个步骤上，即频繁项集挖掘(FIM)。频繁项集挖掘主要涉及以下两方面的性能问题：(1)数据集的扫描次数——随着待挖掘数据集规模的增大，减少数据集扫描次数可以大大减少系统扫描时间和降低 I/O 开销，从而提高关联规则挖掘效率；(2)候选项集的数量，如果候选项集数量较大，处理这些候选项集所需要的计算时间和存储空间将急剧增加，因此，应使候选项集的数量与频繁项集的数量尽量接近。

关联规则是数据挖掘中的一个重要任务，可以发现数据集中的有趣模式和关系。根据不同的标准，关联规则的挖掘方式可以分为以下几种类型：

1. 基于变量类型的关联规则

根据所处理变量的类型，可以分为布尔型关联规则和数值型关联规则。布尔型关联规则处理的值是离散的、种类化的，可以显示变量之间的关系。数值型关联规则对数值型字段进行处理，可以将其进行动态分割或者直接对原始数据进行处理。

2. 基于数据抽象层次的关联规则

根据规则中数据的抽象层次，可以分为单层关联规则和多层关联规则。单层关联规则不考虑数据的多层性，而多层关联规则则考虑到了数据的多个层次。

3. 以数据维数为依据的关联规则

根据规则所涉及数据维数,可分为单维关联规则与多维关联规则。单维关联规则仅与数据中的某个维度相关,例如用户所购商品等;多维关联规则则涵盖了多个层面,能够处理各种属性间的相互联系。

这些不同种类的关联规则有助于我们更深入地了解并找出数据中存在的各种关系与规律,进而为决策提供宝贵资料。比如,我们可以根据用户购买的商品推荐其他相关的商品,也可以根据用户的个人信息提供个性化的服务。

7.5.2 关联规则挖掘算法

目前,关联规则挖掘已经有很多比较成熟的算法。传统的关联规则算法主要分为 Apriori 算法和 FP – Growth 算法两大类。在实际应用中,由于用户通常对关联规则的子集感兴趣,Srikant 等人提出了基于约束的关联规则;当引入概念层次的概念后,在适当的等级上挖掘出来的数据项目的关联规则可能是非常有用的,多层关联规则挖掘因此被提出;为了减少频繁项集的产生,闭模式挖掘和极大模式挖掘算法被提出;多维关联规则等基于不同应用背景的关联规则算法也被大量的研究者关注,尤其是大数据环境下的分布式/并行关联规则备受关注。本节主要介绍传统关联规则挖掘算法和并行/分布式关联规则挖掘算法。

1. 传统关联规则挖掘算法

(1) Apriori 算法

Apriori 算法是一种基于频繁项集的关联规则挖掘算法。它通过迭代生成候选项集,并利用候选项集的支持度来筛选频繁项集,最终生成关联规则。关联规则通常包括一个前项和后项,中间用箭头表示关联性。例如,“牛奶→面包”表示购买牛奶的人也有很高的可能购买面包。

Apriori 算法的工作流程如下:

①初始化:扫描数据集,统计每个项的支持度(出现的频率),并根据设定的最小支持度阈值找到初始的频繁 1 项集(单个项)。

②生成候选项集:基于频繁 k – 1 项集,通过自连接和剪枝操作生成候选 k 项集。自连接是指将两个频繁 k – 1 项集合并产生一个候选 k 项集,剪枝是指从候选项集中删除不满足 Apriori 原理的项集。

③计算候选项集的支持度：扫描数据集，统计每个候选项集的支持度。

④生成频繁项集：根据设定的最小支持度阈值，筛选出满足支持度要求的频繁项集。

⑤迭代生成频繁项集：重复步骤②～④，直到没有更多的频繁项集可以生成。

Apriori 算法的优点是简单易懂，并且可以应用于大规模数据集。然而，该算法在处理大型数据集时可能会产生效率问题，因为它需要生成和扫描大量的候选项集。为了提高效率，可以使用改进的技术，如 FP – Growth 算法，该算法通过构建频繁模式树（FP 树）来避免生成候选项集的过程。总而言之，Apriori 算法是一种经典的关联规则挖掘算法，它通过迭代生成频繁项集的方式揭示数据中的关联关系，为我们理解和利用数据中的潜在模式提供了有力的帮助。

（2）FP – Growth 算法

FP – Growth 算法通过构建频繁模式树来挖掘频繁项集，通过压缩数据集并构建树结构来提高挖掘效率，避免了生成候选项集的过程。相比于 Apriori 算法，FP – Growth 算法效率更高，尤其适用于处理大规模数据集。

FP – Growth 算法的工作流程如下：

①构建频繁模式树。扫描数据集，统计每个项的支持度，并根据设定的最小支持度阈值构建频繁模式树。频繁模式树是一种紧凑的数据结构，它将频繁项集按照项的支持度大小进行排序，并使用链接连接具有相同前缀项的节点。

②构建条件模式基。对于每个频繁项，从频繁模式树中提取条件模式基。条件模式基是指以频繁项为结尾的路径集合，用于构建该频繁项的条件频繁模式树。

③递归挖掘频繁项集。对于每个频繁项，通过递归的方式构建条件频繁模式树，并继续挖掘频繁项集。这一过程会不断迭代，直到没有更多的频繁项集可以生成为止。

FP – Growth 算法输出的频繁项集可以用于生成关联规则，类似于 Apriori 算法的输出结果。FP – Growth 算法的优点是它只需要对数据集进行两次扫描，相比于 Apriori 算法的多次扫描，大大提高了效率。此外，频繁模式树的结构化表示也有助于减少内存的消耗。

2. 并行/分布式关联规则挖掘算法

(1) MapReduce 框架

MapReduce 框架是一种并行计算模型,被广泛应用于大数据环境下的关联规则挖掘。该框架将数据分割为多个块,并在多个计算节点上并行处理,最后合并结果得到全局的关联规则。

MapReduce 框架的工作原理如下:

①映射(Map)阶段。在映射阶段,输入的大规模数据集被划分为多个小的数据块,并由多个计算节点并行处理。每个计算节点将输入数据块的一部分作为输入,并通过用户定义的映射函数(Map 函数)将其转换为一组键-值对。

②合并(Shuffle)阶段。在合并阶段,框架根据键(Key)对映射函数输出的键-值对进行分组和排序。具有相同键的键-值对将被合并在一起,并传递给下一个阶段进行处理。

③归约(Reduce)阶段。在归约阶段,由用户定义的归约函数(Reduce 函数)对每个键及其关联的值集合进行处理。这些键-值对由前一阶段生成,并按键进行分组。归约函数将一组键-值对转换为最终的输出结果。

MapReduce 框架的一个典型应用是 Apache Hadoop,它是一个开源的分布式计算平台,可以提供 MapReduce 功能以及分布式存储能力。Apache Hadoop 生态系统还提供了许多与数据挖掘和机器学习相关的工具和库,如 Apache Spark 和 Apache Flink。总而言之,MapReduce 框架是一种用于处理大规模数据集的分布式计算框架,它通过映射、合并和归约阶段的并行执行,提供了高度可扩展性和容错性。MapReduce 框架在数据挖掘和机器学习领域有着广泛的应用,并为大规模数据处理提供了有效的解决方案。

(2) Spark 框架

Spark 框架是另一个流行的分布式计算框架,支持快速的数据处理和分析。通过使用 Spark 的机器学习库(MLlib),可以实现并行关联规则挖掘,利用分布式计算资源加速挖掘过程。

Spark 的主要特点和优势包括:

①快速性能。Spark 采用了内存计算模型,通过将数据存储在内存中进行处理,大大提高了计算速度。相比于传统的基于磁盘的计算框架,如 Hadoop

MapReduce，Spark 的计算速度通常快数倍甚至更多。

②分布式计算。Spark 支持分布式计算，可以在集群中进行大规模的数据处理。Spark 提供了任务调度、数据分片、数据共享等机制，能够高效地利用集群资源进行并行计算。

③多语言支持。Spark 提供了多种编程语言的 API，包括 Scala、Java、Python 和 R，使得开发人员可以使用自己熟悉的编程语言进行数据处理和分析。

④弹性伸缩。Spark 具有良好的伸缩性，可以根据数据规模的变化自动扩展集群资源。Spark 可以在云环境中部署，并且可以根据需要动态地增加或减少计算节点，以适应不同的工作负载。

⑤多种数据处理模块。Spark 提供了许多用于数据处理和分析的模块，包括 Spark SQL（用于结构化数据处理）、Spark Streaming（用于实时数据流处理）、Spark MLlib（用于机器学习）、Spark GraphX（用于图数据处理）等。这些模块可以无缝集成，形成一个完整的数据处理和分析平台。

Spark 在数据挖掘和机器学习领域被广泛地应用。它的内存计算和分布式计算能力使得处理大规模数据集和复杂计算任务变得高效且容易。通过 Spark 的机器学习库，开发人员可以使用常见的机器学习算法和工具进行数据挖掘、模型训练和预测分析。总之，Spark 框架为数据挖掘和机器学习提供了强大的工具和平台，使大规模数据处理和复杂计算变得更加便捷和高效。

（3）基于图的算法

基于图的算法是一种并行关联规则挖掘方法，将关联规则挖掘问题转化为图的遍历或图分割问题，利用图的并行计算能力，提高挖掘效率。

以下是几种常见的基于图的算法：

①图挖掘算法。图挖掘算法旨在从图数据中发现有价值的模式、结构和关系，其中包括子图挖掘、图聚类、图分类、图搜索等任务。这些算法可以帮助我们理解和分析复杂的图结构数据，并从中提取有用的信息。

②图神经网络（Graph Neural Networks，GNN）。GNN 是一类用于处理图结构数据的神经网络模型。它能够学习节点和边的表示，并利用图的拓扑结构进行信息传递和推断。GNN 在节点分类、图分类、链接预测等任务中表现出色，被广泛应用于社交网络分析、推荐系统等领域。

③PageRank 算法。PageRank 算法是一种用于评估网页重要性的算法,也可以用于其他网络节点的重要性评估。PageRank 基于图的链接结构将网页视为图中的节点,链接视为图中的边,通过迭代计算每个节点的重要性,得到节点的排名。PageRank 在搜索引擎和网络分析中具有重要的应用。

④社区检测算法。社区检测算法旨在将图中的节点划分为具有紧密联系的群组或社区。这些算法可以帮助我们发现具有相关性的节点集合,从而揭示网络的组织结构和功能模块。常用的社区检测算法有 Louvain 算法、谱聚类等。

⑤图表示学习算法。图表示学习算法旨在将图中的节点映射到低维向量空间中,以便于后续的机器学习任务。这些算法可以学习到节点之间的相似性和关系,为节点分类、链接预测等任务提供基础。常用的图表示学习算法有 DeepWalk、Node2Vec、GraphSAGE 等。

基于图的算法提供了一种强大的方法来处理具有复杂关联关系的数据。它们能够挖掘出隐藏在图结构中的模式和信息,为数据挖掘和机器学习任务提供新的视角和解决方案。在实际应用中,我们可以根据具体的问题和数据特点选择适合的基于图的算法,并结合其他机器学习技术进行综合分析和建模。

7.5.3 关联规则生成

关联规则在数据挖掘领域被用来找出不同项目间的关联。关联规则的生成可按下列步骤进行:

1. 数据预处理

针对关联规则的产生,首先要进行数据预处理,其中包括数据清洗、去重、缺失值处理及数据转换,保证数据质量及可用性。

2. 构造项集

产生关联规则时,必须先构造频繁项集。频繁项集是数据集中频繁共同存在的项集。常用的搜索频繁项集的算法是 Apriori 算法或者 FP – Growth 算法。

3. 关联规则产生

获取频繁项集之后即可产生关联规则。关联规则包括一个前项与一个后项,它意味着前项的存在能够预测后项。通常使用的评估指标有支持度、置信度等,用以度量规则的重要性和可靠性。

4. 关联规则的评估

关联规则生成之后,可以评估和筛选它们。常用的评估指标包括支持度、置信度、提升度和基尼指数等。根据具体问题和需求选择适当的评估指标并确定有现实意义的关联规则。

5. 规则的后期加工

通过评估和过滤,可能会得到许多关联规则。为了提高规则的可解释性和可用性,可以在以后的工作中加以解决。这可包括规则的排序、剪枝、规则合并、规则修正等,以获得更有意义的有关规则的结果。

6. 解释和使用关联规则

根据生成的关联规则进行解释和应用。对关联规则的意义和结论进行说明,帮助决策和理解隐藏在数据后面的关联。关联规则可以运用到市场营销、推荐系统、交叉销售、预测和决策等领域。

7.6 数据挖掘与机器学习的应用

7.6.1 数据挖掘与机器学习在军工领域中的应用

1. 目标识别和跟踪

数据挖掘和机器学习可用于图像和视频中的目标识别和跟踪。例如,在军事侦察中,可以使用机器学习算法来自动识别和追踪敌方目标,如车辆、人员或无人机。这有助于提供实时情报和支持军事决策。

2. 情报分析

数据挖掘和机器学习可用于处理大量的军事情报数据。通过分析海量的情报数据,如文字报告、图像、社交媒体数据等,可以发现隐藏的模式和关联,提供有关敌方意图、行动和威胁的洞察。这有助于情报分析人员更好地理解战场态势,并支持指挥决策。

3. 异常检测

数据挖掘和机器学习可用于检测军事系统中的异常行为。例如,通过监控传感器数据和网络通信数据,可以建立模型来识别潜在的网络攻击、故障或异常操作。这有助于保护军事系统的安全和稳定运行。

4. 模拟和仿真

数据挖掘和机器学习可用于军事模拟和仿真系统。通过分析历史战斗数据和战术指令，可以训练模型来模拟战斗场景和决策过程。这有助于评估不同战术策略的效果，并支持军事演习和培训。

7.6.2 数据挖掘与机器学习在警务领域中的应用

数据挖掘和机器学习在监狱警务领域中也有一些应用，可以帮助监狱管理人员更好地管理监狱安全、完善犯罪预防和降低犯罪再犯率。

1. 犯罪行为预测

通过分析囚犯的个人背景、犯罪历史、行为记录和其他相关数据，可以建立预测模型来评估囚犯的潜在犯罪行为和风险等级。这些模型可以使用各种机器学习算法，例如，决策树、逻辑回归、支持向量机等。通过预测囚犯的行为，监狱管理人员可以采取相应的措施，例如，增加监控、加强警戒、调整矫正计划等，以减少潜在的暴力事件和违规行为。

2. 囚犯分类和分级

通过数据挖掘技术，可以对囚犯进行分类和分级，以便更好地管理和监督不同类别的囚犯。对囚犯的分类和分级可以基于一系列特征和指标，如犯罪类型、犯罪历史、心理健康状况、教育水平等。聚类算法和分类算法可以被用来将囚犯分组，并为每个组分配适当的管理和矫正策略。由此，监狱管理人员可以根据不同类别的囚犯制订个性化的矫正计划，提供更有效的监管和改造措施。

3. 监狱人员调度和资源优化

通过分析监狱内的人员流动、工作记录和监控数据，可以优化监狱人员的调度和资源分配。数据挖掘和机器学习技术可以帮助确定监狱内不同区域和时间段的人员需求，并预测潜在的人员短缺或冗余。通过优化人员调度，监狱管理人员可以确保监狱的安全和运作效率，并更好地应对突发事件和紧急情况。

4. 心理健康评估

数据挖掘和机器学习可用于评估囚犯的心理健康状况。通过分析囚犯的言语、文字记录、社交媒体数据等，可以建立模型来识别囚犯潜在的心理健康问题，如抑郁症、焦虑症等。这有助于监狱管理人员及时提供心理健康支持和干预措施。

5. 犯罪网络分析

数据挖掘和机器学习可用于分析囚犯之间的关系和犯罪网络。通过分析通信记录、社交媒体数据、关系图谱等，可以构建囚犯之间的关联模型，帮助监狱管理人员了解犯罪网络的结构、核心成员和活动模式，从而采取针对性的打击措施。

6. 个性化改造计划

数据挖掘和机器学习可用于制订个性化的囚犯改造计划。通过分析囚犯的个人特征、教育背景、犯罪类型等数据，可以建立模型来识别适合不同囚犯的改造方法和项目。这有助于提高改造计划的针对性和效果。

7.7　本章小结

本章主要介绍了数据挖掘与机器学习的概念、方法和应用。数据挖掘是从大量数据中发现有价值的模式和知识的过程，而机器学习是利用算法和模型使计算机系统从数据中学习并做出预测或决策的能力。

本章首先介绍了数据挖掘的定义、发展及主要任务。数据挖掘的任务包括分类、聚类、关联规则挖掘和异常检测等，可以向决策者提供综合数据分析与预测能力以支持更加精准的决策。其次，我们探讨了数据挖掘的过程、分类及应用。数据挖掘在不同领域中有着广泛的应用，它可以帮助我们理解数据、发现隐藏的模式和规律，并做出更有意义的预测和决策。本章深入探讨了机器学习的基本概念和分类。从学习能力和学习方法两个角度对机器学习进行了基本分类并分别对其进行了介绍。其中监督学习通过训练数据集中的输入和输出之间的关系来建立模型，用于预测新的未标记数据。无监督学习则通过寻找数据中的模式和结构来进行数据分析和聚类。强化学习则是通过与环境的交互来学习最优策略，以达到最大的累积奖励。

在机器学习方法方面，介绍了常见的算法和技术，包括频繁决策树、支持向量机、神经网络和深度学习等。这些方法在不同领域中取得了显著的成果，并广泛应用于图像识别、自然语言处理、推荐系统和金融预测等任务。

本章还探讨了数据挖掘和机器学习在各个领域的应用。例如：在商业领域，可以用于市场营销、客户关系管理和欺诈检测等任务；在医疗领域，可以用于疾病诊断、药物研发和生物信息学等应用；在军工领域，可以进行情报工作和各项分析决策工作；在警务领域，可以帮助监狱管理人员更好地管理和改善监狱安全。

总而言之，数据挖掘与机器学习作为现代人工智能领域的关键技术，为我们从数据中发现知识、预测趋势和改善决策提供了强大的工具和方法。但是，它们也需要被谨慎使用，并且要考虑数据隐私、伦理和公平性等重要因素。在科学技术的不断发展下，数据挖掘和机器学习技术将继续在各个领域发挥重要作用，并为我们带来更多的机遇和挑战。

习　题

1. 解释数据挖掘的概念并举例说明其在实际应用中的作用。
2. 什么是监督学习？请给出一个监督学习的应用场景。
3. 无监督学习和监督学习有什么区别？举例说明两者的应用领域。
4. 简述机器学习分类中的机械式学习和示例学习。
5. 什么是关联规则挖掘？解释关联规则的定义和支持度、置信度的含义。
6. 请解释朴素贝叶斯分类器的基本原理，并说明它在文本分类中的应用。
7. 请写出产生关联规则的6个步骤并尝试说明其作用。
8. 尝试找出数据挖掘与机器学习技术在警务领域的更多应用。

第 8 章

深度学习

深度学习技术已吸引了众多学者的关注。不论是 2016 年谷歌的 AlphaGo 战胜围棋高手李某石，还是 2022 年年底聊天机器人 ChatGPT 横空出世，引爆学术界，这些成果背后都有深度学习技术的支持。深度学习技术已经在人们生活中的方方面面得到了广泛的应用。现在，假设一个人打开他的手机，里面一般都会有语音助手，对手机说“今天天气怎么样”，它就会自动查询天气状况，并通过语音反馈出来；打开新闻类 App，它会自动推荐这个人感兴趣的内容；打开购物类 App，可以推荐感兴趣的商品；打开地图类 App，输入目的地，可以筛选出若干路线，并且会显示预计通行时间。通过上述事例，可以看出我们每时每刻都可能在享受深度学习技术带来的便利。

深度学习中的图像识别算法能够辅助监狱干警在监控中监测罪犯的可疑行为、危险行为等，帮助狱警更快地发现罪犯的危险行为并进行及时制止，保障监狱的安全稳定。利用深度学习中的数据分析算法，能够帮助狱警对监狱中的各类数据进行深度分析，从而挖掘潜在的犯罪模式、预测犯罪行为，进而提高执法效率。

本章我们将介绍深度学习技术中常见的各类神经网络结构，同时会基于 PyTorch 框架，对这些模型进行简单实现。

8.1 线性神经网络

线性回归是机器学习最基础的模型，也是理解后续深度学习模型的基础，因此，本章从线性回归模型开始介绍。

8.1.1 线性模型

为了解释线性回归，以房价预测作为例子：根据当前的行情，预测房屋的价格。我们首先做一个简化的模型：假设影响房价的关键因素有三项，分别是房屋面积、房龄以及卫生间个数，记为x_1, x_2, x_3，房屋成交价 y 是各个关键因素的加权和，即

$$y = w_1x_1 + w_2x_2 + w_3x_3 + b \tag{8-1}$$

其中，w_i 和 b 分别为模型的权重和偏差。

如果把上述例子扩展到一般化的线性模型，如果给定 n 维输入 $x = [x_1, x_2, \cdots, x_n]^T$，则线性模型会有 n 维的权重 $w = [w_1, w_2, \cdots, w_n]^T$和一个标量偏差 b，最终的输出则是输入的加权和：

$$y = w_1x_1 + w_2x_2 + \cdots + w_nx_n + b \tag{8-2}$$

将所有特征放到向量 $x \in R^n$ 中，将所有权重放到向量 $w \in R^n$ 中，上述模型可改写为向量形式：

$$y = w^Tx + b \tag{8-3}$$

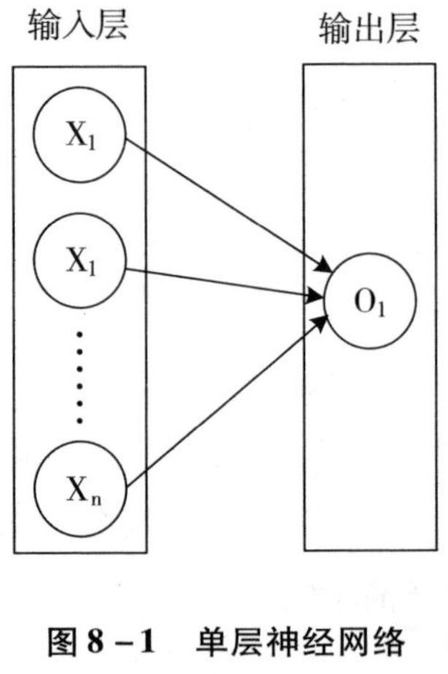

图 8-1　单层神经网络

如图 8-1 所示，该模型输入层有 n 个特征，输出层的维度为 1，每个箭头代表一个权重（该处省略了偏差）。在计算层数时通常不考虑输入层，因此，可将线性回归模型看成单层神经网络。

8.1.2　损失函数

建立好线性回归模型后，需要衡量预测的质量，即比较真实值（卖房的成交价）和预测值（房屋的估计），从而判断模型的好坏。

假设 y 是真实值，$\hat{y}$ 是估计值，则可定义如下公式作为误差：

$$l(w,b)=\frac{1}{2}(y-\hat{y})^2 \tag{8-4}$$

其中，1/2 是为了方便后续求导。该公式称为损失函数，其输入是模型中的参数 w 和 b，当确定一组输入参数 w、b 时，输出的值代表真实值与估计值的接近程度，也可体现出该组参数是否是较好的模型参数。若数据集中有 n 组真实值与估计，则需计算 n 个样本的损失值：

$$L(w,b)=\frac{1}{n}\sum_{i=1}^{n}l^{(i)}(w,b)=\frac{1}{n}\sum_{i=1}^{n}\frac{1}{2}(w^Tx^{(i)}+b-y^{(i)})^2 \tag{8-5}$$

8.1.3　模型训练

定义好模型和损失函数后，需要基于数据来学习参数。通常需要收集大量数据来确定参数值，例如过去一段时间房屋的特征信息及对应的成交价。这些数据被称为训练数据，通常来说，数据越多，训练的模型越准确。当训练集中有 n 个样本时，目标是找到一组 w 和 b，使损失函数 $L(w,b)$ 的值最小，即最小化损失函数，如下式：

$$w^*,b^*=\arg\min_{w,b}L(w,b) \tag{8-6}$$

8.1.4　基础优化算法

从模型训练的模块，可以知道需要一种能够找出最优的参数的算法来最小化损失函数。如果损失函数有解析解，则可直接求得最优解。但在深度学习中，大部分模型没有解析解，而是通常采用一种被称为梯度下降（gradient descent）的方法。以房价预测模型为例，假定 b 的值已确定，单独对 w 进行分析。图 8－2 为损失 L 与参数 w 的关系图，目标是找到合适的 w 值，使得损失 L 最小。具体步骤如下：

（1）随机选取初始点 w_0（或通过其他方式选取初始点）。

(2)计算$\frac{\partial L}{\partial w}|_{w=w_0}$,即曲线在$w_0$位置的切线斜率。

如果$\frac{\partial L}{\partial w}|_{w=w_0}$小于0,即斜率为负值,$w_0$点处左端曲线 Loss 值较高,右端曲线 Loss 值较低,若需最小化 Loss,则应增大 w。

如果$\frac{\partial L}{\partial w}|_{w=w_0}$大于0,即斜率为正值,$w_0$点处右端曲线 Loss 值较高,左端曲线 Loss 值较低,若需最小化 Loss,则应减小 w。

(3)更新 w:$w_1 = w_0 - \eta \frac{\partial L}{\partial w}|_{w=w_0}$,使得 Loss 降低。其中 η 为学习率,是人为确定的超参数,通过 η 影响 w 变换的快慢程度。

(4)重复步骤(2)~(3),直到达到最大更新次数或$\frac{\partial L}{\partial w}$为0,则停止更新。

根据上面的步骤,按图 8-2 中的 L-w 曲线,当 w 更新到w_k时,$\frac{\partial L}{\partial w}=0$,更新停止。但由曲线图可以看出,$w_k$为局部最优解,$w=w_t$为全局最优解,此时 Loss 值最小。由此看出,梯度下降法并不一定得到最优解。实际房价预测模型中有 w、b 两个参数,则分别计算$\frac{\partial L}{\partial w}|_{w=w_0,b=b_0}$和$\frac{\partial L}{\partial b}|_{w=w_0,b=b_0}$,再更新 w、b。

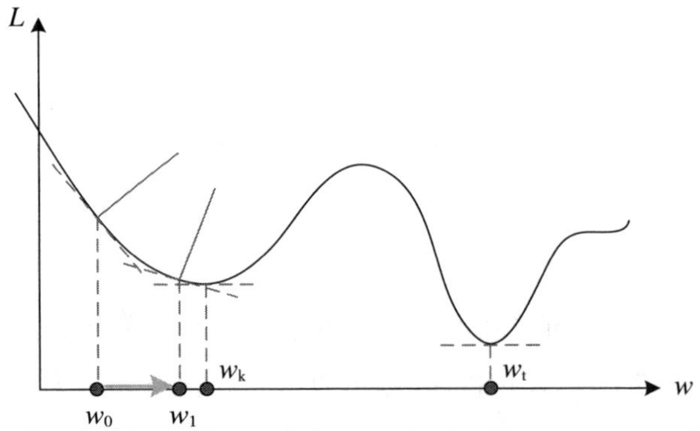

图 8-2 损失函数 L 与参数 w 的关系

通过梯度下降算法求梯度需要对损失函数求导,其中损失函数是所有样本的平均损失,实际执行可能会非常耗时。因此,通常训练时采用小批量随机梯度下降算法,即随机采样 b 个样本来近似损失。其公式为

$$L(w,b)=\frac{1}{b}\sum_{i=1}^{b}l^{(i)}(w,b) \tag{8-7}$$

其中,b 是批量大小,也是一个超参数。选择批量大小要适度,b 的值太小不适合并行计算,b 的值太大则内存消耗太大,可能浪费计算。

8.1.5 线性模型的实现

通过使用深度学习框架 PyTorch 来实现线性模型。

1. 生成数据集

假定线性模型为

$$y=3x_1+4.5x_2+7.6x_3-6.3 \tag{8-8}$$

则真实参数 $w=[3,4.5,7.6]^T$,$b=-6.3$。根据真实参数和误差项 $\in$ 来生成训练数据集,其中误差项 $\in$ 设定为均值为 0、标准差为 0.01 的噪声,具体代码如下:

```
from  torch.utils import data
import torch
true_w = torch.tensor([3, 4.5, 7.6])
true_b = -6.3
def generated_data(w,b,nums_data):
#生成 y = Xw + b + 噪声
   x = torch.normal(0, 1, (nums_data,len(w)))
   y = torch.matmul(x, w) + b
   y + = torch.normal(0,0.01,y.shape)
   return x,y.reshape((-1,1))
data_x,data_y = generated_data(true_w,true_b,1000)
```

2. 读取数据集

通过 PyTorch 的 utils.data 类下的 DatasetLoader 类来分批加载数据,其主要参数为 dataset(训练数据 data_x 和标签 data_y),batch_size(每次读取的批量大小),shuffle(表示是否需要每轮打乱顺序抽取)。

```
dataset = data.TensorDataset( * (data_x,data_y))
batch_size = 10
```

```
data_loader = data. DataLoader( dataset, batch_size, shuffle = True)
```

3. 定义模型

通过 PyTorch 预定义好的层来搭建模型。首先定义一个 Sequential 类型的变量 net. Sequential 将多层网络连接起来,当输入数据时,先传入第一层,得到的输出结果再传递到第二层作为输入,以此类推。本节当中的模型只有一层,理论上可以不用 Sequential,但后续搭建多层网络模型时,均需使用 Sequential。因此,本例程可使读者提前了解"通用流程"。

在 PyTorch 中的线性层 Linear 类中定义,需传入输入特征数和输出特征数,本层输入特征数为 3,输出特征数为 1。模型参数采用 PyTorch 默认初始化即可。

```
from torch import nn
net = nn. Sequential( nn. Linear(3,1))
```

4. 定义损失函数和优化算法

采用均方误差作为损失函数,在 PyTorch 中使用 MSELoss 类实现,优化算法采用随机梯度下降算法,在 PyTorch 中使用 optim 模块中的 SGD 实现,需要输入模型参数和学习率。

```
loss = nn. MSELoss( )
optimizer = torch. optim. SGD( net. parameters( ), lr = 0.02)
```

5. 训练模型

通过 data_loader 遍历整个数据集,每次随机抽取 10 组特征和标签,通过 net 网络模型计算预测值,通过 loss 计算预测值与实际值的误差,通过反向传播(见 8.2.3小节)计算损失函数梯度,通过调用优化器来更新模型参数,整个数据集全部使用后,则完成了一轮(epoch)训练,学习的轮数 num_epochs 为超参数。

为了方便查看每轮训练效果,在每轮结束后打印损失。

```
num_epochs = 3
for epoch in range( num_epochs):
    for x,y in data_loader:
        result_loss = loss( net( x) ,y)
        optimizer. zero_grad( )
        result_loss. backward( )
```

```
    optimizer.step()
  result_loss = loss(net(data_x), data_y)
  print("epoch{}, loss:{:f}".format(epoch + 1,result_loss))
```

结果：

```
epoch1, loss:0.018937
epoch2, loss:0.000109
epoch3, loss:0.000107
```

最终，我们输出得到模型参数，可以看到得到的参数和数据集参数与真实值非常接近：

```
w = net[0].weight.data
b = net[0].bias.data
print("训练获得的模型参数为:w {}, b {}".format(w,b))
```

结果：

训练获得的模型参数为：w tensor([[2.9996, 4.5001, 7.6003]]), b tensor([-6.2987])

8.2　多层感知机

本小节我们将介绍最简单的深度神经网络模型——多层感知机（Multi Layer Perceptron，MLP），其由多层神经元组成。我们首先将介绍感知机的概念。

8.2.1　感知机模型

感知机是一个很简单的模型。1957 年，Rosenblatt 从纯数学的角度提出了感知机算法。假设给定输入 X，权重 W 以及偏移 b，其中 X、W 为向量，b 为标量，则感知机的输出 y 为

$$y = \sigma(W^T X + b)\sigma(x) = \begin{cases} 1, \text{if } x > 0 \\ -1, \text{otherwise} \end{cases} \tag{8-9}$$

从公式(8－9)可以看出，感知机实际上是一个二分类问题，其求解 w、b 的训练过程如下：

```
initialize w = 0 and b = 0
repeat
  if y_i[w^T x_i + b] ≤ 0 then
    w ← w + y_i x_i and b ← b + y_i
  end if
until all classified correctly
```

由问题我们知道y_i的值为 +1 或 -1,因此训练过程可以看作:

(1)若$w^T x_i + b > 0$,且$y_i = -1$,则 $w = w - x_i$,$b = b - 1$。

(2)若$w^T x_i + b < 0$,且$y_i = +1$,则 $w = w + x_i$,$b = b + 1$。

重复上述过程直到所有分类结果正确为止。

Rosenblatt 严格证明了只要训练数据线性可分,感知机算法就可以找到合适的 w 和 b,从而建立二分类模型。但在现实生活中,大部分数据集都是线性不可分的。例如 XOR(异或)问题,当两个输入数值相同时为假,数值不同时为真,其二维表示如图 8 -3 所示:

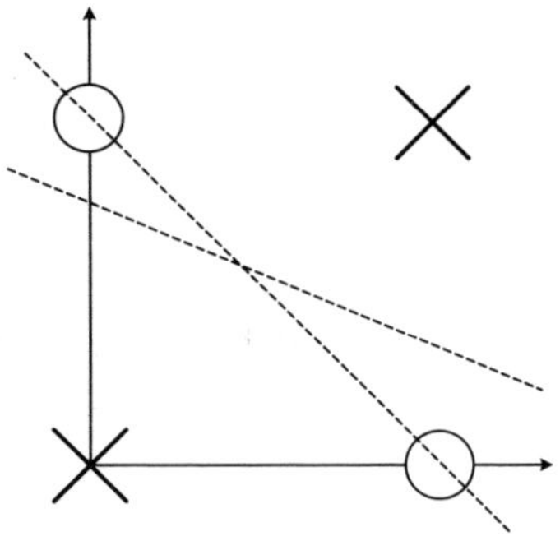

图 8 -3　XOR 问题

感知机对于二维输入(线性模型),其分割形式是一条直线,但由图 8 -3 可以看出,无法使用一条直线把两类图形分开,感知机无法拟合 XOR 函数。

8.2.2　多层感知机模型

20 世纪 80 年代,人工神经网络领域迎来了新的突破,产生了多层感知机,可以利用人工神经网络处理非线性可分问题。

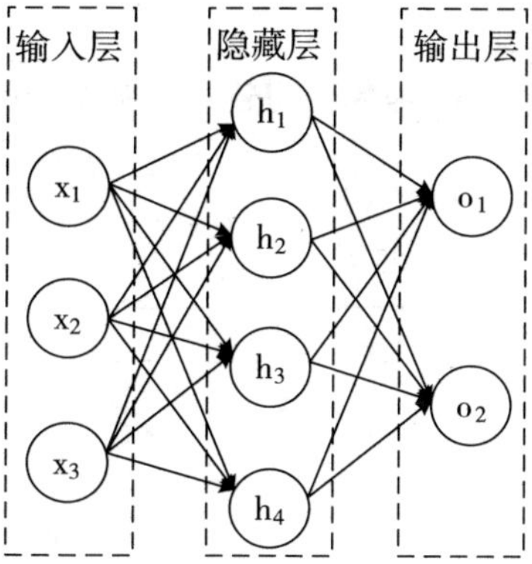

图 8－4　多层感知机

由图 8－4 可以看出，多层感知机中加入了隐藏层，输入有x_1、x_2、x_3，这些输入都将作为隐藏层中每个神经元的输入，隐藏层的输出作为输出层的输入。其中输入层和数据的维度相关，输出层与任务要求相关，因此两层的大小不能随意改变。隐藏层的大小可以根据需求改变，因此也是一个超参数。隐藏层和输出层都是全连接层，即每个输入都会影响本层的每个神经元，具体输入、输出形式如下：

（1）输入：$X \in R^{n \times d}$，表示有 n 个特征维度为 d 的样本。

（2）隐藏层：假设本层有 h 个神经元，则本层输出 $H \in R^{n \times h}$，权重$W_1 \in R^{d \times h}$，偏置$b_1 \in R^{1 \times h}$。

（3）输出层：权重$W_2 \in R^{h \times q}$，偏置$b_1 \in R^{1 \times q}$，则输出 $O \in R^{n \times q}$：

$$H = X W_1 + b_1$$

$$O = H W_2 + b_2 \qquad (8-10)$$

将上面两个式子整理可得到：

$$O = (X W_1 + b_1) W_2 + b_2 = X W_1 W_2 + b_1 W_2 + b_2 = XW + b \qquad (8-11)$$

其中，$W = W_1 W_2$，$b = b_1 W_2 + b_2$。由此我们可以看出，上述模型仍然等价于单层感知机模型，为了能处理非线性问题，需要引入激活函数 σ，具体形式如下：

$$H = \sigma(X W_1 + b_1) \qquad (8-12)$$

$$O = H W_2 + b_2 \qquad (8-13)$$

其中，激活函数 σ 需要是一个非线性函数。下面我们介绍一些常用的激活函数。

(1) sigmoid 函数

对于任意的输入 x,sigmoid 函数会将输入投影到(0,1)区间:

$$\mathrm{sigmoid}(x)=\frac{1}{1+exp\ (-x)} \tag{8-14}$$

其图像如图 8-5 所示:

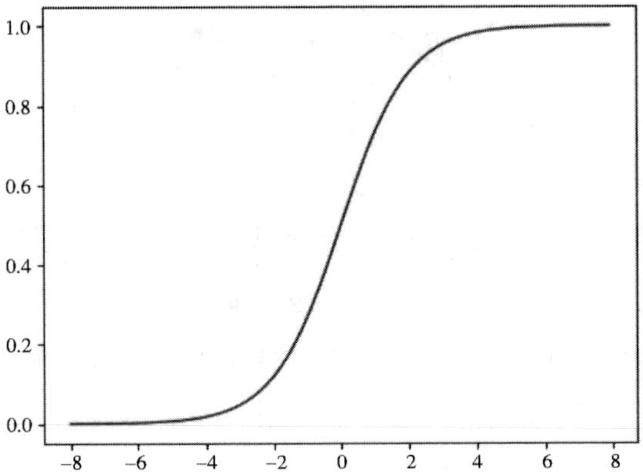

图 8-5　sigmoid 函数

(2) tanh 函数

tanh 函数与 sigmoid 函数类似,tanh 函数可以将输入投影到(-1,1)区间:

$$\tanh=\frac{1-\exp\ (-2x)}{1+\exp\ (-2x)} \tag{8-15}$$

其图像如图 8-6 所示:

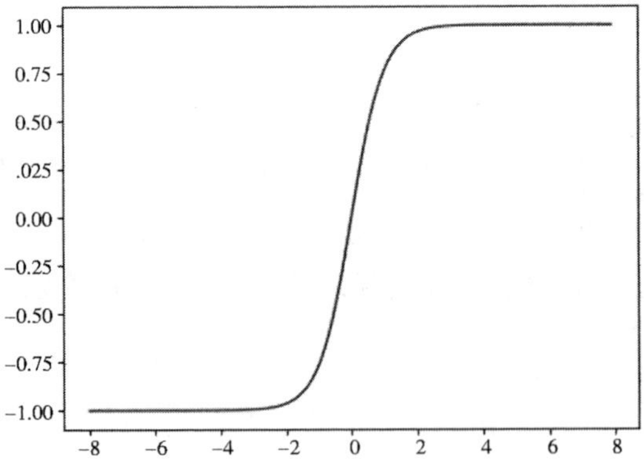

图 8-6　tanh 函数

(3) ReLU 函数

目前最常用的激活函数是 ReLU 函数，其定义为输入元素与 0 的最大值：

$$\mathrm{ReLU}(x) = \max(x, 0) \tag{8-16}$$

其图像如图 8－7 所示：

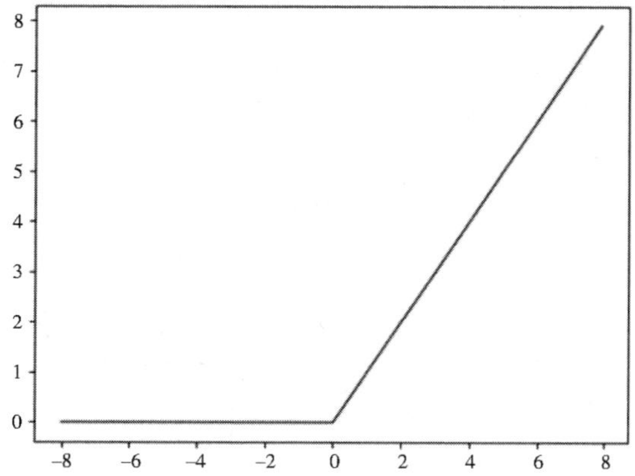

图 8－7　ReLU 函数

从公式和图像可以看出 ReLU 函数是一种十分简单的非线性变换函数，其效果较好，因此得到了广泛使用。实际中，我们可以使用更多的隐藏层来增加模型复杂度，进而得到更好的效果：

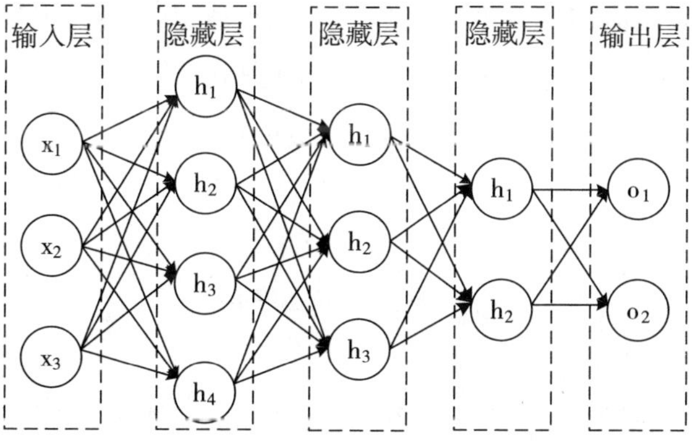

图 8－8　多隐藏层神经网络

图 8－8 中，隐藏层的每个隐藏单元可以被看作一个神经元，多个神经元组成的网络可以被称为神经网络，当神经网络模型层数多时，该技术则可称为深度学

习技术。随着相关技术的发展,现在的神经网络模型层数可以做到非常深,模型也更加复杂。

8.2.3 反向传播算法

在8.1.4小节中,我们介绍了梯度下降算法,当神经网络层数增多时,损失函数对每层的参数求导变得非常复杂。本小节我们将介绍一种常用的计算神经网络参数梯度的算法——反向传播算法。

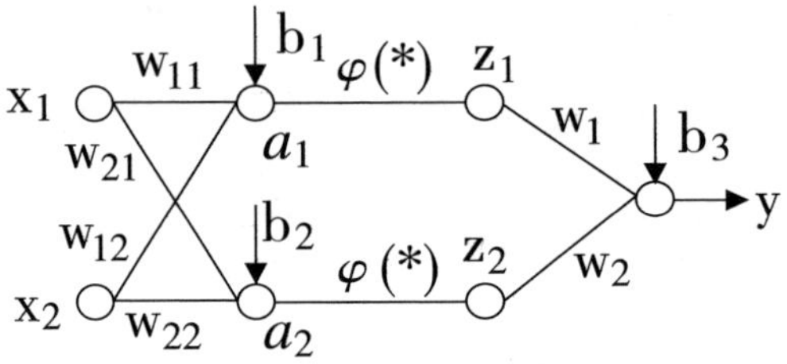

图8-9 二层神经网络

图8-9为一个简单的神经网络,其待估计的参数有:($w_{11},w_{12},w_{21},w_{22},w_1,w_2,b_1,b_2,b_3$),假设目标函数为

$$L(w,b)=\frac{1}{2}(y-\hat{y})^2 \tag{8-17}$$

其中,$\hat{y}$为真实值,即输入值的标签,y为估计值,其推导过程如下:

$$a_1=w_{11}x_1+w_{12}x_2+b_1 \tag{8-18}$$

$$a_2=w_{21}x_1+w_{22}x_2+b_2 \tag{8-19}$$

$$z_1=\varphi(a_1) \tag{8-20}$$

$$z_2=\varphi(a_2) \tag{8-21}$$

$$y=w_1z_1+w_2z_2+b_3 \tag{8-22}$$

整理上式可得到:

$$y=w_1\varphi(w_{11}x_1+w_{12}x_2+b_1)+w_2\varphi(w_{21}x_1+w_{22}x_2+b_2)+b_3 \tag{8-23}$$

根据梯度下降算法可知,需求出以下9个偏导数:

$$\left(\frac{\partial L}{\partial w_{11}},\frac{\partial L}{\partial w_{12}},\frac{\partial L}{\partial w_{21}},\frac{\partial L}{\partial w_{22}},\frac{\partial L}{\partial w_1},\frac{\partial L}{\partial w_2},\frac{\partial L}{\partial b_1},\frac{\partial L}{\partial b_2},\frac{\partial L}{\partial b_3}\right)$$

虽然可以逐一计算上面的偏导数,但计算量太大。本小节将介绍根据神经网

络分层的结构来简化求解偏导数的计算方法，即反向传播算法。其核心思想是因上面 9 个偏导数之间是相互关联的，根据偏导数的链式求导法则，可以利用已经计算得出的偏导数来计算未求解的偏导数，具体过程如下：

（1）可根据输入x_1，x_2，初始设定的 9 个参数值以及式（8－18）～式（8－22），依次求得a_1、a_2、z_1、z_2和 y 的值。该过程被称为神经网络的前向传播过程。

（2）由步骤（1）求得的 y 值以及式（8－17）可求得

$$\frac{\partial L}{\partial y} = y - \hat{y} \tag{8-24}$$

（3）由式（8－22）可得到：$\frac{\partial y}{\partial w_1} = z_1$。由偏导数的链式求导法可得

$$\frac{\partial L}{\partial w_1} = \frac{\partial L}{\partial y}\frac{\partial y}{\partial w_1} = z_1 \frac{\partial L}{\partial y} \tag{8-25}$$

根据步骤（2）求得的$\frac{\partial L}{\partial y}$的值以及前向传播得到的$z_1$值，可以计算获得$\frac{\partial L}{\partial w_1}$的值，同理可以得到：

$$\frac{\partial L}{\partial w_2} = \frac{\partial L}{\partial y}\frac{\partial y}{\partial w_2} = z_2 \frac{\partial L}{\partial y} \tag{8-26}$$

$$\frac{\partial L}{\partial b_3} = \frac{\partial L}{\partial y}\frac{\partial y}{\partial b_3} = \frac{\partial L}{\partial y} \tag{8-27}$$

（4）根据式（8－20）、式（8－22）可得到：$\frac{\partial y}{\partial z_1} = w_1$，$\frac{d\,z_1}{d\,a_1} = \varphi'(a_1)$。由偏导数的链式求导法可得

$$\frac{\partial L}{\partial a_1} = \frac{\partial L}{\partial y}\frac{\partial y}{\partial z_1}\frac{d\,z_1}{d\,a_1} = w_1 \varphi'(a_1)\frac{\partial L}{\partial y} \tag{8-28}$$

激活函数 φ 已确定，因此上述值均可求得。同理，可得到：

$$\frac{\partial L}{\partial a_2} = \frac{\partial L}{\partial y}\frac{\partial y}{\partial z_2}\frac{d\,z_2}{d\,a_2} = w_2 \varphi'(a_2)\frac{\partial L}{\partial y} \tag{8-29}$$

（5）根据式（8－18）可得到：$\frac{\partial a_1}{\partial w_{11}} = x_1$。由偏导数的链式求导法可得

$$\frac{\partial L}{\partial w_{11}} = \frac{\partial L}{\partial a_1}\frac{\partial a_1}{\partial w_{11}} = x_1 \frac{\partial L}{\partial a_1} \tag{8-30}$$

由步骤（4）求得的$\frac{\partial L}{\partial a_1}$的值以及初始输入$x_1$值，可以计算获得$\frac{\partial L}{\partial w_{11}}$的值，同理可

得到：

$$\frac{\partial L}{\partial w_{12}}=\frac{\partial L}{\partial a_1}\frac{\partial a_1}{\partial w_{12}}=x_2\frac{\partial L}{\partial a_1} \tag{8-31}$$

$$\frac{\partial L}{\partial w_{21}}=\frac{\partial L}{\partial a_2}\frac{\partial a_2}{\partial w_{21}}=x_1\frac{\partial L}{\partial a_2} \tag{8-32}$$

$$\frac{\partial L}{\partial w_{22}}=\frac{\partial L}{\partial a_2}\frac{\partial a_2}{\partial w_{22}}=x_2\frac{\partial L}{\partial a_2} \tag{8-33}$$

$$\frac{\partial L}{\partial b_1}=\frac{\partial L}{\partial a_1}\frac{\partial a_1}{\partial b_1}=\frac{\partial L}{\partial a_1} \tag{8-34}$$

$$\frac{\partial L}{\partial b_2}=\frac{\partial L}{\partial a_2}\frac{\partial a_2}{\partial b_2}=\frac{\partial L}{\partial a_2} \tag{8-35}$$

至此,9 个偏导数均已求得。由上述步骤可以看出,整个求解过程是从输出向输入推导,即从后向前推,也即首先计算出离输出较近的变量的偏导数,其次基于这些偏导数的值以及前向传播的结果来求得离输出较远的变量的偏导数。

8.2.4 多层感知机的实现

本小节我们使用多层感知机来解决图像分类的问题,使用的图像数据集是 Fashion - MNIST 数据集。

```
import torch
import torchvision
from torch import nn
from torch.utils.data import DataLoader
from torch.utils.tensorboard import SummaryWriter
```

(1)读取数据集

通过 torchvision 中的 datasets 类来下载 Fashion - MNIST 数据集,里面包含图片及图片的标签,由于后续处理需要 tensor 数据类型,需要通过 transform 进行转换。

通过 DataLoader 加载下载好的数据集,每次从 dataset 中取出的批量数据个数由参数 batch_size 决定。其中 train_data 为训练数据集,test_data 为测试数据集。

```
trans = torchvision.transforms.ToTensor()
train_data = torchvision.datasets.FashionMNIST(root = "./dataset",train = True,
```

```
                    transform = trans,download = True)
test_data = torchvision.datasets.FashionMNIST(root = "./dataset", train =
False,
                    transform = trans,download = True)
batch_size = 64
train_dataloader = DataLoader(train_data,batch_size = batch_size)
test_dataloader = DataLoader(test_data,batch_size = batch_size)
```

(2)定义模型

Fashion - MNIST 数据集中,每个图片都是 28 像素 ×28 像素的单通道灰度图片,每个像素值为 0 ~ 255 的 8 位无符号整数,一共有 10 个类别。由于本小节模型主要采用多个线性层,需先通过展平层(Flatten)将每张图像展平成为长度 784 的向量,再分别连接线性层(784,256)、激活函数 ReLU、线性层(256,10),最后输出长度为 10 的向量。

```
net = nn.Sequential(
        nn.Flatten(),nn.Linear(784,256),nn.ReLU(),nn.Linear(256,10))
```

(3)定义损失函数和优化算法

由于是图像分类问题,使用交叉熵损失函数(CrossEntropyLoss),该损失函数结合了 nn.*LogSoftmax*()和 nn.*NLLLoss*()两个函数:

$$CrossEntropyLoss = NLLLoss(LogSoftmax(x), y)$$

具言之,先通过 Softmax 函数将未规范化的预测输出转换为非负且综合为 1 的形式(视为概率),再将 Softmax 之后的结果取 log:

$$LogSoftmax(x_i) = \log\left(\frac{\exp(x_i)}{\sum_j \exp(x_j)}\right) \tag{8-36}$$

NLLLoss 是负对数似然损失函数:

$$NLLLoss(x, label) = -x[label] \tag{8-37}$$

例如,假设 x = [1, 2, 3], label = 2,则 $NLLLoss(x, label) = -3$,通过 *NLLLoss* 函数,将 *LogSoftmax* 结果中与 label 对应的值取反后再取出,对于多个样本可通过参数决定是对损失求和或求均值。

对于优化方式仍选用随机梯度下降算法。

```
loss_fn = nn.CrossEntropyLoss()
```

```
learning_rate = 0.01
optimizer = torch.optim.SGD(net.parameters(), lr = learning_rate)
```

(4)训练模型

整个模型训练的方式与8.1.5小节线性模型的训练方式基本一致,本次在前者的基础上,加入了测试数据,但测试数据集不会用于训练,只用于评估模型性能。同时记录每轮过后测试集上的整体损失 total_test_loss 以及正确率 total_accuracy/len(test_data),通过可视化工具 Tensorboard 显示训练过程中的损失及正确率的变换情况。

```
#记录训练次数
total_train_step = 0
#记录测试次数
total_test_step = 0
writer = SummaryWriter("./logs_train")
num_epochs = 10
for i in range(num_epochs):
print("------第{}轮训练开始------".format(i+1))
#训练步骤开始
  net.train()
  for imgs, targets in train_dataloader:
    outputs = net(imgs)
    loss = loss_fn(outputs,targets)
    optimizer.zero_grad()
    loss.backward()
    optimizer.step()
    total_train_step = total_train_step + 1
    if total_train_step % 100 == 0:
      print("训练次数:{},
            Loss:{}".format(total_train_step,loss.item()))
      writer.add_scalar("train_loss",loss.item(),total_train_step)
```

```
#测试步骤开始
net.eval()
total_test_loss = 0
total_accuracy = 0
with torch.no_grad():
    for imgs,targets in test_dataloader:
        outputs = net(imgs)
        loss = loss_fn(outputs,targets)
        total_test_loss = total_test_loss + loss.item()
        accuracy = (outputs.argmax(1) == targets).sum()
        total_accuracy = total_accuracy + accuracy
print("整体测试集上的 Loss:{}".format(total_test_loss))
    print("整体测试集上的正确率:{}".format(total_accuracy/len(test_data)))
writer.add_scalar("test_loss",total_test_loss,total_test_step)
    writer.add_scalar(
        "test_accuracy",total_accuracy/len(test_data),total_test_step)
    total_test_step = total_test_step + 1
writer.close()
```

图 8 - 10 是在测试集上的 loss 和 accuracy 的结果显示：

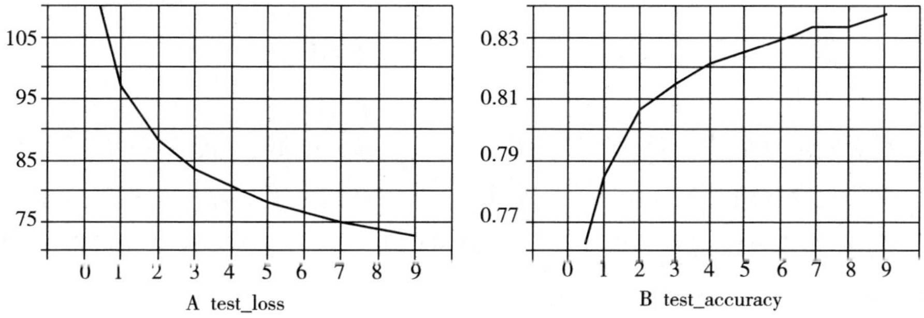

图 8 - 10　loss 和 accuracy 的结果显示

8.3 卷积神经网络

本小节我们将介绍一种专为处理图像数据而设计的神经网络——卷积神经网络(Convolutional Neural Network,CNN)。目前,基于卷积神经网络的模型已经广泛应用于图像识别、目标检测等领域,并且取得了良好的效果。本小节将重点介绍卷积神经网络模型包含的所有基本元素,并通过编程实现一个实际的卷积神经网络搭建。

8.3.1 从全连接层到卷积

在8.2.4小节中,我们通过多个全连接层构成的多层感知机模型来处理图片分类问题。假设输入的图片都是长宽为100×100像素的灰度图,可以先将100×100的像素点展平成长度为100×100的一维向量,再输入到全连接层的网络中,假设第一层有1000个神经元,则第一层的权重个数为1×107。虽然参数增多可以使模型更复杂,增加模型弹性,但同时也可能导致过拟合,且训练模型的计算量会更大。

考虑到图像识别问题的特殊性,在处理图像问题时,并不一定需要全连接层。例如当我们通过神经网络模型观察一张狗的图片时,可能每个神经元只负责观察狗的一部分特征,比如某个神经元"看"到了狗的嘴巴,某个神经元"看"到了狗的鼻子,某个神经元"看"到了狗的尾巴等,将这些观察到的特征汇总后,得出这是一张狗的图片。因此我们并不需要每个神经元都观察整张图片,只需观察图片中的某个小的范围。根据这个想法,我们可以将全连接层做第一步简化。

1. 局部性

我们假定每个神经元只关注图片中的某一部分区域,如图8-11所示,我们称这部分观察区域为感受野,它的范围是3×3,将其展平后输入到神经元中。同理,其他神经元可以观察其他3×3范围的区域。每个观察区域之间可以有重叠区域,同一感受野也可由多个神经元观察。

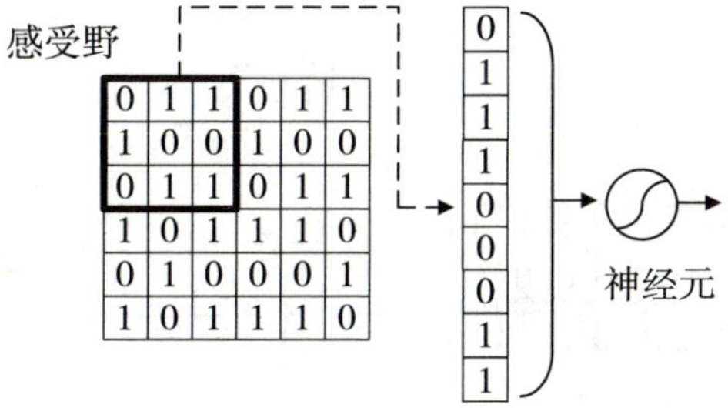

图 8 – 11　感受野

假设把左上角的感受野向右移动 2 个像素，得到新的感受野，则移动的距离称为步幅（stride），如图 8 – 12 所示，该步幅为 2。感受野之间需要有重叠的部分，这样可以防止出现被检测物因在感受野边缘而未被检测到的情况，因此步幅通常不会设置很大。

当感受野继续向右移动 2 个像素时，则会出现感受野超出图像范围的情况。如果将该感受野直接删除，则可能会遗漏图像边缘处的信息。通常可以采用填充（padding）的方法，即在输入图像边缘填充元素（通常填充的元素是 0）。

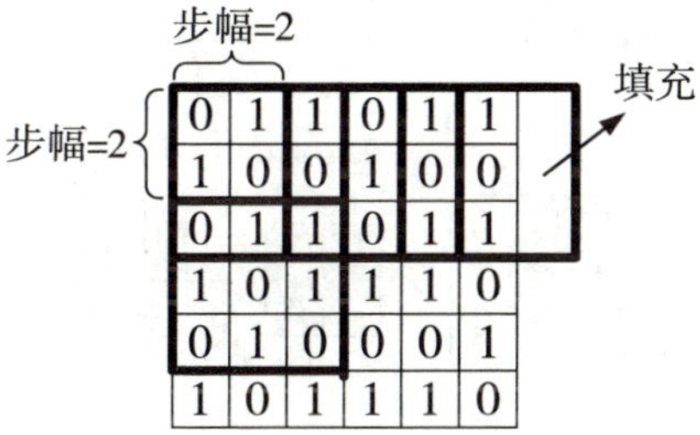

图 8 – 12　填充和步幅

2. 平移不变性

在图像识别中，同样的被检测物可能出现在图片中的不同位置，这些不同位置的感受野可以用不同的神经元去“观察”。但实际上这些神经元所做的事情是一样的，只是观察的区域不同。因而可据此对全连接层做进一步简化：不同神经元之间共享参数。如图 8 – 13 所示，两个观察不同感受野的神经元对应的每个权重 w_i 是一样的。

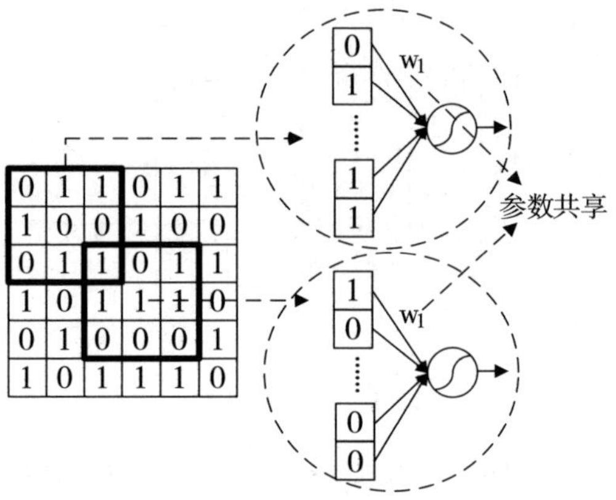

图 8-13　参数共享

本节要介绍的卷积层就是利用上面的思想将全连接层做简化,从而得到适用于图像处理的神经网络结构。

8.3.2　图像卷积

通过上一小节,我们了解了从全连接层到卷积的转换过程,接下来我们将介绍具体的图像卷积处理方式。

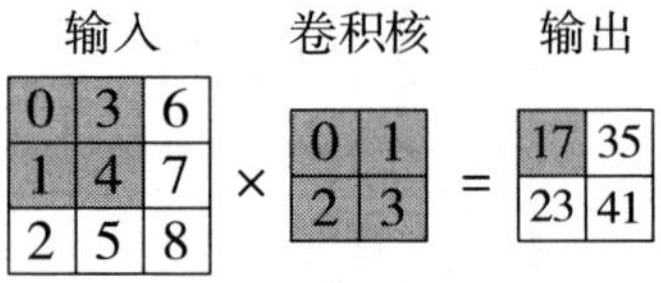

图 8-14　图像卷积

如图 8-14 所示,输入为 3×3 的张量,卷积核大小为 2×2,具体运算方式为:卷积核从输入图片左上角开始滑动,被卷积窗口包含的部分张量和卷积核张量按元素顺序相乘,得到的结果再求和得到一个输出值。假设滑动的步幅为 1,则最终输出为 2×2 的张量,具体计算过程如下所示:

$0\times0+3\times1+1\times2+4\times3=17$

$3\times0+6\times1+4\times2+7\times3=35$

$1\times0+4\times1+2\times2+5\times3=23$

$4\times0+7\times1+5\times2+8\times3=41$

当对图像边缘填充一圈 0 元素时，运算过程如图 8 - 15 所示：

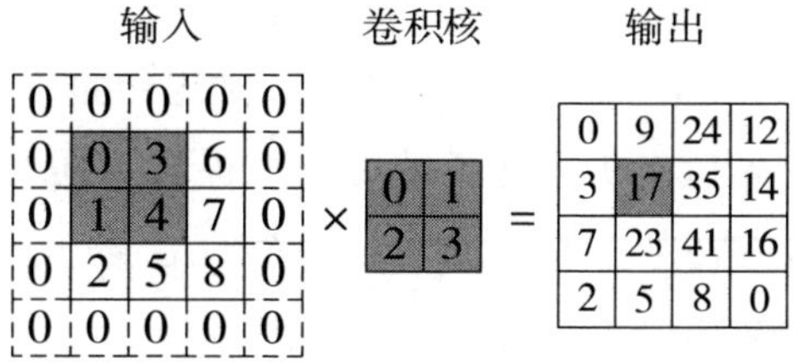

图 8 - 15　带填充的图像卷积

假设输入张量大小为$n_h \times n_w$，卷积核大小为$k_h \times k_w$，添加p_h行填充（顶部和底部各一半），p_w列填充（左侧和右侧各一半），垂直步幅为s_h，水平步幅为s_w，则输出张量大小为：

$$\lfloor (n_h - k_h + p_h + s_h)/s_h \rfloor \times \lfloor (n_w - k_w + p_w + s_w)/s_w \rfloor$$

8.3.3　多输入、多输出通道

前面我们讨论的是单个输入通道的简化例子，而在实际应用中，每个三原色（red、green、blue，RGB）输入图像具有 $3 \times h \times w$ 的形状，其中 3 为通道数，彩色图像包含 RGB 三个通道。因此本小节将介绍多输入和多输出通道的卷积核。

1. 多输入通道

假设输入有多个通道，则每个通道都需要有一个卷积核做卷积运算，输出的结果是所有输入通道卷积结果再求和。

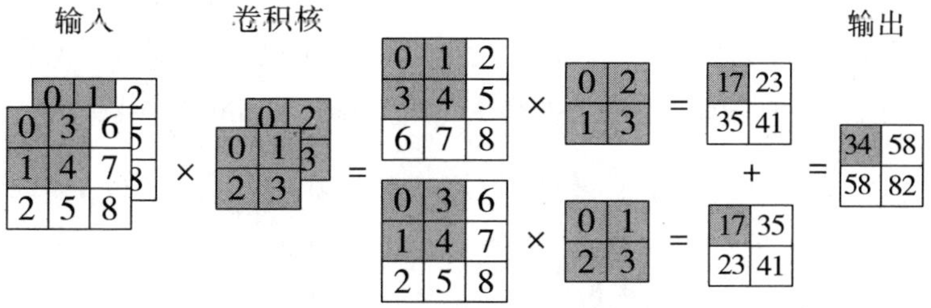

图 8 - 16　多输入通道

如图 8 - 16 所示，输入通道为 2，卷积核通道数也为 2，运算过程为：两个输入通道分别与卷积核两个通道做卷积，得到的结果再按元素相加。

由此我们可以得出：当输入通道数为c_i时，卷积核的形状为$c_i \times k_h \times k_w$。

2. 多输出通道

按照上面多输入通道的运算方式，不论输入通道数是多少，输出都是单通道。而在实际应用中，我们希望有更多通道的输出以提取不同的特征。因此，假设输入通道数为c_i，输出通道数为c_o，我们需要对每个输出通道创建一个形状为$c_i \times k_h \times k_w$的卷积核，则这种多输出通道的卷积核形状为$c_o \times c_i \times k_h \times k_w$，具体过程如图8－17所示。

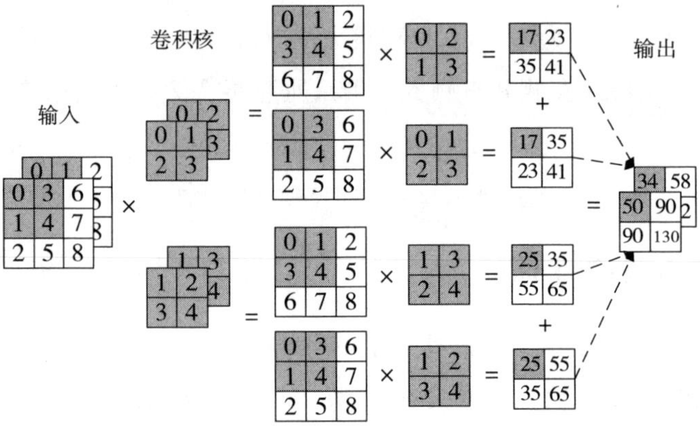

图8－17　多输出通道

8.3.4　池化层

池化层（pooling layer）实际上是一种降采样处理。池化的主要目的是降低信息冗余，提升模型尺度不变性、旋转不变性，同时防止过拟合，减少计算量。

池化层的种类有很多，常用的如最大池化（max pooling）和平均池化（average pooling）等。

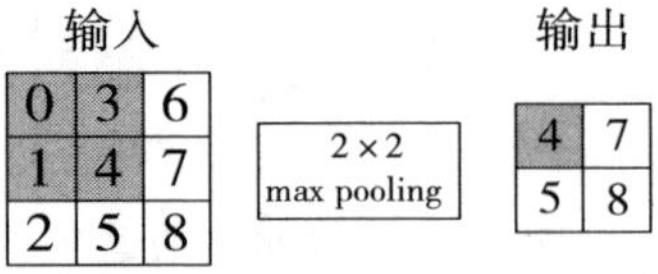

图8－18　最大池化

以最大池化为例，如图8－18所示，一个2×2的最大池化层，可以看作一个

2 ×2 的窗口从输入图片左上角开始滑动,输出的值为该窗口包含的像素值中的最大值。同理,平均池化则是取该区域的平均值。

在常见的模型中,通常是先在卷积层后加上一个池化层,然后卷积层、池化层交替使用。目前,随着计算力的提升,部分模型开始去掉池化层,以防止对细微特征的忽略。

8.3.5　卷积神经网络的实现

LeNet 是最早发布的卷积神经网络模型之一。LeNet 是 Yann LeCun 于 1989 年提出的,主要用于手写数字的识别,包含 LeNet1 ~ LeNet5。以 LeNet5 为例,通过编程实现该网络的搭建。

1. 建立网络模型

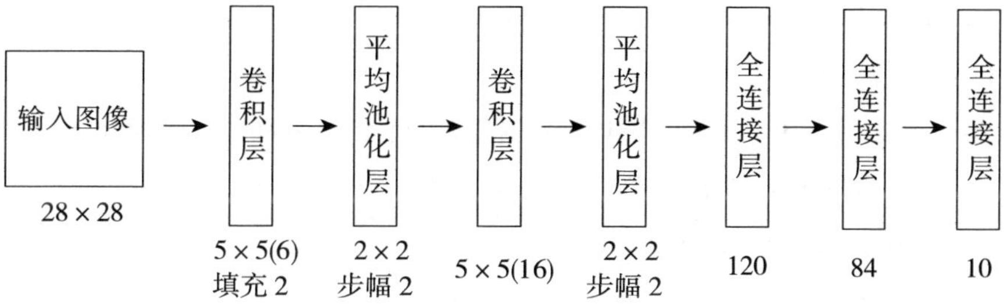

图 8 – 19　LeNet5 网络结构

LeNet5 的网络结构如图 8 – 19 所示,输入图像大小为 28 ×28,第一个卷积层大小为 5 ×5,输出通道数为 6,第二个卷积层大小也为 5 ×5,输出通道数为 16,两个卷积层后面都有一个大小为 2 ×2,步幅为 2 的平均池化层。输入图像通过第一个卷积层输出的特征图大小为 28 ×28,经过池化层输出特征图大小为 14 ×14,再经过一组卷积和池化层后,输出特征图大小为 5 ×5,最后通过 3 个全连接层,输出 10 维(对应 10 分类)。

继续通过 Sequential 类来搭建网络。

```
net = nn. Sequential(
    nn. Conv2d(1,6,kernel_size =5,padding =2),nn. Sigmoid(),
                                                        #卷积层(5 ×5)
    nn. AvgPool2d(kernel_size =2,stride =2),        #平均池化层(2 ×2)
     nn. Conv2d(6,16,kernel_size =5),nn. Sigmoid(),   #卷积层(5 ×5)
```

```
    nn. AvgPool2d( kernel_size = 2, stride = 2), nn. Flatten( ),
                                                         #平均池化层(2×2)
    nn. Linear(400,120), nn. Sigmoid( ),              #全连接层
nn. Linear(120,84), nn. Sigmoid( ),                   #全连接层
    nn. Linear(84,10)                                 #全连接层
)
```

本次采用 xavier 初始化算法对模型的权重进行初始化：

```
def init_weights( m):
    if type( m) = = nn. Linear or type( m) = = nn. Conv2d:
        nn. init. xavier_uniform_( m. weight)
net. apply( init_weights)
```

2. 读取数据集

本小节继续选用 FashionMNIST 数据集，通过定义 load_data_fashion_mnist 函数，方便后续读取该数据集，函数参数为批量大小。

```
def load_data_fashion_mnist( batch_size):
    trans = torchvision. transforms. ToTensor( )
        train_data = torchvision. datasets. FashionMNIST(
                root = "./dataset", train = True, transform = trans, download = True)
        test_data = torchvision. datasets. FashionMNIST(
                root = "./dataset", train = False, transform = trans, download = True)
    train_dataloader = DataLoader( train_data, batch_size = batch_size)
    test_dataloader = DataLoader( test_data, batch_size = batch_size)
return train_dataloader, test_dataloader
batch_size = 256
train_dataloader, test_dataloader = load_data_fashion_mnist( batch_size)
```

3. 定义损失函数和优化算法

使用交叉熵损失函数以及随机梯度下降优化算法：

```
loss_fn = nn. CrossEntropyLoss( )
learning_rate = 0.9
```

```
optimizer = torch.optim.SGD(net.parameters(), lr = learning_rate)
```

4. 训练模型

本次定义训练函数 train_data，参数分别为网络模型、训练数据迭代器、测试数据迭代器、训练轮数、损失函数、优化器。

```
def train_data(
      net, train_dataloader, test_dataloader, num_epochs, loss_fn, optimizer):
  #记录训练次数
  total_train_step = 0
  #记录测试次数
  total_test_step = 0
  writer = SummaryWriter("./logs_train")
  for i in range(num_epochs):
  print("-------第{}轮训练开始-------".format(i + 1))
  #训练步骤开始
  net.train()
  for imgs, targets in train_dataloader:
    outputs = net(imgs)
    loss = loss_fn(outputs, targets)
    optimizer.zero_grad()
    loss.backward()
    optimizer.step()
    total_train_step = total_train_step + 1
    if total_train_step % 100 == 0:
      print("训练次数:{},Loss:{}".format(
                                        total_train_step, loss.item()))
    writer.add_scalar("train_loss", loss.item(), total_train_step)
  #测试步骤开始
  net.eval()
  total_test_loss = 0
```

```
    total_accuracy = 0
    with torch. no_grad( ):
        for imgs, targets in test_dataloader:
            outputs = net(imgs)
            loss = loss_fn(outputs, targets)
            total_test_loss = total_test_loss + loss. item( )
            accuracy = (outputs. argmax(1) = = targets). sum( )
            total_accuracy = total_accuracy + accuracy
    print("测试集上的 Loss:{}". format(total_test_loss))
    print("测试集上的正确率:{}". format(
                                total_accuracy / len(test_dataloader. dataset)))
    writer. add_scalar("test_loss", total_test_loss, total_test_step)
    writer. add_scalar(
"test_accuracy", total_accuracy / len(test_dataloader. dataset), total_test_step)
    total_test_step = total_test_step + 1
writer. close( )
```

下面是在测试集上的 loss 和 accuracy 的结果显示:

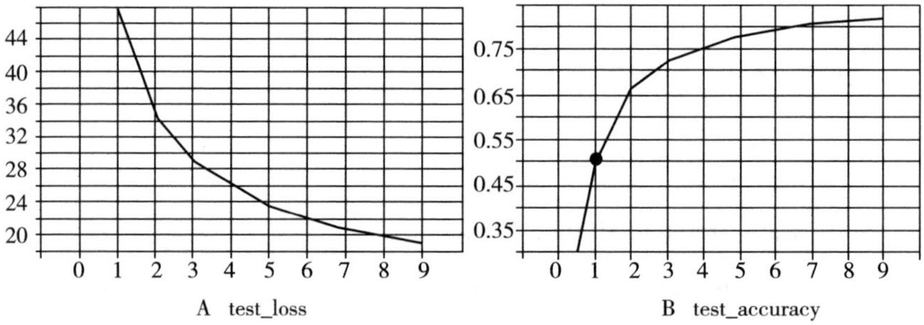

图 8-20 loss 和 accuracy 的结果显示

8.3.6 经典卷积神经网络的实现

AlexNet 网络模型代码:

```
import torch. nn as nn
```

```
import torch
class AlexNet(nn. Module):
    def __init__(self, num_classes = 1000, init_weights = False):
        super(AlexNet, self). __init__()
        self. features = nn. Sequential(
                    # input[3, 224, 224]    output[48, 55, 55]
            nn. Conv2d(3, 48, kernel_size = 11, stride = 4, padding = 2),
            nn. ReLU(inplace = True),
            nn. MaxPool2d(kernel_size = 3, stride = 2),    # output[48, 27, 27]
            nn. Conv2d(48, 128, kernel_size = 5, padding = 2),# output[128, 27, 27]
            nn. ReLU(inplace = True),
            nn. MaxPool2d(kernel_size = 3, stride = 2),    # output[128, 13, 13]
            nn. Conv2d(128, 192, kernel_size = 3, padding = 1),# output[192, 13, 13]
            nn. ReLU(inplace = True),
            nn. Conv2d(192, 192, kernel_size = 3, padding = 1),# output[192, 13, 13]
            nn. ReLU(inplace = True),
            nn. Conv2d(192, 128, kernel_size = 3, padding = 1),# output[128, 13, 13]
            nn. ReLU(inplace = True),
            nn. MaxPool2d(kernel_size = 3, stride = 2),    # output[128, 6, 6]
        )
        self. classifier = nn. Sequential(
            nn. Dropout(p = 0. 5),
            nn. Linear(128 * 6 * 6, 2048),
            nn. ReLU(inplace = True),
            nn. Dropout(p = 0. 5),
            nn. Linear(2048, 2048),
            nn. ReLU(inplace = True),
            nn. Linear(2048, num_classes),
        )
```

```
        if init_weights:
            self._initialize_weights()
    def forward(self, x):
        x = self.features(x)
        x = torch.flatten(x, start_dim=1)
        x = self.classifier(x)
        return x
    def _initialize_weights(self):
        for m in self.modules():
            if isinstance(m, nn.Conv2d):
                nn.init.kaiming_normal_(m.weight,mode='fan_out',
                                        nonlinearity='relu')
                if m.bias is not None:
                    nn.init.constant_(m.bias, 0)
            elif isinstance(m, nn.Linear):
                nn.init.normal_(m.weight, 0, 0.01)
                nn.init.constant_(m.bias, 0)
```

8.4 循环神经网络

在之前的小节中,我们输入的数据通常都是相互独立的,前后没有关联性。但现实中的很多数据是有时序结构的,例如股票的价格随时间变化,电影的评价随时间变化,大部分音乐、语言、文本和视频数据也都是连续的。对这类数据的理解,通常需要联系数据前后的关系进行分析。例如张三对父母说"我的手机坏了,我想买 256g 的苹果"。如果他的父母忽略语句的前后逻辑,可能会给张三买 256 克的苹果。但结合前面"手机坏了"这句话,我们知道张三实际是想要存储空间为 256GB 的苹果手机。这个例子可以体现出对于序列数据的理解而言,我们需要结合前后语句予以分析。

例如,一个智能的订票客服系统需要识别语句中特定词汇的语义,比如对客服系统输入“我将于 6 月 6 日到达北京”，则需要该系统能识别“6 月 6 日”为到达时间，“北京”为目的地等。如果用前几节提到的前向传播神经网络解决该问题，则输入为单个词语，如“北京”，理想的输出为该词语的分类结果——“目的地”。但是，简单的前向传播神经网络无法解决这个问题。例如输入另一句话“我将于 6 月 6 日离开北京”，同样将“北京”输入到之前训练好的神经网络中，则仍会得到“目的地”的分类结果。然而，根据上下文语意，“北京”前面的动词是“离开”，这句话中的“北京”应为“出发地”。因此，我们希望能有一种带有记忆功能的神经网络结构，可以“记住”北京前面的动词，进而分析出该词语真正的含义。

本小节将介绍一种带有记忆功能的神经网络结构——循环神经网络（Recurrent Neural Network，RNN）。

8.4.1　序列模型

对于序列数据，假设在时间 t 观察到的数据为x_t，则在 T 个时间点可以得到 T 个不独立的随机变量($x_1,\cdots,x_T$)。如果给定$x_1,\cdots,x_{t-1}$的数据，预测x_t出现的概率则可以用条件概率表示：

$$p(x_t|x_1,\cdots,x_{t-1})=p(x_t|f(x_1,\cdots,x_{t-1})) \tag{8-38}$$

该算法通过对前面已知的 t－1 个数据的建模计算x_t出现的概率。这种模型被称为自回归模型。在现实当中，往往不需要观察很长的一段序列，而是使用某个长度为 τ 的序列$x_{t-\tau},\cdots,x_{t-1}$来预测$x_t$，这是依据马尔可夫假设做近似估计。例如，股价预测通常不需要太久远的数据。预测x_t出现的概率可以近似为

$$p(x_t|x_1,\cdots,x_{t-1})=p(x_t|f(x_{t-\tau},\cdots,x_{t-1})) \tag{8-39}$$

8.4.2　文本预处理

对于文本词汇，我们通常不能直接输入到神经网络中，需要将其转换为向量形式输入，即将词汇数值化处理。具言之，先建立一个词汇与数值一一对应的字典，再将输入的词汇转换为数值向量输入到神经网络中。例如，假设文本中所有包含的词汇建立的词典如下：

{cat:0,dog:1,horse:2,lion:3,tiger:4}

则可利用上述转换关系将每个词汇转换成数值表示。在实际应用中，由于类

别之间是无序的，通常采用独热编码（One - Hot）的方式将词汇用一个向量表示，向量的维数是词典中词汇的个数，每个维度与词典中的词汇关联，则上述词典中的词汇可表示为：

$$cat = [1\ 0\ 0\ 0\ 0], dog = [0\ 1\ 0\ 0\ 0], horse = [0\ 0\ 1\ 0\ 0],$$
$$lion = [0\ 0\ 0\ 1\ 0], tiger = [0\ 0\ 0\ 0\ 1]$$

具体处理过程如下：

```
import re
import math
import collections
import random
import torch
from torch import nn
from torch.nn import functional as F
from torch.utils.tensorboard import SummaryWriter
```

1. 读取文本数据

首先，加载一篇文章或一部文学作品。去除其中的标点符号并统一将字符小写，按行读取并存入列表中，列表的每个元素表示一行文本。

```
def read_text(path):
    with open(path,"r") as f:
        data = f.readlines()
    #将非 a - z 的大小写字母变为空格
        return [re.sub('[^A-Za-z]+','', line).strip().lower() for line in data]
lines = read_text("Artificial intelligence.txt")
print("#文本行数:{}".format(len(lines)))
print(lines[0])
```

输出结果：

```
#文本行数:10
artificial intelligence is a branch of computer science
```

2. 建立词表

第一,将列表中每行的文本序列拆分为由一个个词元(token)组成的列表。词元通常有两种表示方式:一个单词为一个词元或一个字符为一个词元。第二,将词元列表存入到列表(tokens)中,其中的每个词元都是一个字符串。

```
#本次模型采用单个字符作为词元
tokens = [list(line) for line in lines]
print(tokens[0])
```

输出结果:

['a', 'r', 't', 'i', 'f', 'i', 'c', 'i', 'a', 'l', ' ', 'i', 'n', 't', 'e', 'l', 'l', 'i', 'g', 'e', 'n', 'c', 'e', ' ', 'i', 's', ' ', 'a', ' ', 'b', 'r', 'a', 'n', 'c', 'h', ' ', 'o', 'f', ' ', 'c', 'o', 'm', 'p', 'u', 't', 'e', 'r', ' ', 's', 'c', 'i', 'e', 'n', 'c', 'e']

```
#若采用单个单词作为词元
tokens = [line.split() for line in lines]
print(tokens[0])
```

输出结果:

['artificial', 'intelligence', 'is', 'a', 'branch', 'of', 'computer', 'science']

将所有词元合并到一个列表中,列表中的每个元素为单个词元,利用 collections 类的 Counter 方法,统计每个唯一词元在整个文本中出现的次数,输出为字典类型,按照词元出现的次数从大到小排序。

```
tokens = [token for line in tokens for token in line]
counts = collections.Counter(tokens)
token_freqs = sorted(counts.items(), key = lambda x:x[1],reverse = True)
```

构建一个词汇表,将每个唯一词元映射到数字索引中。可以设置最小出现次数,若词元出现次数过少,则不计入词表,以降低复杂度。

```
vocab = []              #词表,序号从0开始
token_to_idx = {}    #词元→数字索引的转换字典
min_freq = 0            #最小出现次数
for token, freq in token_freqs:
```

```
    if freq < min_freq:
        break
    if token not in token_to_idx:
        vocab.append(token)
        token_to_idx[token] = len(vocab) - 1
#打印序号为 3 的词元和索引
print(vocab[3],token_to_idx[vocab[3]])
```

8.4.3 循环神经网络原理

传统的多层感知机模型可由多个隐藏层组成,每个隐藏层有多个神经元。对于序列数据,我们希望网络模型能够记住前面输入的数据,即前面序列数据经过处理,作为输入信息传递到后面序列,从而使神经网络具有记忆功能。本小节将要介绍的循环神经网络就具备这样的性质。以本节开头提到的智能订票客服系统为例,通过循环神经网络,当输入“北京”到网络模型中时,若“北京”前面的动词不同,则可能输出不同分类结果,处理流程如图 8-21 所示:

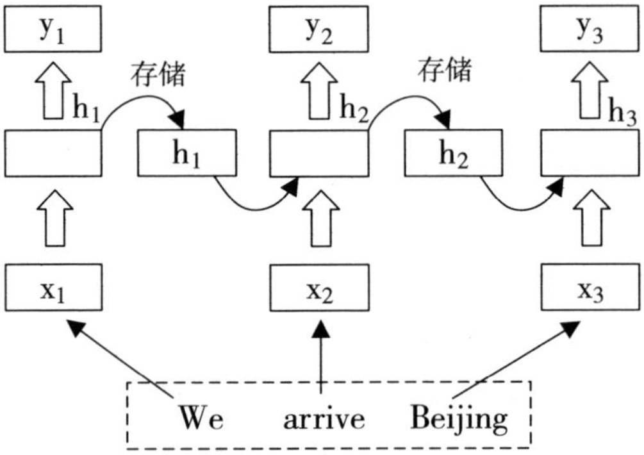

图 8-21 循环神经网络模型

假设每个词元为一个单词,x_1、x_2、x_3分别对应输入序列的三个单词,输出y_1、y_2、y_3为每个输入单词所属的类别概率。x_1经过处理得到的h_1可输入到后面的序列模型中,则y_2的输出结果同时受到前面序列和当前输入x_2的影响。通过该种方式,对“Beijing”单词的分类结果会受到前面单词的影响,当其前面为动词“arrive”时,可判断“Beijing”为目的地,当其前面为动词“leave”时,可判断“Beijing”为出发地,从而解决“同一输入,不同输出”的问题。

对于输入的文本序列,我们有时希望通过网络模型预测后续的文本内容,如图 8－22 所示,通过该例子,我们可建立循环神经网络的数学模型。

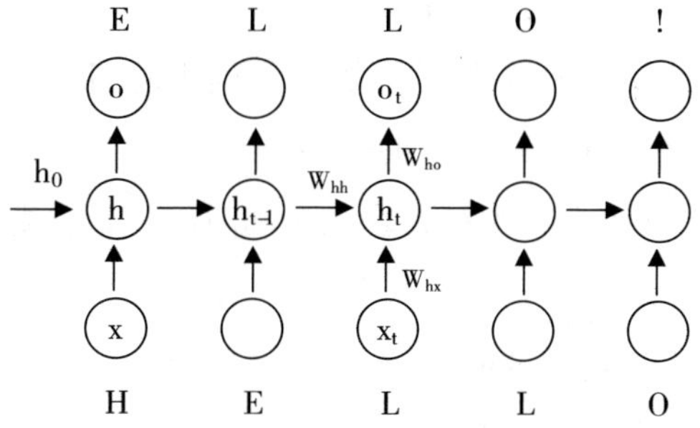

图 8－22　循环神经网络模型(字符级)

假设每个词元为一个字符,使用图 8－22 的字符级循环神经网络语言模型,输入x_t为某文本中的字符,表示输入序列的时间步 t 处的一个样本,输出o_t为预测的后续单词,h_t为隐变量。与 8.2 节介绍的多层感知机模型不同,循环神经网络模型通过隐变量h_t可以保存前一个时间步的隐变量h_{t-1}的信息。h_t的公式为

$$h_t = \varphi(W_{hh}h_{t-1} + W_{hx}x_t + b_h) \quad (8-40)$$

其中,W_{hh}为新加入的权重,描述当前时间步与隐变量h_{t-1}的关联信息;W_{hx}与多层感知机中隐藏层的权重表述一致,b_h为标量偏差,$\varphi(x)$为激活函数。从式(8－40)可以看出,当去掉$W_{hh}h_{t-1}$项时,该模型将退化为多层感知机模型,因此时序信息存在$W_{hh}h_{t-1}$,进而使时间步 t－1 的输入x_{t-1}能影响时间步 t 的输出。输出o_t为

$$o_t = W_{ho}h_t + b_o \quad (8-41)$$

8.4.4　循环神经网络的实现

本小节继续使用 8.4.2 小节中读取的文本数据,利用 PyTorch 框架实现循环神经网络。

1. 读入批量序列数据

利用 8.4.2 小节建立的 token_to_idx 字典,将 tokens 中的每个词元转换为数值,便于后续输入到神经网络中。

```
    corpus = [token_to_idx[token] for token in tokens]
print(corpus[:10])
```

输出结果：

[5, 10, 4, 2, 17, 2, 7, 2, 5, 6]

训练过程中，每个输入样本都是原始长序列中随机采样的长度为 T 的子序列。每次输入批量大小为 batch_size 的子序列集。可以通过设置随机偏移量，先舍去前 offset 个数据，将剩余数据按批量大小和时间步长度划分子序列，再依次输出。

```
def seq_data_iter(corpus, batch_size, num_steps):
    #从随机偏移量开始划分序列
    offset = random.randint(0, num_steps)
    num_tokens = ((len(corpus) - offset - 1) // batch_size) * batch_size
    Xs = torch.tensor(corpus[offset:offset + num_tokens])
Ys = torch.tensor(corpus[offset + 1:offset + 1 + num_tokens])
#将 Xs、Ys reshape 为 batch_size 行数据
    Xs, Ys = Xs.reshape(batch_size, -1), Ys.reshape(batch_size, -1)
        num_batches = Xs.shape[1] // num_steps
#根据时间步数 num_steps 划分子序列
    for i in range(0, num_steps * num_batches, num_steps):
        X = Xs[:, i:i + num_steps]
        Y = Ys[:, i:i + num_steps]
        yield X, Y
#定义序列数据批量加载类
class SeqDataLoader:
    def __init__(self, corpus, batch_size, num_steps):
        self.data_iter_fn = seq_data_iter
        self.corpus = corpus
        self.batch_size, self.num_steps = batch_size, num_steps
    def __iter__(self):
```

```
        return self.data_iter_fn(self.corpus, self.batch_size, self.num_steps)
#设置批量大小和时间步数(子序列长度)
batch_size, num_steps = 3, 10
#定义文本数据加载器
data_iter = SeqDataLoader(corpus,batch_size,num_steps)
```

2. 定义网络结构

网络结构由一个循环神经网络层和一个线性层构成，由于初始时刻没有上一时刻的隐变量数据，需要对隐藏状态进行初始化，本次设置的隐变量初始值均为 0。

```
#隐藏层神经元个数
num_hiddens = 128
#定义循环神经网络层,输入参数为词汇表中的词元个数及隐藏层大小
rnn_layer = nn.RNN(len(vocab), num_hiddens)
#定义整个神经网络结构
class RNNModel(nn.Module):
    def __init__(self, rnn_layer, vocab_size, **kwargs):
        super(RNNModel,self).__init__(**kwargs)
        self.rnn = rnn_layer
        self.vocab_size = vocab_size
        self.num_hiddens = self.rnn.hidden_size
        self.linear = nn.Linear(self.num_hiddens, self.vocab_size)
    def forward(self,inputs,state):
        # inputs.T 形状:( num_steps , batch_size)
        #通过独热编码得到 X 形状:(num_steps,batch_size, vocab_size)
        X = F.one_hot(inputs.T.long(), self.vocab_size)
        X = X.to(torch.float32)
        #Y 形状:(num_steps, batch_size, num_hiddens)
        Y, state = self.rnn(X, state)
        output = self.linear(Y.reshape((-1, Y.shape[-1])))
```

```
        return output, state
    #定义隐状态初始化函数
    def begin_state(self, batch_size = 1):
        return torch.zeros((self.rnn.num_layers,
                            batch_size, self.num_hiddens))
net = RNNModel(rnn_layer, vocab_size = len(vocab))
```

3. 定义损失函数,优化函数

假设输入文本的词汇表中的词元个数为 m,则语言模型可看作 m 类的分类模型。训练过程中可用交叉熵来衡量语言模型的优劣,如果序列有 n 个词元,则采用平均交叉熵,具体公式如下:

$$\pi = \frac{1}{n}\sum_{1}^{n} - logP(x_t \mid x_{t-1}, \cdots) \tag{8-42}$$

优化方法选择随机梯度下降算法,代码如下:

```
loss = nn.CrossEntropyLoss()
learning_rate = 0.1
optimizer = torch.optim.SGD(net.parameters(), lr = learning_rate)
```

4. 训练模型

模型训练过程与前几节训练流程类似。在语言模型序训练中,通常使用困惑度(Perplexity)衡量模型的好坏。困惑度用交叉熵损失的平均值的指数表示,公式如下:

$$p = exp\left(-\frac{1}{n}\sum_{1}^{n} logP(x_t \mid x_{t-1}, \cdots)\right) \tag{8-43}$$

训练过程代码如下:

```
num_epochs = 100
writer = SummaryWriter("./logs_train")
for epoch in range(num_epochs):
    state = net.begin_state(batch_size = batch_size)
    total_loss = 0        #记录一轮训练总损失
    total_token = 0
    for X, Y in data_iter:
```

```
            state.detach_()
            y = Y.T.reshape(-1)
            y_hat, state = net(X, state)
            l = loss(y_hat, y.long()).mean()
            optimizer.zero_grad()
            l.backward()
            optimizer.step()
            total_loss = total_loss + l * y.numel()
            total_token = total_token + y.numel()
        #困惑度
        perplexity = math.exp(total_loss / total_token)
        if (epoch + 1) % 10 == 0:
            print("第{}轮训练后,困惑度:{}".format(epoch,perplexity))
            writer.add_scalar("perplexity", perplexity, epoch + 1)
    print("训练结束,困惑度为:{}".format(perplexity))
```

训练100轮后输出为:

训练结束,困惑度为:1.146924443189801。

5. 预测过程

模型训练完成后,通过输入一段文本,生成后续的文本内容。定义预测函数,参数分别为输入文本序列、生成字符个数、训练好的网络模型、词元和对应数值的转换字典、词汇表。

```
def predict(inputs, num_preds, net, token_to_idx,vocab):
    """在 prefix 后面生成新字符"""
    state = net.begin_state(batch_size = 1)   #生成初始隐状态
    outputs = [token_to_idx[inputs[0]]]
    for y in inputs[1:]:   #预热期
        input_char = torch.tensor([outputs[-1]]).reshape((1, 1))
        _, state = net(input_char, state)   #不关心输出,只更新隐状态
        outputs.append(token_to_idx[y])
```

```
    for _ in range(num_preds):   #预测 num_preds 步
        input_char = torch.tensor([outputs[-1]]).reshape((1, 1))
        y, state = net(input_char, state)
        outputs.append(int(y.argmax(dim=1).reshape(1)))
    return''.join([vocab[i] for i in outputs])
print(predict('artificial',50,net,token_to_idx,vocab))
```

输出结果：

artificial intelligence can simulate the informalssneccesisn

困惑度曲线如图 8－23 所示：

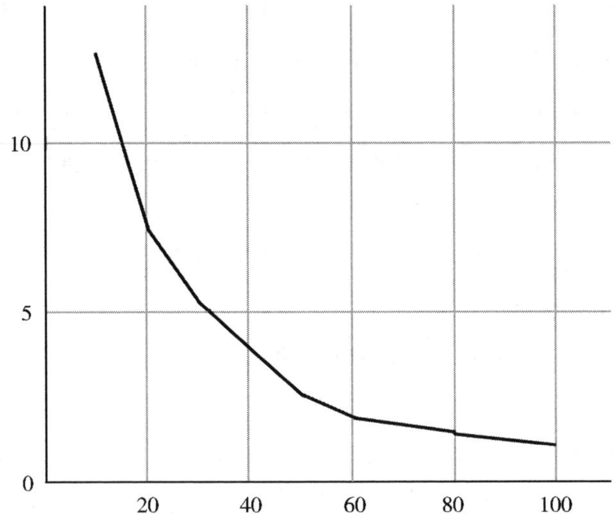

图 8－23　困惑度曲线

8.5　本章小结

在本章中，我们学习了深度学习中的一些重要概念和技术，包括循环神经网络语言模型、卷积神经网络和多通道卷积。这些技术可以应用于许多不同的领域，包括自然语言处理、图像处理和语音识别等。此外，我们还学习了如何读取和处理文本数据，以便使用这些数据来训练我们的深度学习模型。

习　题

1. 简述梯度下降算法的用途及具体步骤。

2. 简述反向传播算法的用途及具体步骤。

3. 简述多层感知机算法的训练流程。

4. 解释什么是图像的卷积操作。

5. 简述卷积神经网络中池化层的作用及实现方式。

6. 解释什么是激活函数,在网络中有什么作用?

7. 仿照8.3.5小节LeNet的代码,如何更改其中参数,提高分类的准确率?

8. 简述循环神经网络与多层感知机网络的区别。

9. 解释为何卷积神经网络在处理图像问题上具有较好的效果。

10. 简述机器学习、深度学习和神经网络之间的关系。

第 9 章

人工智能在监狱中的应用

近年来,人工智能技术发展非常迅速,并且已经应用于多个领域。例如在金融、交通、安防、医疗、物流、零售等领域,都能看到人工智能的“身影”。随着大数据、人工智能等技术的不断发展,新时代“数字法治 · 智慧司法”建设工作也在有序进行,司法部也明确了“智慧监狱”建设的总体目标,人工智能逐步应用于智能监狱的建设。

第 8 章主要介绍了人工智能中最常用的技术——深度学习技术。本章将介绍人工智能技术在监狱中的应用情况及技术细节。

9.1 目标检测

目标检测算法能够检测出图片里包含的目标物体,并将其框选出来。如图 9-1 所示,目标检测算法不仅能标注出物体在图片中的位置,还能检测出物体所属的类别。目前主流的目标检测算法是以矩阵框的形式进行输出的,并通过标签标注出框选物体的类别。

图 9-1 目标检测算法效果

监狱的很多场景都需要用到目标检测的技术。例如,监控视频分析,监狱点名、监狱重要物品检测等场景,需要检测出人脸、人体或某些物品的具体位置。本小节将介绍目标检测算法常用的数据集及检测网络模型。

9.1.1 数据集

1. 开源数据集

目标检测算法常见的开源数据集包括 VOC2012 数据集和 COCO 数据集。

VOC2012 数据集包含 20 个类别,主要包括交通工具、家庭物品、动物及人类等。VOC2012 数据集共有近 12,000 张图片,分为训练集和验证集,每张图片都有对应的标注信息,存储在 XML 文件中。XML 文件中包含矩阵框的左上角坐标和右下角坐标,若图片中有多个被检测物体,则 XML 文件中有相应数量的矩阵框。

COCO 数据集是一个非常大型且常用的数据集,包含目标检测、分析、图像描述、人体关键点检测等任务。其中被标注的图片超过 20 万张,包含 80 个目标类别,每张图像有 5 段情景描述。

2. 自建数据集

在实际应用中,有时开源数据集无法满足我们的需求。例如在监狱中,一些特殊物品在常见的开源数据集中并未出现,因此需要自建数据集,用于网络模型的训练。

自建目标检测数据集,需要将收集的图片进行标注,即用矩形框框选出目标物体。目前网上有较多的开源标注工具,可通过这类工具人工框选图片中的被检测物,并生成对应的标注信息文件。

9.1.2 目标检测网络模型

常见的目标检测网络模型包括 SSD、R－CNN 系列、YOLO 系列等,以下将重点介绍 R－CNN 系列及 YOLO 系列模型。

1. R－CNN 系列

(1)R－CNN

R－CNN(Region with CNN feature)是利用深度学习进行目标检测的开山之

作,由 Ross Girshick 于 2014 年提出。R – CNN 算法主要分为以下几步:

①在输入图像上,通过选择性搜索(Selective Search)算法生成 1000 到 2000 个候选框。

②选择合适的训练好的深度神经网络模型,对前一步选出的每个候选区域提取特征,从而得到特征向量。主要选用图片分类网络,如 AlexNet、VGG 网络等。

③将提取的特征向量送入 SVM 分类器进行分类。通过非极大值抑制算法,剔除重叠的候选框。

④使用训练好的回归器修正候选框位置。

R – CNN 算法将深度学习用于目标检测,提升了目标检测的准确率。然而 R – CNN 算法也存在较多缺点,例如检测速度慢,模型复杂导致训练速度慢等。

(2)Fast R – CNN

Fast R – CNN 是 Ross Girshick 继 R – CNN 后的又一力作,使用 VGG16 神经网络提取特征。相比于 R – CNN,Fast R – CNN 的训练速度和预测速度均有大幅提升,在 VOC 数据集上的测试准确率也有一定提升。Fast R – CNN 算法流程如下:

①在输入图像上,通过选择性搜索算法生成 1000 到 2000 个候选框。

②选择合适的训练好的深度神经网络模型,将整幅图像输入到神经网络中,得到相应的特征图。根据特征图和原图的投影关系,将上一步得到的候选框按比例投影到特征图中,得到候选区域的特征矩阵。通过该种方式,重叠的候选区域特征不需要重复计算,减少了 R – CNN 算法中提取图像特征的冗余过程。

③将第二步得到的特征矩阵通过 ROI pooling 层缩放到同一尺寸。ROI pooling 层先将特征矩阵等分为 $n \times n$ 份,对每个小区域执行最大池化下采样,得到最终的 $n \times n$ 特征矩阵,再进行展平处理,通过全连接层处理得到 ROI 特征向量,最后并联两个全连接层,分别输出目标所属的类别及边界框的回归参数。

(3)Faster R – CNN

Faster R – CNN 仍是由 Ross Girshick 提出的,同样使用 VGG16 神经网络提取特征,推理速度和准确率有进一步提升,并在 2015 年的 ILSVRC 以及 COCO 竞赛中获得多个项目的冠军。Fastr R – CNN 的核心优势是加入了 RPN(Region Proposal Network) 网络生成候选框(代替 Fast R – CNN 的 Selective Search 算法)。具体算法流程如下:

①将整幅图像输入到训练好的深度神经网络模型中,得到特征图。

②通过 RPN 网络生成候选框,根据特征图和原图的投影关系,将得到的候选框按比例投影到特征图中,得到候选区域的特征矩阵。

③通过 ROI pooling 层先将得到的特征矩阵缩放为 7 ×7 大小的特征图,再进行展平处理,通过全连接层处理得到 ROI 特征向量,最后并联两个全连接层,分别输出目标所属的类别及边界框的回归参数。

通过上述步骤可以看出,可以将 Faster R – CNN 看作 RPN 结构加上 Fast R – CNN 结构。RPN 网络的输入是上述第一步得到的特征图,设置特定大小的滑动窗口在特征图上滑动,对于每次滑动的中心点,计算该点在原始输入图像中的位置,并生成 k 个锚框。在特征图上,通过滑动窗口得到每次滑动区域的特征向量。分别连接两个全连接层,得到每个锚框的检测目标概率和锚框的回归参数。

2. YOLO 系列

YOLO 系列是 one – stage 的目标检测算法,与 Faster R – CNN 相比,YOLO 网络设有专门的 RPN 网络来生成候选框,将整个目标检测问题统一为单个回归问题。

以下以 YOLO – V3 为例,对该类型网络结构做简单介绍。

(1)主干网络

YOLO – V3 的主干网络(backbone)采用 Darknet – 53 网络来提取图片的特征信息,并将其转换为特征图。整个网络通过堆叠一系列的残差网络结构组成,且网络中没有池化层,所有的下采样操作是通过卷积层实现。以输入为 416 × 416 大小的图片为例,简化的 Darknet – 53 网络结构如图 9 – 2 所示。

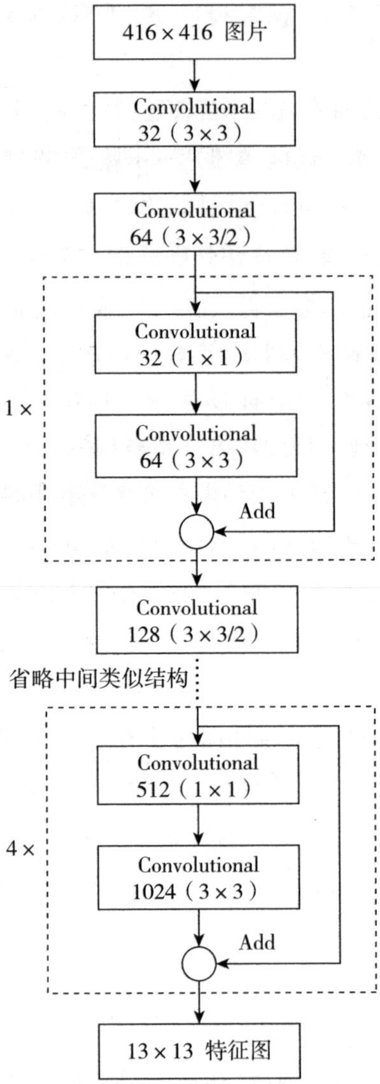

图 9-2 Darknet-53 网络结构

其中的 Convolutional 层的结构为卷积层加 BN 层加 LeakyReLU 层。

(2)模型结构

YOLO-V3 通过 3 个预测特征层预测边界框,每个预测特征层使用三种尺度的预测框。每个预测特征层输出的特征矩阵为 $N \times N \times [3 \times (4+1+80)]$,其中 N 为特征层的大小,如 13×13、26×26、52×52 的特征层,每个尺度预测 4 个边界框的偏移参数、1 个 objectness prediction（预测目标与真实目标的交并比），80 个类别预测概率。

9.2　罪犯风险评估

罪犯危险性评估系统是预防再犯罪的重要工具。通过收集罪犯的各类信息，对罪犯再犯罪风险进行预测和评估。随着大数据和人工智能技术的发展，罪犯危险性评估系统已逐步应用于减刑假释和社区矫正等方面。通过罪犯风险评估系统能够预测罪犯再犯罪的可能性，进而优化监狱管理工作及罪犯改造工作。通过罪犯风险评估系统的理性分析，也能减少人为主观因素，为罪犯风险评估提供参考，进而提高社会公平性。本节通过深度学习算法建立罪犯风险评估模型，建立罪犯数据集对模型进行训练，从而预测罪犯再犯罪的风险。

9.2.1　构建数据集

为了训练模型，我们需要构建训练数据和测试数据。而构建训练数据和测试数据首先需要确定影响罪犯再犯罪的因素，并以此作为特征输入到网络模型中。模拟特征如表 9－1 所示：

表 9－1　特征名称和所属类别

变量名称	数据类型	取值范围（类别数）	实际含义
心理测评乐观程度	Int	1～5	心理测试结果
初次犯罪年龄	Int	14～70	首次有记录的犯罪年龄
入狱前文化程度	Object	4	本次犯罪被捕前的文化程度
犯罪类型	Object	3	本次犯罪方式
团伙犯罪	Bool	1 or 0	本次犯罪是否团伙犯罪
犯罪数	Bool	1 or 0	本次犯罪是否数罪并罚
刑期	Int	0～22	本次犯罪刑期
犯罪时成年否	Bool	1 or 0	本次犯罪时是否成年
婚姻情况	Bool	1 or 0	本次犯罪前是否结婚
多次犯罪	Bool	1 or 0	前科状况

因罪犯数据的保密性,本次数据集为模拟的自建数据集,包含罪犯的基本信息、文化程度、犯罪信息等 10 个特征项,为简化模型,部分特征类别数与真实情况存在差异。本次模型将罪犯的犯罪风险分为 5 个等级,分别为“无危险”“低度危险”“中度危险”“高度危险”“极度危险”。因此数据集最后一项为风险等级项,包含 5 个等级。训练数据集和测试数据集均以 csv 格式存储。

9.2.2 代码实现

1. 数据读取与预处理

通过 pandas 库的 read_csv 方法读取数据,其中特征数据包含“数值型”和“类别型”,对于“数值型”数据,可以直接输入到网络中,对于“类别型”数据,可采用独立编码的方法处理。

```
import pandas as pd
import torch
from torch import nn
from torch. utils import data
from torch. utils. tensorboard import SummaryWriter
#读取 csv 文件
train_data = pd. read_csv( " data_train. csv" )
test_data = pd. read_csv( " data_test. csv" )
#提取训练和测试数据的全部特征,通过 get_dummies 进行独热编码
all_features = pd. concat( (train_data. iloc[ :, : -1], test_data. iloc[ :, : -1]))
all_features = pd. get_dummies( all_features)
train_nums = train_data. shape[0]
#将数据特征和标签转换为 tensor 类型
train_features = torch. tensor(
        all_features[ :train_nums]. astype( float). values,dtype = torch. float32)
train_labels = torch. tensor( train_data. iloc[ :,  -1]. values)#提取最后一列
test_features = torch. tensor(
        all_features[ train_nums:]. astype( float). values,dtype = torch. float32)
```

```
test_labels = torch. tensor(test_data. iloc[ :, -1]. values)#提取最后一列
#定义数据迭代器,批量导入数据
def load_array(data_arrays, batch_size, is_train = True):
    """构造一个 PyTorch 数据迭代器"""
    dataset = data. TensorDataset( * data_arrays)
    return data. DataLoader(dataset, batch_size, shuffle = is_train)
batch_size = 64
train_data_iter = load_array((train_features, train_labels), batch_size)
test_data_iter = load_array((test_features, test_labels), batch_size)
```

2. 建立网络模型

本次使用最简单的多层感知机模型预测犯罪风险,共设置 4 个全连接层,在每个全连接层后加入 BN 层,对每层的输出数据做归一化处理,以加快网络收敛,提高网络泛化能力。

```
#输入特征数
features_num = train_features. shape[1]
#输出类别数
classes = ('无危险', '低度危险', '中度危险', '高度危险','极度危险')
out_num = len(classes)
net = nn. Sequential(
            nn. Linear(features_num,256),nn. BatchNorm1d(256),nn. ReLU(),
        nn. Linear(256,128),nn. BatchNorm1d(128),nn. ReLU(),
        nn. Linear(128,64),nn. BatchNorm1d(64),nn. ReLU(),
        nn. Linear(64,out_num))
```

3. 定义损失函数与优化函数

对于分类问题,采用交叉熵损失函数来评估模型,优化算法采用随机梯度下降算法。

```
#定义损失函数:交叉熵损失
loss_fn = nn. CrossEntropyLoss()
#学习率
```

```
learning_rate = 0.01
#定义优化方法
optimizer = torch.optim.SGD(net.parameters(), lr = learning_rate)
```

4. 训练模型

```
def train_data(
        net,train_dataloader,test_dataloader,num_epochs,loss_fn,optimizer):
  #记录训练次数
  total_train_step = 0
  #记录测试次数
  total_test_step = 0
  writer = SummaryWriter("./logs_train")
  for i in range(num_epochs):
    print("-------第{}轮训练开始-------".format(i + 1))
    #训练步骤开始
    net.train()
        #每次从 train_dataloader 里随机抽取 batch_size 个样本
    for features, targets in train_dataloader:
      outputs = net(features)# outputs 估计值
      loss = loss_fn(outputs, targets)
      optimizer.zero_grad()
      loss.backward()   #反向传播,计算出 loss 相对每个权重的偏导
      optimizer.step()   #更新权重
      total_train_step = total_train_step + 1
      if total_train_step % 100 == 0:
        print("训练次数:{},Loss:{}".format(
                                    total_train_step, loss.item()))
        writer.add_scalar("train_loss", loss.item(), total_train_step)
    #测试步骤开始
    net.eval()
```

```
        total_test_loss = 0
        total_accuracy = 0
        with torch.no_grad():
                #从测试数据集里每次抽取 batch_size 个样本
            for features, targets in test_dataloader:
                outputs = net(features)
                loss = loss_fn(outputs, targets)
                total_test_loss = total_test_loss + loss.item()
                accuracy = (outputs.argmax(1) == targets).sum()
                total_accuracy = total_accuracy + accuracy
        print("整体测试集上的 Loss:{}".format(total_test_loss))
        print("整体测试集上的正确率:{}".format(
                            total_accuracy / len(test_dataloader.dataset)))
        writer.add_scalar("test_loss", total_test_loss, total_test_step)
        writer.add_scalar("test_accuracy",
                    total_accuracy / len(test_dataloader.dataset), total_test_step)
        total_test_step = total_test_step + 1
    writer.close()
num_epochs = 100
train_data(net,train_data_iter,test_data_iter,num_epochs,loss_fn,optimizer)
```

5. 保存网络模型

通过 PyTorch 中的 save 函数保存模型中的参数。

```
torch.save(net.state_dict(),"mlp.pth")
```

6. 预测过程

输入一个罪犯的特征数据，通过训练好的网络模型预测该罪犯的风险程度。

```
import pandas as pd
import numpy as np
import torch
from torch import nn
```

```
from torch.utils import data
#读取 csv 文件
data = pd.read_csv("data.csv")
features = pd.get_dummies(data)
features = torch.tensor(features.astype(float).values, dtype = torch.float32)
#输入特征数
features_num = features.shape[1]
#输出类别数
classes = ('无危险', '低度危险', '中度危险', '高度危险','极度危险')
out_num = len(classes)
net = nn.Sequential(
        nn.Linear(features_num,256),nn.BatchNorm1d(256),nn.ReLU(),
            nn.Linear(256,128),nn.BatchNorm1d(128),nn.ReLU(),
            nn.Linear(128,64),nn.BatchNorm1d(64),nn.ReLU(),
            nn.Linear(64,out_num))
#导入训练好的模型参数
net.load_state_dict(torch.load("mlp.pth"))
net.eval()
with torch.no_grad():
  output = net(features)
predict = torch.max(output, dim =1)[1].numpy()
print(classes[int(predict)])
```

9.3 罪犯人脸识别

人脸识别技术目前已在许多场合得到应用,例如手机刷脸付款、刷脸入住酒店等。在监狱中,人脸识别技术也得到了广泛的应用。例如,监狱门禁系统采用人脸识别技术进行身份验证,通过该技术还可进行人脸识别考勤、点名等。同时,在罪犯追踪过程中,也可利用人脸识别技术辅助抓捕罪犯。本节我们将重点介绍人脸识别技术的原理及编程实现。

9.3.1　人脸识别技术原理

人脸识别技术主要分为两个过程:人脸检测与人脸识别。对于一张输入图片,首先需要利用目标检测算法框选出图片中的人脸,然后再利用人脸识别算法对边界框中的人脸进行身份识别。

常见的目标检测算法已在9.1节中介绍了,在人脸检测中也有一些特定的算法,例如Retinface算法,该算法是基于one-stage的人脸检测网络。人脸识别算法也有许多经典的开源算法,例如Facenet网络是基于卷积神经网络的模型,其识别过程如下:

(1)将检测出的人脸图像输入到网络中;

(2)利用深度卷积神经网络提取人脸特征信息;

(3)将特征信息表征为特定长度的特征向量,即对人脸进行编码;

(4)将所有人脸的特征向量编码以特定格式存储;

(5)后续检测到人脸,通过同样的网络得到该人脸的特征向量,与已获取的人脸编码进行比对,从而进行身份验证。

9.3.2　代码实现

本小节将基于PyTorch框架进行人脸识别算法实现,为方便编程,人脸检测算法直接使用opencv中的检测算法,人脸识别的方式采用简单的多分类算法,具体实现如下:

1. 人脸抓取

对于人脸数据,本次将摄像头得到的图片进行人脸检测,并将检测结果保存生成数据集,用于后续网络模型训练。

Config文件:

```
#训练数据集
DATA_TRAIN = "data/train"
#验证数据集
DATA_TEST = "data/test"
```

```
#模型保存地址
DATA_MODEL = "data/model"
#默认模型名称
DEFAULT_MODEL = "MyNet.pth"
#opencv 检测器地址
CLASSIFIER = "xxxx/haarcascade_frontalface_alt2.xml"
#输出类别
CATEGORY = xxx
import cv2
import os
import time
import config
#输入图像、类别名、图像序号
def save_face(image, tag, num):
  # DATA_TRAIN 为抓取的人脸存放目录
    os.makedirs(os.path.join(config.DATA_TRAIN, str(tag)), exist_ok =
True)
    img_name = os.path.join(
config.DATA_TRAIN, str(tag), '{}_{}.jpg'.format(int(time.time()),
num))
  #将图像保存到指定位置,文件名为类别名 tag
  cv2.imwrite(img_name, image)
def detect_face(frame, tag):
  #使用 opencv 提供的人脸检测器
  classfier = cv2.CascadeClassifier(config.CLASSIFIER)
  #边界框颜色设置
  color = (0, 255, 0)
  #将当前帧转换成灰度图像,减少运算量
  grey = cv2.cvtColor(frame, cv2.COLOR_BGR2GRAY)
```

```
    face_rects = classfier.detectMultiScale(
                grey, scaleFactor = 1.2, minNeighbors = 3, minSize = (32, 32))
    num = 1
    if len(face_rects) > 0:# len(face_rects)大于 0 表明检测到人脸
        #框出图片中检测到的每个人脸并保存
        for face_rects in face_rects:
            x, y, w, h = face_rects
            image = frame[y - 10:y + h + 10, x - 10:x + w + 10]
            #保存人脸图像
            save_face(image, tag, num)
            cv2.rectangle(
                    frame, (x - 10, y - 10), (x + w + 10, y + h + 10), color, 2)
            num += 1
def capture_video(tag, window_name = 'detect face', camera_idx = 0):
    cv2.namedWindow(window_name)
    #可通过摄像头获取实时视频或输入已有视频
    cap = cv2.VideoCapture(camera_idx)
    while cap.isOpened():
        #读取一帧数据
        get_ok, frame = cap.read()
        if not get_ok:
            break
        detect_face(frame, tag)
        #输入'q'退出程序
        cv2.imshow(window_name, frame)
        c = cv2.waitKey(1)
        if c & 0xFF == ord('q'):
            break
    #释放摄像头并销毁所有窗口
```

```
    cap.release()
    cv2.destroyAllWindows()
#调用函数,获取人脸图像
capture_video("xxx", camera_idx=0)
```

2. 训练网络模型

通过获取的不同人脸的图片生成数据集,网络模型选用多层卷积神经网络。网络模型代码如下:

Model 文件:

```
import torch.nn as nn
import torch.nn.functional as F
import config
class MyNet(nn.Module):
  def __init__(self):
    super(MyNet, self).__init__()
    self.conv1 = nn.Conv2d(3, 16, 5)     #卷积
    self.pool1 = nn.MaxPool2d(2, 2)     #最大池化
    self.conv2 = nn.Conv2d(16, 32, 5)     #卷积
    self.pool2 = nn.MaxPool2d(2, 2)     #最大池化
    self.fc1 = nn.Linear(32*5*5, 120)     #全连接层
    self.fc2 = nn.Linear(120, 84)         #全连接层
    self.fc3 = nn.Linear(84, config.CATEGORY)  #全连接层
  def forward(self, x):
    x = F.relu(self.conv1(x))   # input(3, 32, 32) output(16, 28, 28)
    x = self.pool1(x)           # output(16, 14, 14)
    x = F.relu(self.conv2(x))   # output(32, 10, 10)
    x = self.pool2(x)           # output(32, 5, 5)
    x = x.view(-1, 32*5*5)   # output(32*5*5)
    x = F.relu(self.fc1(x))   # output(120)
    x = F.relu(self.fc2(x))   # output(84)
```

```
        x = self.fc3(x)          # output(类别数)
        return x
net = MyNet()
```

通过步骤 1,我们已抓取到足够多的不同的人脸图像,但由于抓取的图像尺寸不同,需要先经过预处理,将图像缩放到同一尺寸,并做中心裁剪和归一化处理。本次将图片统一缩放到 32 ×32 大小,预处理完成后将图片做成批量数据集:

```
def get_transform():
    return transforms.Compose([
        #图像缩放到 32 ×32
        transforms.Resize(32),
        #中心裁剪 32 ×32
        transforms.CenterCrop(32),
        transforms.ToTensor(),
        #对每个像素点进行归一化
        transforms.Normalize(mean = [0.4, 0.4, 0.4],
                             std = [0.2, 0.2, 0.2])
    ])
def get_dataset(batch_size = 10):
    data_transform = get_transform()
    #读取训练数据
    train_dataset = ImageFolder(
                        root = config.DATA_TRAIN, transform = data_transform)
    #读取验证数据
    test_dataset = ImageFolder(
                        root = config.DATA_TEST, transform = data_transform)
    train_loader = DataLoader(
                        train_dataset, batch_size = batch_size, shuffle = True)
    test_loader = DataLoader(
                        test_dataset, batch_size = batch_size, shuffle = True)
```

```
    return train_loader,  test_loader
batch_size = 10
train_loader, test_loader = get_dataset(batch_size)
#定义损失函数和优化函数
loss_fn = nn. CrossEntropyLoss( )
learning_rate = 0. 1    #学习率
optimizer = torch. optim. SGD( net. parameters( ), lr = learning_rate
#调用 9. 3. 5 小节中的 train_data 函数进行训练
num_epochs = 50
train_data(net,train_loader,test_loader,num_epochs,loss_fn,optimizer)
#保存网络模型
torch. save(net. state_dict( ),". /data/model/MyNet. pth" )
```

3. 人脸识别预测过程

通过摄像机实时抓取脸部图片,将图片输入到训练好的网络中进行人脸识别,并将识别结果显示在图片中。

```
import cv2
import os
import torch
from PIL import Image
from PIL import ImageFont
from PIL import ImageDraw
import numpy as np
from torchvision import transforms
from model import MyNet
import config
def get_transform( ):
    return transforms. Compose( [
        #图像缩放到 32 × 32
        transforms. Resize(32),
```

```
        #中心裁剪 32 ×32
        transforms. CenterCrop(32),
        transforms. ToTensor( ),
        #对每个像素点进行归一化
        transforms. Normalize( mean =[0.4, 0.4, 0.4],
                   std =[0.2, 0.2, 0.2])
    ])
#人脸名称,可根据识别人的数量进行修改
FACE_LABEL = [ " xxx1" ," xxx2" ," xxx3" ]
#图片格式转换
def cv2pil(image):
    return Image. fromarray( cv2. cvtColor( image, cv2. COLOR_BGR2RGB) )
def predict_model( image):
  data_transform = get_transform( )
  #对图片进行预处理,缩放到 32 ×32
  image = data_transform( image)
  image = image. view( -1, 3, 32, 32)
  net = MyNet( )
  #加载模型参数权重
    net. load_state_dict(
torch. load( os. path. join( config. DATA_MODEL, config. DEFAULT_MODEL) ) )
  output = net( image)
  #获取最大概率的下标
  pred = output. max(1, keepdim = True) [1]
    return pred. item( )
#将中文姓名写在图片中
#参数分别为:图片、中文姓名、书写位置、颜色
def paint_chinese_name( im, chinese, pos, color):
  img_PIL = Image. fromarray( cv2. cvtColor( im, cv2. COLOR_BGR2RGB) )
```

```
    #引用字体库,本地需要有 simsun. ttc 文件
    font = ImageFont. truetype(". /data/font/simsun. ttc", 20)
    if not isinstance(chinese, np. compat. unicode):
        chinese = chinese. decode('utf - 8')
    draw = ImageDraw. Draw(img_PIL)
    #写上人脸对应的人名
    draw. text(pos, chinese, font = font, fill = color)
    img = cv2. cvtColor(np. asarray(img_PIL), cv2. COLOR_RGB2BGR)
    return img
def catch_face(frame):
    classfier = cv2. CascadeClassifier(config. CLASSIFIER)
    color = (0, 255, 0)
    grey = cv2. cvtColor(frame, cv2. COLOR_BGR2GRAY)
    face_rects = classfier. detectMultiScale(
grey, scaleFactor = 1. 2, minNeighbors = 3, minSize = (32, 32))
    if len(face_rects) > 0:
        for face_rects in face_rects:
            x, y, w, h = face_rects
                    #截取的脸部图像确保不会越界
            image = frame[max(0,y - 10):min(frame. shape[1],y + h + 10),
                    max(0,x - 10):min(frame. shape[0],x + w + 10)]
            # opencv 2 PIL 格式图片
            PIL_image = cv2pil(image)
            #使用模型进行人脸识别
            label = predict_model(PIL_image)
            #画出边界框
            cv2. rectangle(
                    frame, (x - 10, y - 10), (x + w + 10, y + h + 10), color, 2)
            #将人脸对应人名写到图片上
```

```
        frame = paint_chinese_opencv(
                frame, FACE_LABEL[label], (x - 10, y + h + 10), color)
    return frame
#获取视频中的人脸图像,进行识别,按"q"键退出
def recognize_video(window_name = 'face recognize', camera_idx = 0):
    cv2.namedWindow(window_name)
    cap = cv2.VideoCapture(camera_idx)
    while cap.isOpened():
        get_ok, frame = cap.read()
        if not get_ok:
        break
        catch_frame = catch_face(frame)
        cv2.imshow(window_name, catch_frame)
        c = cv2.waitKey(1)
        if c & 0xFF == ord('q'):
            break
    cap.release()
    cv2.destroyAllWindows()
#调用函数进行人脸识别
recognize_video()
```

9.4　罪犯情感识别

监狱环境具有压抑和紧张的特点,罪犯长期处于与家人、朋友隔离的状态,不能自由行动,缺乏社会交往和支持系统,这些因素可能导致罪犯产生情绪上的异常。同时,许多罪犯在入狱前就已经存在心理问题,如抑郁症、焦虑症、人格障碍等。而监狱环境的限制和压力往往会加剧这些问题的严重程度,甚至引发其他心理疾病,如精神分裂症等。因此,罪犯情感识别实际意义重大,能够帮助监狱管理人员更好地理解和应对罪犯的心理状态,从而提高监狱管理的效率和安全性。

9.4.1 表情识别技术原理

人脸表情识别技术是计算机视觉中一个重要的领域,近年来得到了广泛的研究和应用,在罪犯情感识别中,其能够提供决定性的信息。人脸表情识别技术可以通过提取罪犯的人脸表情特征对人的情感进行分类。

目前,实践中主要采用深度学习的技术进行表情识别。例如先通过卷积神经网络提取人脸图像特征,再通过分类层进行分类。常用的卷积神经网络包括VGG、ResNet 等网络。本节以 VGG 网络为例,通过搭建 VGG 网络模型,利用现有的人脸表情数据集对网络进行训练,得到理想的模型参数,进而用于识别罪犯人脸表情。

9.4.2 VGG 网络模型代码

```
import torch.nn as nn
import torch
class VGG(nn.Module):
  def __init__(self, features, num_classes=1000, init_weights=False):
    super(VGG, self).__init__()
    self.features = features
    self.classifier = nn.Sequential(
      nn.Linear(512 * 7 * 7, 4096),
      nn.ReLU(True),
      nn.Dropout(p=0.5),
      nn.Linear(4096, 4096),
      nn.ReLU(True),
      nn.Dropout(p=0.5),
      nn.Linear(4096, num_classes)
    )
    if init_weights:
      self._initialize_weights()
```

```
def forward(self, x):
    # N X 3 X 224 X 224
    x = self.features(x)
    # N X 512 X 7 X 7
    x = torch.flatten(x, start_dim = 1)
    # N X 512 X 7 X 7
    x = self.classifier(x)
    return x
def _initialize_weights(self):
    for m in self.modules():
        if isinstance(m, nn.Conv2d):
            nn.init.kaiming_normal_(m.weight,mode = 'fan_out',
                                              nonlinearity = 'relu')
            nn.init.xavier_uniform_(m.weight)
            if m.bias is not None:
                nn.init.constant_(m.bias, 0)
        elif isinstance(m, nn.Linear):
            nn.init.xavier_uniform_(m.weight)
            # nn.init.normal_(m.weight, 0, 0.01)
            nn.init.constant_(m.bias, 0)
def make_features(cfg:list):
    layers = []
    in_channels = 3
    for v in cfg:
        if v = = "M":
            layers + = [nn.MaxPool2d(kernel_size =2, stride =2)]
        else:
            conv2d = nn.Conv2d(in_channels, v, kernel_size =3, padding =1)
            layers + = [conv2d, nn.ReLU(True)]
```

```
            in_channels = v
        return nn. Sequential( * layers)
    cfgs = {
        'vgg11':[64, 'M', 128, 'M', 256, 256, 'M', 512, 512, 'M', 512, 512, 'M'],
        'vgg13':[64, 64, 'M', 128, 128, 'M', 256, 256, 'M', 512, 512, 'M', 512, 512, 'M'],
        'vgg16':[64, 64, 'M', 128, 128, 'M', 256, 256, 256, 'M', 512, 512, 512, 'M', 512, 512, 512, 'M'],
        'vgg19':[64, 64, 'M', 128, 128, 'M', 256, 256, 256, 256, 'M', 512, 512, 512, 512, 'M', 512, 512, 512, 512, 'M'],
    }
    def vgg(model_name = "vgg16", * * kwargs):
        assert model_name in cfgs, "Warning:model number {} not in cfgs dict!".format(model_name)
        cfg = cfgs[model_name]
        model = VGG(make_features(cfg), * * kwargs)
          return model
```

9.4.3 多模态情感识别

多模态情感识别是一种通过分析多种模态的情感信号来识别人的情感的技术。这些情感信号可以包括显性模态,如人脸表情、眼球移动、声音、动作、步态等,以及隐性模态,如发表的图像、视频、音频和文本等。这种技术可以应用在许多领域,包括罪犯情感识别。

在罪犯情感识别方面,多模态情感识别可以通过分析罪犯的多种情感信号来推断他们的情感状态。例如,在审讯过程中,可以通过分析罪犯的面部表情、声音、身体语言等来判断他们是否在说谎或感到紧张。此外,通过分析罪犯在社交媒体或其他平台上发布的文本、图像或视频,也可以获得有关他们情感状态的线索。然而,多模态情感识别在罪犯情感识别领域的应用也存在一些挑战。首先,情感识别本身就是一个复杂的任务,因为情感是主观的,不同的人可能会对相同的刺激产生不同的情感反应。其次,在罪犯情感识别方面,还需要考虑到其他因素,如文化差异、性格差异等,这些因素可能会影响情感信号的解读。此外,获取罪犯的多种情感信号也可能存在一定的困难,因为有些信号可能是难以观察或记录的。

为了解决这些问题,可以考虑采用一些策略来提高多模态情感识别的准确性。例如,使用更大规模的数据集来训练模型,可以提高其泛化能力;采用更先进的特征提取和融合方法,可以更好地利用多种情感信号之间的互补性;使用半监督学习或无监督学习方法,可以利用未标记的数据来提高模型的性能。

总之,多模态情感识别在罪犯情感识别方面具有潜在的应用价值,但需要克服一些技术和社会挑战才能更好地实现这一目标。

9.5 监狱巡检机器人

巡检机器人通常是一种基于感知、定位、决策等技术,在某些场景中进行智能监控、巡检的智能化机器人。随着人工智能、大数据等技术的发展以及各行各业智能化程度的提高,智能机器人已经在很多场景得到应用。巡检机器人主要的应用场景可分为封闭环境和开放环境。封闭环境主要包括数据中心巡检、大型仓库巡检、变电站等电力巡检。开放场景则包括各种园区、道路交通巡检,以及住宅区、各类景区巡检等。巡检机器人常见的功能主要包括物体检测、人体识别检测、烟火检测以及各种异常行为检测等。例如,在变电站中,可通过巡检机器人进行定期巡检。在监狱中,可通过智能巡检机器人对监狱进行自动巡检,代替狱警的巡检工作,及时发现监狱的异常情况和潜在的隐患,提升监狱的安全性以及信息化程度。

9.5.1 巡检机器人系统架构

在监狱中,巡检机器人的作用是帮助狱警对监狱环境进行巡逻监控。在该环境下,机器人需要能够抗击外部干扰和冲击,整个机器人平台要有足够的强度。同时,在此基础上,为了更高精度地控制机器人,巡检机器人也应尽量小巧、灵活,并且没有可以直接徒手拆卸的零件,防止罪犯直接拆卸进而进行犯罪行为。此外,巡检机器人还应当具备一定的识别功能,可以对罪犯进行监控,包括事故监测、人员数量识别、罪犯定位等。巡检机器人还要有躲避障碍物、自主导航定位、报警等基本功能。基于上述需求,巡检机器人需要安装多个传感器,保证能够获取环境信息及机器人自身运动信息,同时需要构建高精地图,用于机器人定位。监狱智能巡检机器人系统架构如图 9 - 3 所示:

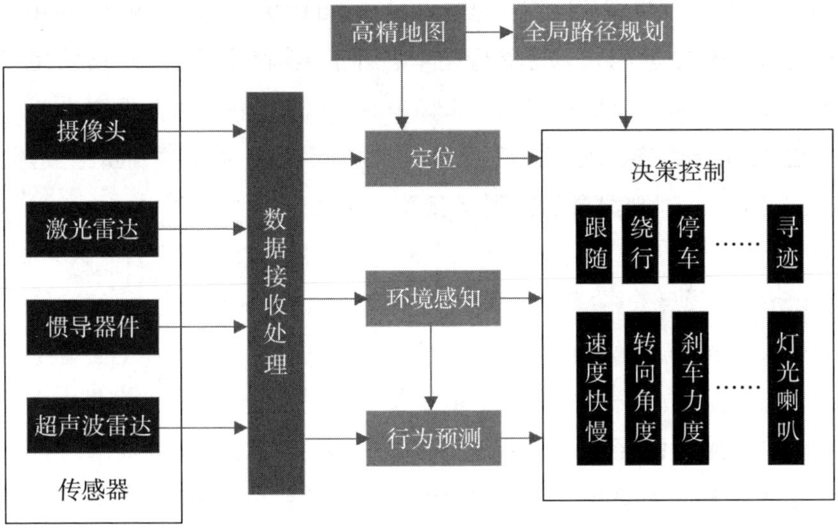

图 9 - 3　监狱智能巡检机器人系统架构

9.5.2　巡检机器人功能模块

巡检机器人功能模块主要包含环境感知模块、定位模块、路径规划模块、行为预测模块、决策控制模块、自主充电模块等。下面对每个模块的功能和实现方式作出详细分析。

1. 环境感知模块

环境感知模块主要通过摄像头、激光雷达等传感器获取周围环境信息。该模块可以被看作机器人的"眼睛",帮助机器人掌握周围状况。该模块主要依靠目标检测,目标跟踪等算法,实时检测出场景中的各类目标,同时对部分动态目标进行追踪。常见的目标检测算法包括 R - CNN 系列和 YOLO 系列。R - CNN 系列识别准确率较高,YOLO系列则更兼顾实时性。网络模型的训练,需要标注好图像数据。通过目标检测算法框选出目标物体,进而为后续决策控制部分提供环境信息。当遇到需要持续框选中动态目标的情况,而视频信息帧率较高,算法无法保证实时性时,可通过车载传感器获取车辆运动信息,建立机器人运动学模型,先基于当前帧的位置和运动信息推测下一帧的位置,再通过目标检测算法得到的结果校正推测的结果。但机器视觉算法受光照影响较大,且单目相机不易获取物体的深度信息,进而难以确定物体空间位置,因此在某些场景或夜间,可结合激光雷达数据进行感知。

在监狱中,巡检机器人需要能够定时查看监区宿舍的状态,能够清点监区内的人数,这就需要机器人具备识别犯人的功能。针对这一功能,可以借助摄像头采集图像信息,通过人脸识别或人体识别算法检测出犯人数量。同时,机器人需要能够检测出犯人的异常行为,并及时报警。该功能可以通过感知模块识别人体上的关键点,获取人体的肢体信息,识别罪犯的动作,通过大量的罪犯行为数据以及深度学习等算法,分析肢体动作所代表的含义,以此来提醒狱警可能存在的危险。

2. 定位模块

定位模块主要是解决"我在哪"的问题,即使机器人知道自己所在的位置。机器人定位通常采用激光雷达或摄像头以及里程计、IMU等多传感器融合定位。由于监狱机器人需要不间断地进行巡检工作,机器人应能实现高精度的定位,使其能在指定位置进行相关工作。因此,定位技术是监狱机器人需要重点研究的技术。

在室外空旷地区,机器人通常采用GPS定位方式获取自身位置信息。然而监狱中存在较多封闭环境,且GPS信号易受围墙、楼宇等的干扰,单纯依靠GPS作为定位源无法满足实际需求,需要引入其他传感器获取机器人运动信息。例如,通过里程计、IMU等传感器获得机器人的速度、角速度、加速度等信息,建立机器人的运动学模型,根据运动学方程及运动信息,通过积分的方式获得机器人的位移和转角等数据。短时间内的定位信息预测较为准确,但随着时间的推移,推位信息会逐渐累积误差,使预测轨迹偏离实际轨迹。因此,需要对推位信息进行修正。目前采用的定位方式主要为基于已知地图的定位,即先建立监狱巡检区域的地图,再将通过传感器获取的当前环境信息与地图信息匹配,得到机器人相对地图原点的位置。传感器通常为摄像头或激光雷达,依据的技术也可分为视觉SLAM和激光SLAM技术。

根据上述原理,以单线激光雷达为例,监狱巡检机器人定位模块具体方法如下:首先使用专用的建图机器人在监狱内绕行一圈,通过Gmapping或Cartographer等2D-SLAM算法建立监狱巡检区域的二维栅格地图。巡检机器人在监狱巡检过程中先使用里程计、惯性导航元件等传感器得到速度、加速度等数据,根据运动方程计算当前时刻相对上一时刻的位置偏移量和角度偏移量,进而得到位置变换矩阵。通过机器人上一时刻的位置和获得的变换矩阵求出机器人当前时刻的粗略位置后,再通过单线激光雷达扫描周围环境信息,并与已知的地图信息进行匹配,最终得到机器人在已建立的地图中的精确位置。

3. 路径规划模块

路径规划是当确定起点和终点后,在已知地图上寻找一条无碰撞、能够安全到达目的地的有效路径。比如,在使用某些地图App时,当输入起点和终点后,软件会设计出一条最优路径,方便用户选择合适的路线。路径规划主要分为两种:一种是已知环境地图,规划全局的路径;另一种是地图信息未知,通过机器人在未知场景中使用传感器获取环境信息,进行局部路径规划。在监狱中,具体的环境信息是已知的,可以建立完整的环境地图,包括拓扑地图、指示牌、部分障碍物等信息。但机器人要完成巡检工作还需要获取当前的定位信息,因此要根据位置信息及起始位置、终点位置信息规划出一条路径。该路径可以是人为规定好的路径,机器人按照设定好的路径巡检,也可以是通过路径规划算法得到的路径。路径规划通常有两个步骤:建立包含各类障碍物等信息在内的环境地图;在环境地图中通过合适的搜索算法找到一条巡检的最优全局路径。该路径对机器人起到导航作用,巡检机器人会按照确定的路径从起始位置移动到终点位置。在全局路径的基础上,在机器人行进过程中,也要根据场景中的各种障碍物进行局部路径规划,从而使机器人可以更加顺畅地沿既定轨迹行走。

4. 行为预测模块

行为预测模块主要是根据物体前一段时间的运动轨迹,预测物体未来某些时刻的运动轨迹。例如,机器人在监狱巡检的过程中发现前方有行人,为了能更好地躲避行人或进行其他操作,需要对行人的运动轨迹或动作有一定的预测,从而提前规划出一条比较合适的轨迹，或提前做出应急反应。

通过感知模块，基于目标检测算法，机器人能够检测出周围环境中的各类目标位置信息，并用2D或3D矩形框框出被检测目标。根据连续帧的检测位置信息，结合运动学模型，能够求解目标的运动信息。若对人体行为预测，则可根据获取的速度、加速度等运动信息，结合物理规律，预测短时间内人的位移信息，从而得到预测的运动轨迹。除了基于运动学模型的预测方式，还可以通过深度学习的方法进行预测，通过学习大量的行为数据预测目标的行动轨迹，为后续决策控制提供基础数据。

5. 决策控制模块

决策控制模块就是将环境感知模块获取的周围环境信息、定位模块获取的位置信息、行为预测模块对物体的预测运动轨迹以及路径规划模块设定的路径信息结合起来，在这些信息的基础上，对机器人做出最合理的决策与控制，从而确定机器人采用何种行驶模式。比如遇到狱警或罪犯时是应该停车等待还是躲避绕行，抑或跟随人行驶。行为决策确定后，再将其转换成具体的控制指令对机器人进行实际的控制操作，使机器人尽可能地遵循规划的轨迹行驶，实现速度和转向的改变。

决策算法主要包括基于规则的决策算法以及基于深度学习的端到端决策算法。基于规则的决策算法主要是根据各类不同场景，直接控制机器人作出不同的响应，即通过“If - Then”的形式对决策系统进行设计。这种方法适用于简单场景的决策控制，优点是设计简单，易实现。但是监狱系统场景较为复杂，只通过这种决策方法很难覆盖所有场景。基于深度学习的端到端算法就是通过大量的规则、案例或场景特征数据进行决策系统训练，建立网络模型，从而使得机器人能根据具体场景做出最合适的决策。但是该种方式也存在“黑箱”问题，即决策过程不透明，在运行过程中出现的问题难以定位到具体原因，并且十分依赖数据的准确性及充分性。因此，采用深度学习结合贝叶斯网络的方式可以在一定程度上处理未知的极端情况。

6. 自主充电模块

自主充电模块主要是当巡检机器人电量不足时，可以自主移动到充电桩旁进行充电，电量充满后再继续工作。通常，充电方式主要分为无线充电和接触式充电。虽然无线充电技术在很多场景都有应用,比如很多品牌的手机已经采用无线充电的方式。但对于巡检机器人充电而言,无线充电方式的成本较高,且充电效率偏低,通常不能满足巡检机器人的充电要求,因此,目前绝大多数机器人采用接触式充电的方式进行充电。具体充电流程为:机器人先通过各种传感器获取环境信息,再通过导航定位算法以及路径规划算法使机器人移动到充电桩附件,最后通过充电头与充电口对接,实现机器人自主充电。

该模块主要需要解决的问题是机器人与充电桩的对接问题。首先可采用基于单线激光雷达及其他多传感器融合的定位技术,建立环境栅格地图,进行粗略的定位,使巡检机器人移动到充电桩附近。要保证充电口能够准确对接,该步骤就需要进行精确定位。可采用基于二维码的机器人定位方法,在充电桩上贴上特定的二维码,巡检机器人移动到充电桩附近后,先通过摄像头获取图像信息识别二维码,将识别的二维码与原二维码比对,通过二维码的扭曲状态计算出二维码相对摄像头的位置,再根据摄像头在机器人的位置以及二维码相对充电接触点的位置,最后确定机器人相对充电桩的精确位置。

9.6 本章小结

本章主要介绍了人工智能技术在监狱中的应用情况,包括目标检测、罪犯风险评估、罪犯人脸识别、监狱巡检机器人等。在目标检测方面介绍了常见的开源数据集和检测网络模型,如 R – CNN 系列、YOLO 系列等。在罪犯风险评估方面,通过深度学习算法建立罪犯风险评估模型,并通过模拟自建数据集的方式,实现罪犯再犯罪风险的预测目的。在罪犯人脸识别方面,介绍了人脸识别技术的原理及编程实现。在监狱巡检机器人方面,介绍了巡检机器人系统架构和功能模块,包括环境感知模块、定位模块、路径规划模块、行为预测模块、决策控制模块等。

此外,本章还针对机器人技术在监狱中的应用形式进行了介绍,包括封闭环境和开放环境下的应用场景,如数据中心巡检、大型仓库巡检、变电站等巡检。同时,对“智慧监狱”的认识及未来的发展方向进行了探讨。“智慧监狱”是一种智能化、信息化、网络化的监狱管理模式,旨在提高监狱安全性和管理效率。其未来的发展方向包括智能化安防系统、智能化罪犯管理系统、远程监控与指挥系统等。

人工智能技术在监狱中的应用前景广阔，机器人技术是未来监狱管理的重要发展方向之一。“智慧监狱”是未来监狱管理的发展趋势，可以提高监狱安全性和管理效率。在应用过程中，需要结合实际情况选择合适的技术和方法，确保技术应用的可行性和安全性。

习　题

1. 简述 Faster R－CNN 算法的主要原理，其与 R－CNN、Fast R－CNN 相比，存在哪些优势？

2. 简述 Faster R－CNN 中 RPN 结构的作用。

3. 简述 YOLO－V3 的原理，解释其检测速度快的原因。

4. 简述 YOLO 算法与 Faster R－CNN 算法的区别及各自的优势和不足。

5. 简述目标检测算法中主干网络（backbone）的作用。

6. 请说明对罪犯再犯罪风险进行分析需要收集罪犯哪些特征信息，并给出理论依据。

7. 如何对数据集中的“类别型数据”做预处理？

8. 请根据 9.2.2 节的代码，选择其他的特征提取网络，实现罪犯犯罪概率预测。

9. 简述机器人技术在监狱中的应用形式。

10. 谈谈对“智慧监狱”的认识及未来的发展方向。

第 10 章

人工智能未来发展和趋势

10.1 类脑计算

10.1.1 类脑计算的定义

类脑计算(Brain – inspired Computing)又被称为神经形态计算(Neuromorphic Computing),是融合了生物神经系统的信息处理模式和结构的计算理论、体系结构、芯片设计以及应用模型与算法的总称。类脑计算与传统的冯·诺依曼存算分离的架构有所不同,它采用仿生的脉冲神经元实现信息的高效处理,具有低功耗和低延迟的技术优势,是打破"内存墙"的潜在技术之一,在对功耗、延迟敏感的边缘计算领域具有广泛的应用价值和潜力。

顾名思义,类脑计算就是"要像人类大脑那样进行计算"。类脑计算是一种研究方法,旨在模仿神经生理学和生理心理学机制,为实现某种智能应用而设计。作为人工智能研究的一个分支,类脑计算关注智能仿真及应用,其研究内容涵盖算法设计和系统实现等计算机科学、自动化和控制论范畴。在人工智能的发展历程中,联结主义学派的研究路径可以看作类脑计算的一部分,那些人工神经元网络模型,如多层感知机模型、自组织特征映射模型、联想记忆模型等就是典型代表。当下,机器学习研究领域的深度学习模型可视为此领域的最新发展。

10.1.2 发展历程

当前,随着人工智能、深度学习和云计算等技术的发展,信息科技正朝着智能化迈进。然而,在当前大数据背景下,计算系统面临着处理海量信息的巨大挑战。

传统的冯·诺依曼结构限制了计算系统的信息处理方式，而且由于摩尔定律的物理极限，芯片设计已经无法满足通用性要求，无法实现真正的智能。因此，研究学者开始探索类脑计算的方向，希望从人脑的结构和信息处理方式中获得启示，从而创建一种与冯·诺依曼结构不同的类脑计算机。这样的计算机将能够在低能耗的条件下实现强大的信息处理能力，并具备通用性和一定的认知能力。类脑计算是一种新型的计算方法，从硬件结构到模型算法，都受到大脑神经系统结构和信息处理机制的启发。大脑具有一些当前的计算机无法比拟的优势：大脑包含近 103 亿个神经细胞和超过 106 亿个神经突触，而日常功耗仅为 10 ~ 25W。相比之下，普通计算机的功耗是大脑的 10 ~ 20 倍，而图形处理器的功耗则是大脑的 100 倍以上。此外，大脑的生物神经元具备同时进行运算和存储的能力。因此，类脑计算机能够突破传统的冯·诺依曼结构，提升信息处理效率。

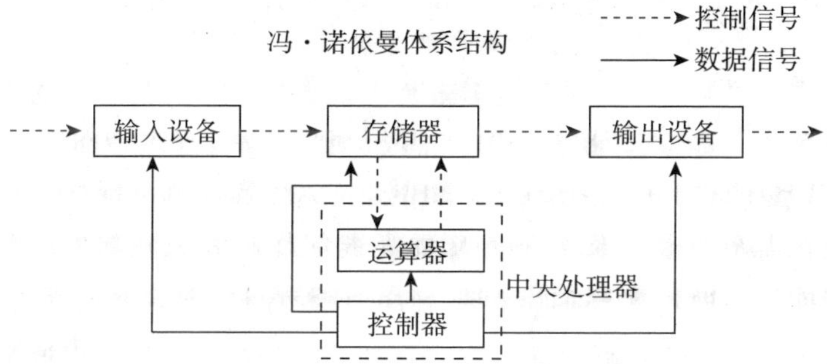

图 10－1　冯·诺依曼体系结构

大脑的特殊结构和信息传递方式是实现真正智能的关键。人类对大脑结构和功能的研究一直在不断深入：研究表明，大脑的组织通常呈现分层结构，如视觉皮层组织。在这些组织中，存在功能不对称的正向和反向连接方式。正向连接（从低层到高层）具有稀疏的轴突分支，起源于大脑皮质的上颗粒层，主要终止于第Ⅳ层。反向连接则表现出丰富的轴突分支，分布更为分散，且连接数量相当多。这些研究发现为我们理解大脑的工作原理提供了重要线索。

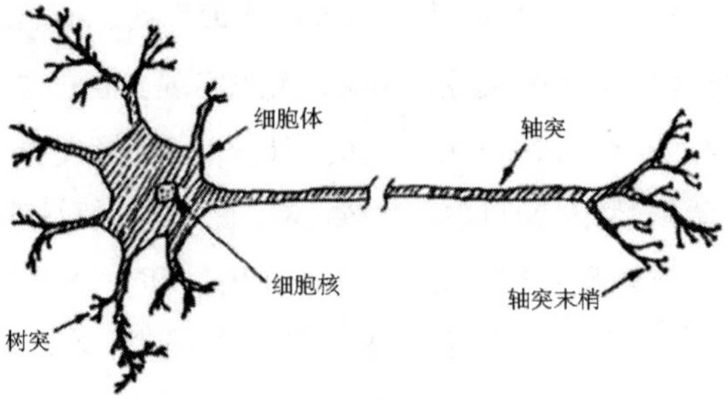

图 10－2　大脑组织的分层结构

反向连接在人工神经网络中与反馈有关。J. Mcfadgen 等研究人员发现,皮层下区域包含感知处理的初始回路,可以确保处理效率并维持重要的生命功能。皮层下区域与大脑皮层区域之间的相互作用促进了非典型的感知和认知加工。T. P. Lillicarp 等发现,大脑中的反向连接引起的反馈可以触发神经活动,而这种反馈差异可以用于逼近神经活动信号,从而有效驱动大脑深层网络的学习过程。另外,T. Hainmueller 等学者的研究表明,齿状回是海马记忆形成的关键部分,在不同的认知功能中扮演重要角色,包括辨别相似语境、将物体或事件与地点联系起来以及整合记忆操作。此外,K. A. Ferguson 等研究人员发现,皮层的增益调节使神经元能够对变化的输入做出适应性反应,这种增益调节容易受到注意力、学习和运动等各种神经活动的影响。同时,Y－氨基丁酸的抑制作用可以调节皮层的增益调节,发挥关键且复杂的作用。L. R. Taxier 等总结了雌二醇的信号传导机制以及其在空间记忆、物体识别、社会记忆和恐惧记忆中的作用。越来越多的证据表明,雌二醇作为神经调节剂在女性和男性的学习记忆方面起着至关重要的作用。A. Bicanski 等学者通过调查研究提出了具有矢量感受野的细胞功能分类,包括边界矢量细胞、目标矢量细胞、跟踪矢量细胞和自我中心边界细胞等。这些神经元的响应为自底向上的环境布局表征、视觉空间意象生成以及导航规划提供了基本的神经基础;此外,J. Duncan 等研究人员的研究表明,任何有组织的认知都源自广泛分布的脑活动。流体智力与脑中的多需求(Multiple Demand,MD)系统相关,在皮层上可以观察到 9 个多需求活动斑块区域,这些区域主要分布在外侧额叶、背内侧额叶、外侧和内侧顶叶,以及颞枕叶皮层。在多需求区域中,算数活动最强,关系推理活动最弱。这些关于大脑的客观规律和机制不仅对现代医学和神经科学领域有影响,还可以作为类脑启发式方法应用于工程领域,促进认知智能的发展。

目前,类脑计算技术的研究路线主要可划分为两种不同方法。第一种方法是自下而上的方法,首先构建与大脑功能结构相关的假设和模型,然后验证这些假设和模型是否与真实神经结构和动力学规律相符。例如,Friston 的预测编码和自由能假设等。第二种方法是自上而下的方法,先通过科学手段观察大脑的结构和功能运行机制,再模仿大脑功能。例如,欧盟的人类脑计划、美国的脑科学计划以及全球各国推动的脑图谱和脑网络组图谱研究。脑图谱通过图像处理技术,按照不同的功能结构对大脑进行划分。脑网络组图谱则在脑图谱的基础上提供了脑区与脑区之间以及脑区与全脑之间的连接模式。利用脑网络组图谱,我们可以进一步探索大脑局部功能。例如,在 2020 年,蒋某仔团队利用脑网络组图谱发现纹状体环路功能异常是精神分裂症精准诊疗的生物标志物。这些不同方法的研究对类脑计算技术的发展起到了积极推动作用。

总体来说,类脑计算技术的研究方法包括借鉴大脑的生理结构和功能,构建类脑模型,以及在硬件上设计类脑元件以模拟大脑神经元。通过研究人脑的学习、记忆和推理机制,并将其应用于类脑模型中,旨在实现类脑模型具备人类智能,甚至在某些层面上超越人类智能的目标。

人工智能领域中,与大脑研究相关的还有两个研究分支。一个是基于脑电信号的脑机接口,另一个是脑信息学。尽管他们也关系到大脑,但不属于类脑计算的范畴。原因有两个:一是研究目标不同。例如,脑连接组计划针对的是神经科学范畴的问题,尝试利用现成的数据挖掘算法来发现不同脑区的关联性,而类脑计算解决的是算法和自动化系统实现问题。二是研究方法不同。脑机接口和脑信息学通常对取自大脑的数据施加来自计算机科学领域的机器学习模型或数据挖掘算法的现成方法。这些方法本身不是研究对象,只是多种可供选择的手段。而类脑计算所采用的是基于模仿大脑机制的方法,其研究基础是弄清神经科学范畴的诸多原理性问题,通常不采用计算机科学领域现成可用的方法。他们彼此之间的不同之处在于:脑信息学是生物学领域的研究者跨界到计算领域,用计算机方法解决生物学领域的问题;类脑计算是计算领域的研究者跨界到生物学领域,用生物学启示来解决计算机领域的问题。前者类似于做一个跑得最快的歌手,而后者是歌唱界里歌唱得最好的人。

从研究成果上看，国际上对于类脑研究的进展刚起步，各国都有各自的突破性自主类脑技术及产品，国家间水平等同于处于同一起跑线，类脑计算领域的竞争主要集中在神经形态计算系统硬件及模型软件上。目前来看，神经形态芯片研究的主要目的是避开原始的冯·诺依曼结构，以实现低功耗下的信息高效传递及处理。各国研究的芯片主要支持的是符合生物神经动力学的 SNN，似乎已和当前深度学习等算法的研究拉开了距离。神经形态芯片应该具有良好的兼容性，同步于主流算法的研究，以大规模应用并相互促进。模仿生物神经元的人造元件性能从主体构造和材料选择上来说都有待提高，设计能与生物神经元交流的人造神经元是一个很有前景的计划，在神经形态模型方面有更大的提升空间。类脑计算得益于人类对大脑生理构造运行机制等规律的运用，但是目前全球范围内，人类对于大脑的全局结构及功能包括信息传递、区域协调等尚未完全理解，且对于目前已经探索得到的生物运行机制的发掘利用也仍有可提升的空间。例如，对于类脑导航来说，我们知道位置细胞、边界细胞、方向细胞和网格细胞各自的功能及作用原理，但对于这 4 个细胞如何共同协作促成人类大脑导航活动的机理还不够明确，相关的研究及仿真相对较少，致使其在应用过程中不具备良好的可解释性。其他的研究亦然，目前的研究都是对于大脑局部功能的研究，如何对目前的研究进行从局部到整体的整合是未来的研究主题之一。我们一直希望了解的大脑的学习、推理和记忆等功能都是在多区域共同协调控制下才出现的，脑中组织的功能具有相当大的复杂性，常常出现“多对一”以及“一对多”的情况，也就是多个组织区域共同实现同一功能或一个组织区域具有不止一种功能。这都为脑功能的整合带来了困难，这种功能上的耦合性也是我们理解大脑认知功能本质的关键。

10.1.3 类脑计算的应用

人工智能领域有许多富有挑战性的工程问题，例如图像理解或计算机视觉。人类通过眼睛的视觉神经系统能感知外界超过 70% 的信息，绝大多数人会认为这是一件不费吹灰之力就能做好的事，如何谈得上复杂呢？其实，一旦使用计算机来分析图像的意义和处理图像信息，视觉信息加工的巨大复杂性就如同隐藏在水面下的冰山那样浮现出来。目前，图像理解和计算机视觉系统在完成图像信息的分析和处理方面需要漫长的时间和很多的硬件资源，效率较低。为了改善这一情况，研究人员开始思考是否可以借鉴生物视觉系统的优秀性能，通过模仿其中一种或几种生物的视觉神经机制来提高计算效率。例如，高等哺乳动物的视网膜中存在一种神经节细胞，它是视网膜信息处理的最后一站，也是该阶段最为关键的一部分。研究人员希望能够借鉴这种神经节细胞的工作方式，以优化图像处理的计算效能。视网膜神经节细胞具有同心圆拮抗型的经典感受野结构，可用于处理图像区域的亮度对比信息和边缘信息提取。然而，高等哺乳动物的视觉系统在处理图像信息方面远远超越了仅边缘增强的范畴。它在边缘处理的基础上，尽可能完整地传递图像信息给大脑。非经典感受野是经典感受野之外的一个广阔区域，单独刺激该区域虽并不能直接引发细胞的反应，但却会调制经典感受野内刺激引起的反应。视网膜神经节细胞的非经典感受野主要表现为去抑制性调节，因此在一定程度上弥补了经典感受野导致的低频率信息丧失。非经典感受野在保持边缘增强功能的同时，传递图像区域亮度梯度信息，对大面积表面上亮度的缓慢变化有响应。因此，非经典感受野极大地拓宽了视觉细胞信息处理的范围，为整合和检测复杂图形的大范围提供了神经基础。研究发现，视网膜神经节细胞的感受野在不同视觉刺激条件下会发生改变。然而，以往对视网膜神经节细胞非经典感受野的建模多基于固定不变的感受野，未考虑感受野的动态变化特性。科学研究人员正在尝试发展一种多层次、带反馈机制的神经计算模型，精确描述视网膜神经节细胞非经典感受野的基本结构，以应用于图像的精确表征。

再如，颜色知觉是人类的一种主观感觉，其实外部的物理世界本无颜色。目前，我们仍未明晰大脑将不同波长光刺激引起的神经元响应整合成心理上可清晰分辨的机理。研究发现，可见光刺激视网膜中的光感受器——视杆细胞和三种色视锥细胞（蓝色视锥细胞、绿色视锥细胞和红色视锥细胞）。视锥细胞对光的波长相对吸收程度不同，这是产生颜色感知的第一步。前述神经节细胞的感受野是由两组不同种类的视锥细胞作用产生的，这两组对不同颜色敏感的视锥细胞的输出对神经节细胞感受野的贡献是对立的，一种令其兴奋，另一种则令其抑制，神经生物学家称此为颜色拮抗机制。从视网膜到大脑皮层，拮抗的空间构型有许多，视网膜也存在多种类型的色拮抗结构。最简单的类型是，神经节细胞的感受野中心区仅接收一种视锥细胞的输入，感受野的拮抗外围区则接收另一种对立视锥细胞的输入。这种拮抗分为两类:一类处理红绿之间的颜色差异,称为红绿拮抗感受野;另一类处理蓝黄之间的颜色差异,称为蓝黄拮抗感受野。根据感受野中心区的颜色,可以得到四种类型的感受野:红中心区与绿外围区、绿中心区与红外围区、黄中心区与蓝外围区、蓝中心区与黄外围区。当人的视觉系统感知和处理颜色信号时,这四种拮抗感受野都有机会发挥作用。每种视锥细胞都对特定的颜色波长范围最为敏感,当它们受到自身敏感波长的刺激时,会有较大的响应。

人工智能是计算机科学技术领域的一个研究分支,用于对人的感知、理解、知识、记忆、推理、决策等进行算法化建模,目标是建立能够体现人类智慧的计算机系统。这一研究分支的应用前景广大,但传统人工智能的发展在各个细分问题上遇到了若干个具有共性的基本问题,技术实现难点众多,需要新的解决思路。神经科学和心理学的研究进展为开拓新思路提供了可能,人工智能领域对来自神经科学的启示总是期望的,毕竟人类大脑是高度进化的产物,是一个被反复优化的结果,效仿它的工作机理是非常合理的。例如,视觉信息在视网膜、视皮层上的编码对图像表征具有重要的启示意义。同样,大脑联合皮层区的编码方式对人工智能中的语义表征有重要的启示意义。海马形成长期记忆的编码机制、前额叶皮层对工作记忆的编码机制对数据分析手段的创新也有重要的推动作用。从认知的计算神经学角度来看,神经科学与人工智能的结合是极为紧密的。人工智能提出了对认知模型的需求,神经科学提供了认知加工的神经机制,而计算机和数据处理手段提供了实现的基础。

10.2 非冯·诺依曼结构

非冯·诺依曼结构是一种与冯·诺依曼结构相对应的计算机体系结构。冯·诺依曼结构是一种将数据和指令存储在同一存储器中的计算机结构,而非冯·诺依曼结构则不同。非冯·诺依曼结构的特点是将数据和指令分别存储在不同的存储器中。它可以同时执行多个指令,实现并行处理。非冯·诺依曼结构可以提高计算机系统的性能和效率,特别适用于处理大规模的数据和复杂的算法。

10.2.1 三种非冯·诺依曼结构

非冯·诺依曼结构有多种形式,如哈佛架构(Harvard Architecture)、门阵列架构(Gate Array Architecture)和数据流架构(Dataflow Architecture)等。哈佛架构将指令和数据存储在不同的存储器中,可以同时读取指令和数据,提高了指令和数据的并行性。门阵列架构则是将逻辑门和存储单元组合在一起,实现了高度并行的计算。数据流架构则是根据数据的依赖关系来执行指令,可以充分利用计算资源。下面将对这三种架构进行详细解释。

(1)哈佛架构

哈佛架构是一种将指令存储器(Instruction Memory)和数据存储器(Data Memory)分开的计算机架构。在哈佛架构中,指令和数据分别被存储在不同的存储器中,并且使用不同的总线进行数据传输。这种分离的架构使得指令和数据可以同时进行读取和写入操作,提高了计算机的效率。哈佛架构常见于嵌入式系统和一些特定领域的高性能计算机。

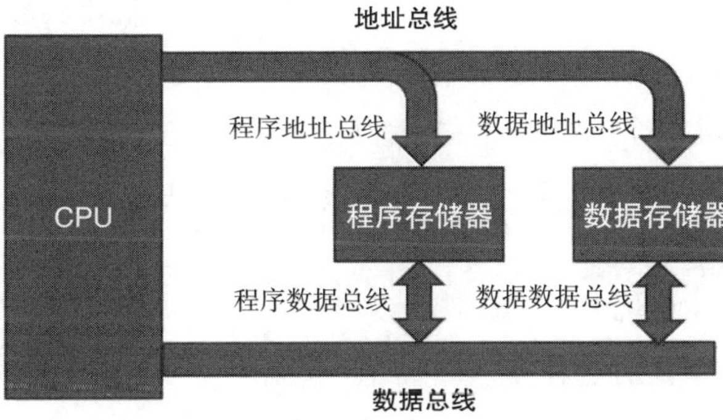

图 10－3　哈佛架构示意图

(2)门阵列架构

门阵列架构是一种基于逻辑门(AND、OR、NOT 等)的计算机架构。在门阵列架构中,计算机的逻辑功能是通过大量的逻辑门进行组合实现的。这种架构的特点是硬件结构简单、易于设计和实现,但灵活性较差,不适用于复杂的计算任务。门阵列架构常见于一些简单的控制器和小型嵌入式系统。

(3)数据流架构

数据流架构是一种基于数据传输的计算机架构。在数据流架构中,计算任务的执行是依据数据的可用性和计算资源的可用性进行的,而不是按照固定的指令序列。数据流架构的特点是高度并行化、灵活性强,适用于处理大规模数据和并行计算任务。数据流架构常见于一些高性能计算机和并行处理器。

这三种非冯·诺依曼结构各有特点,适用于不同的应用场景。哈佛架构适用于需要高效读取指令和数据的场景;门阵列架构适用于简单的控制任务;数据流架构适用于并行计算和大规模数据处理。在实际应用中,根据具体的需求和问题,可以选择合适的架构来设计和实现计算系统。

10.2.2 非冯·诺依曼结构的应用

非冯·诺依曼结构在一些特定的应用领域有广泛的应用,如高性能计算、图像处理、人工智能等。它可以提供更高的计算速度和处理能力,满足对计算效率和实时性要求较高的应用场景。以下是非冯·诺依曼结构的一些详细应用:

(1)哈佛架构的应用

嵌入式系统:哈佛架构常用于嵌入式系统,如微控制器和数字信号处理器(DSP)。它们需要高效地同时处理指令和数据,以满足实时性要求。

高性能计算机:哈佛架构在某些高性能计算机中也得到了应用,如图形处理器(GPU)。它们能够并行处理大量的数据和指令,提供高性能的图形渲染和科学计算能力。

(2)门阵列架构的应用

控制器:门阵列架构适用于一些简单的控制任务,如自动门控制、电梯控制等。它们通常需要快速响应和低延迟的控制操作。

小型嵌入式系统:门阵列架构也常见于小型嵌入式系统,如传感器节点、智能家居设备等。它们具有低功耗和简单的硬件结构。

(3)数据流架构的应用

高性能计算机:数据流架构适用于高性能计算机和并行处理器,用于处理大规模的并行计算任务的。它们能够根据数据的可用性和计算资源的可用性进行动态调度和并行执行。

大规模数据处理:数据流架构也在大规模数据处理领域得到了应用,如分布式数据处理框架(如 Apache Flink)和图计算引擎(如 Apache Giraph)。它们能够高效地处理大量的数据和复杂的计算任务。

需要注意的是,非冯·诺依曼结构并不是普遍适用于所有计算任务的。它们通常在特定的应用领域或特定的问题上具有优势。在实际应用中,根据具体的需求和问题,选择合适的架构来设计和实现计算系统是非常重要的。

10.2.3　非冯·诺依曼结构的发展趋势

随着人工智能、大数据、物联网等新兴技术的快速发展,传统的冯·诺依曼结构在某些场景下已经无法满足需求。因此,非冯·诺依曼结构被广泛研究和探索,旨在突破传统架构的局限性,提供更加高效、灵活和可扩展的计算能力。以下是非冯·诺依曼结构的一些发展趋势:

(1)并行计算

非冯·诺依曼结构非常注重并行计算能力的提升。传统的冯·诺依曼结构是一种串行计算方式,指令必须按照顺序一个一个执行。而非冯·诺依曼结构则更加注重并行计算的实现,可以同时处理多个指令或执行多个计算任务,从而提高计算效率。

(2)分布式计算

非冯·诺依曼结构倾向于采用分布式计算方式。在传统的冯·诺依曼结构中,计算任务需要在单一的计算机中完成,计算资源受限。而非冯·诺依曼结构可以将计算任务分布到多个计算节点上进行处理,从而提高计算能力和可扩展性。

表 10-1　并行计算与分布式计算的异同

<table>
<tr><th colspan="2">项目</th><th>并行计算</th><th>分布式计算</th></tr>
<tr><td colspan="2">相同点</td><td colspan="2">1. 通过并行处理,将大型任务细分为多个小型任务,以实现更高的计算性能
2. 它们都属于高性能计算(HPC)的范畴,致力于提高计算性能
3. 它们的主要目标都是对大数据进行高效的分析与处理</td></tr>
<tr><td rowspan="6">不同点</td><td>时效性</td><td>强调</td><td>不强调</td></tr>
<tr><td>独立性</td><td>弱,小任务的结果对于最终结果具有决定性影响</td><td>强,小任务的结果通常不会对最终结果产生太大影响</td></tr>
<tr><td>任务包之间关系</td><td>关系密切</td><td>相互独立</td></tr>
<tr><td>每个节点任务</td><td>必要,并且时间需要同步</td><td>不必要,时间没有具体限制</td></tr>
<tr><td>节点通讯</td><td>必须</td><td>不必须</td></tr>
<tr><td>应用的场合</td><td>大量的数据处理</td><td>模式类穷举法</td></tr>
</table>

(3)特定任务优化

非冯·诺依曼结构会针对特定的任务进行优化。传统的冯·诺依曼结构是通用计算机架构,适用于各种计算任务。而非冯·诺依曼结构可以专门为某一类任务进行优化,提供更高效的计算方式和更好的计算性能。

(4)自适应计算

非冯·诺依曼结构倾向于具备自适应计算能力。传统的冯·诺依曼结构是静态的,计算速度和计算资源是固定的。而非冯·诺依曼结构可以根据计算任务的特点和需求,动态调整计算资源的分配和使用,从而提高计算效率和性能。

(5)脑型计算

非冯·诺依曼结构可以借鉴人类大脑的计算方式,实现脑型计算。传统的冯·诺依曼结构是基于序列计算模型的,而人类大脑采用的是并行和分布式计算方式。非冯·诺依曼结构可以模拟人类大脑的计算方式,提供更加灵活和高效的计算能力。

非冯·诺依曼结构的发展趋势是多方面的,旨在提供更加高效、灵活和可扩展的计算能力。这些趋势不仅是对传统计算机架构的一种突破,还是为了满足日益增长的计算需求和不断进步的技术发展。随着非冯·诺依曼结构的发展,我们可以期待计算能力的进一步提升和创新应用的出现。

10.3 人工智能芯片与机器学习系统

人工智能芯片在机器学习系统中扮演着至关重要的角色。随着人工智能的快速发展和应用场景的不断扩大,对于高效处理大规模数据和复杂计算任务的需求也越来越迫切。而传统的中央处理器(CPU)和图形处理器在处理这些任务时存在性能“瓶颈”和能耗问题,无法满足人工智能应用的需求。因此,人工智能芯片应运而生,成为推动机器学习系统发展的重要驱动力。

10.3.1 人工智能芯片概述

人工智能芯片是专门设计用于加速机器学习算法的硬件。它们通常采用并行计算架构和专门的硬件加速器,能够高效地执行矩阵运算、向量计算和神经网络模型的推理和训练过程，具有高度并行性、高效能耗比和专门优化的硬件架构，能够加速人工智能算法的执行速度和能效。本节将详细介绍人工智能芯片的背景、分类、关键技术和应用。

人工智能是计算机科学的一个重要领域，致力于开发能够模拟和执行人类智能的技术和系统。随着深度学习和神经网络等技术的发展，人工智能在图像识别、语音识别、自然语言处理、机器翻译等领域取得了重大突破。然而，传统的通用计算机架构在执行人工智能任务时存在一些限制。由于人工智能算法的特殊性，传统的计算机架构在处理大量数据和进行复杂计算时效率较低，且能耗较高。为了满足人工智能应用对计算速度和能效的要求，人工智能芯片的研究至关重要。

人工智能芯片根据其设计和用途的不同，可以分为以下几类：

(1)图像处理芯片(Image Processing Chips)：这类芯片主要用于图像识别和处理任务，如人脸识别、物体检测等。它们通常采用专门的硬件加速器和算法，能够快速处理大规模的图像数据。

(2)神经网络芯片(Neural Network Chips)：这类芯片专门针对神经网络算法进行优化，用于执行深度学习任务。它们通常采用并行计算的架构，能够高效地执行神经网络的训练和推理。

(3)自适应处理芯片(Adaptive Processing Chips)：这类芯片具有自适应学习和优化能力，能够根据任务的需求自动调整其硬件结构和算法。它们适用于处理复杂的人工智能任务，如自动驾驶、机器人控制等。

10.3.2　人工智能芯片的关键技术

人工智能芯片的设计和实现涉及多个关键技术，包括：

(1)并行计算架构：人工智能任务通常需要大规模的并行计算能力，因此人工智能芯片采用了各种并行计算架构，如向量处理器、矩阵乘法单元等，以提高计算效率。

(2)特定硬件加速器：为了加速特定的人工智能算法，人工智能芯片通常会集成一些特定的硬件加速器，如卷积神经网络加速器、循环神经网络加速器等。这些硬件加速器能够高效地执行特定的计算任务。

(3)低功耗设计：人工智能芯片通常需要在有限的能源供应下工作，因此低功耗设计是其重要的考虑因素之一。采用低功耗设计技术，如时钟门控、动态电压频率调整等，可以降低芯片的功耗。

(4)内存和存储优化：人工智能任务通常需要大量的数据和模型存储。因此，人工智能芯片会采用高速缓存、片上存储和专用的存储结构，以提高数据访问速度和效率。

10.3.3 人工智能芯片的应用

人工智能芯片在各个领域都有广泛的应用，包括但不限于以下几个方面：

(1)图像识别和处理：人工智能芯片在图像识别和处理领域也有广泛应用，如人脸识别、智能摄像头、无人驾驶汽车等。它们能够快速处理大规模的图像数据，实现高精度的图像识别和分析。

(2)语音识别和处理：人工智能芯片在语音识别和处理领域也有广泛应用，如语音助手、智能音箱等。它们能够高效地处理语音数据，实现准确的语音识别和语音合成。

(3)自然语言处理：人工智能芯片在自然语言处理领域也发挥着重要作用，如机器翻译、智能客服等。它们能够高速处理大规模的文本数据，实现自然语言的理解和生成。

(4)智能物联网：人工智能芯片在智能物联网领域也有广泛应用，如智能家居、智能城市等。它们能够处理传感器数据、实现智能制造和自动化生产、处理个人行为数据、实现个性化服务等。

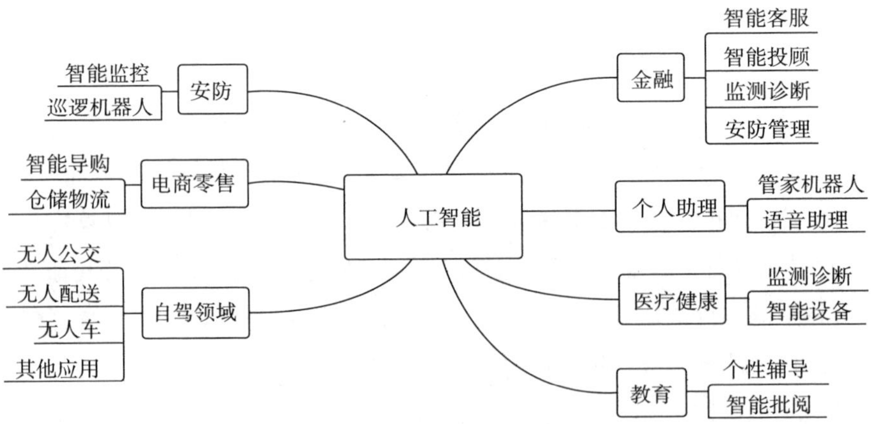

图 10-4　人工智能的多样化应用

10.3.4　人工智能芯片具有的优势

相较于传统的中央处理器和图形处理器，人工智能芯片具有以下优势：

（1）高性能：人工智能芯片采用专门的硬件加速器和并行计算架构，能够以更高的速度执行机器学习算法。这使得机器学习系统能够更快地处理大规模数据和复杂计算任务，提高系统的性能和效率。

（2）低能耗：由于人工智能芯片采用了专门的硬件加速器和优化的电路设计，能够在相同的计算任务下降低能耗。这对于移动设备和嵌入式系统等资源有限的环境尤为重要，能够延长设备的电池寿命并提高系统的能效。

（3）专用优化：人工智能芯片针对机器学习算法进行了专门的优化，能够更好地适应机器学习的计算需求。例如，采用定点计算和量化技术可以在保持较高推理精度的同时减少计算资源的使用。

（4）灵活性：人工智能芯片通常具有可编程性和可配置性，能够适应不同的机器学习任务和算法。这使得开发人员能够根据实际需求进行定制化的优化和调整，提高系统的灵活性和适应性。

人工智能芯片在机器学习系统中的应用非常广泛。它们可以用于图像识别、语音识别、自然语言处理、推荐系统、智能驾驶等各种人工智能应用。通过利用人工智能芯片的高性能和低能耗特性，机器学习系统能够更快地处理大规模数据和复杂计算任务，提高系统的性能和效率，为人工智能的发展和应用提供强有力的支持。

10.3.5　人工智能芯片在机器学习系统中的研究发展趋势

在机器学习系统中，人工智能芯片的发展趋势和未来研究方向如下：

（1）高性能计算能力：人工智能芯片的发展趋势之一是提供更高性能的计算能力。随着机器学习算法的复杂性和数据量的增加，需要更强大的计算能力来处理和分析大规模的数据。因此，人工智能芯片的未来研究方向之一是提高计算性能，包括提高并行计算能力、优化算法执行效率等。

（2）低功耗和高能效：人工智能芯片的发展趋势之一是提供更低的功耗和更高的能效。在移动设备和物联网等场景下，功耗和能效是非常重要的考虑因素。

因此,人工智能芯片的未来研究方向之一是降低功耗、提高能效,以满足不同场景的需求。

(3)硬件与软件的融合:人工智能芯片的发展趋势之一是实现硬件与软件的紧密融合。传统的人工智能芯片主要依靠硬件实现计算和处理,但随着机器学习算法的发展,软件在人工智能芯片中的作用越来越重要。因此,人工智能芯片的未来研究方向之一是实现硬件与软件的紧密融合,以提供更好的算法支持和优化。

(4)特定任务优化:人工智能芯片的发展趋势之一是针对特定的任务进行优化。不同的机器学习任务有不同的特点和需求,人工智能芯片的未来研究方向之一是为特定任务提供专门的优化。例如,针对图像识别、语音识别、自然语言处理等任务进行专门优化,以提供更高效和精确的计算能力。

(5)异构计算架构:人工智能芯片的发展趋势之一是采用异构计算架构。异构计算架构可以将不同类型的计算单元(如中央处理器、图形处理器、FPGA等)组合在一起,以适应不同的计算需求和任务特点。人工智能芯片的未来研究方向之一是设计和优化异构计算架构,以提供更灵活和高效的计算能力。

总体来说,人工智能芯片的发展趋势是提供更高性能、低功耗和高能效的计算能力,实现硬件与软件的融合,针对特定任务进行优化,采用异构计算架构等。这些趋势将推动人工智能芯片在机器学习系统中的应用和发展。

10.4 量子机器学习

量子机器学习是将量子计算和机器学习相结合,旨在利用量子计算的优势来加速和改进机器学习算法。量子机器学习的发展被认为可以在处理复杂问题、优化算法和模式识别等方面带来突破性的进展。本节将详细探讨量子机器学习的基本原理、应用和挑战。

10.4.1　量子机器学习的基本原理

10.4.1.1　量子计算基础

量子计算是一种基于量子力学原理的计算方式,与传统的经典计算不同。在经典计算中,计算以比特(bit)为基本单位,表示为 0 或 1;而在量子计算中,计算以量子比特(qubit)为基本单位,可以同时处于多个状态的叠加态。以下是量子计算的一些基础概念和原理:

(1)量子比特:量子比特是量子计算的基本单位,类似于经典计算中的比特。不同的是,量子比特可以同时处于 0 和 1 的叠加态,以及两者的任意线性组合。这种叠加态的特性使得量子计算具有更大的计算能力和并行性。

(2)量子叠加态:量子比特可以处于多个状态的叠加态。例如,一个量子比特可以同时处于 0 和 1 的叠加态,表示为$|0\rangle$和$|1\rangle$的线性组合。这种叠加态的特性使得量子计算可以同时处理多个计算路径,从而加速计算过程。

(3)量子纠缠态:量子比特之间可以发生纠缠,即它们的状态之间存在一种特殊的关联关系。当两个量子比特纠缠在一起时,它们的状态无法独立地描述,而是必须以整体的方式来描述。这种纠缠态的特性使得量子计算可以进行并行计算和量子通信。

(4)量子门操作:量子门操作是对量子比特进行的基本操作。类似于经典计算中的逻辑门(如与门、或门等),量子门操作可以改变量子比特的状态。常见的量子门操作包括 Hadamard 门、CNOT 门、Pauli 门等,它们可以用来创建叠加态、纠缠态和执行量子逻辑运算。

(5)量子测量:量子测量是对量子比特进行测量的操作。不同于经典计算中的测量,量子测量会使得量子比特的叠加态坍缩到一个确定的状态。测量结果以概率的形式给出,与量子比特的叠加态的幅度相关。

(6)量子态的表示:量子态可以用向量表示,称为态矢量。例如,一个单量子比特的态矢量可以表示为($|0\rangle$, $|1\rangle$)的线性组合。量子门操作可以用矩阵表示,称为门矩阵。量子计算中的运算可以通过矩阵乘法来实现。

(7)量子算法:量子计算具有一些经典计算无法比拟的优势,例如,量子计算在某些问题上具有指数级的加速优势。一些著名的量子算法包括 Shor 算法(用于因数分解)、Grover 算法(用于搜索)和量子模拟等。

总之,量子计算是一种基于量子力学原理的计算方式,利用量子比特的叠加态和纠缠态来进行计算。量子计算具有并行性和指数级加速等优势,可以应用于解决一些传统计算难题。量子计算的基础概念包括量子比特、量子叠加态、量子纠缠态、量子门操作、量子测量等。

10.4.1.2 机器学习基础

机器学习是人工智能的一个分支,旨在让计算机通过数据和模型自动学习和改进。以下是机器学习的一些基础概念:

(1)数据集:机器学习的训练和测试都需要数据集。数据集是由一系列数据样本组成的集合,每个样本都包含一组特征和一个标签(或目标值)。例如,在一个房价预测的问题中,每个样本的特征可以是房子的面积、卧室数量等,而标签则是房子的实际售价。

(2)特征工程:对原始数据进行处理和转换,以提取有用的特征。好的特征可以提高机器学习模型的性能。特征工程的常见操作包括数据清洗、特征选择、特征变换等。

(3)监督学习:一种机器学习任务,其中训练数据集包含了输入特征和对应的标签。通过学习这些数据,模型可以预测未知数据的标签。常见的监督学习算法包括线性回归、决策树、支持向量机等。

(4)无监督学习:一种机器学习任务,其中训练数据集只包含输入特征,没有对应的标签。无监督学习的目标是发现数据中的结构和模式。常见的无监督学习算法包括聚类、降维、关联规则挖掘等。

(5)模型评估:用来衡量机器学习模型的性能和泛化能力的过程。常见的评估指标包括准确率、精确率、召回率、F1 分数等。为了准确评估模型的性能,通常会将数据集划分为训练集和测试集,并使用交叉验证方法。

(6)过拟合和欠拟合:过拟合和欠拟合是机器学习中常见的问题。过拟合指模型在训练集上表现很好,但在测试集上表现较差,即模型过于复杂而过度拟合了训练数据。欠拟合指模型无法很好地拟合训练数据,无法捕捉到数据中的模式和结构。

(7)泛化能力:指机器学习模型对未知数据的适应能力。一个具有良好泛化能力的模型可以在未见过的数据上表现良好。

以上是机器学习的一些基础概念。机器学习还有很多其他的概念和算法,如深度学习、强化学习、集成学习等。

10.4.1.3　量子机器学习的原理

量子机器学习是将量子计算和机器学习相结合的一种新兴领域。它利用量子计算的优势,如量子叠加态和量子纠缠态,加速机器学习算法的训练和推断过程。以下是量子机器学习的一些基本原理:

(1)量子数据表示:在量子机器学习中,数据被表示为量子比特的叠加态。例如,一个 n 维的数据点可以用一个 n 量子比特的叠加态来表示。这种量子数据表示可以同时处理多个数据点,从而提高计算效率。

(2)量子特征映射:在传统的机器学习中,通常需要将原始数据映射到高维特征空间中,以便进行更好的分类或回归。在量子机器学习中,可以利用量子计算的优势,如量子叠加态和量子纠缠态,来进行更复杂的特征映射,从而提高分类或回归的性能。

(3)量子算法加速:量子计算可以在某些情况下加速机器学习算法的训练和推断过程。例如,量子计算可以利用量子并行性来加速特征选择、参数优化和模型选择等过程。此外,量子计算还可以利用量子搜索算法来加速大规模数据集的查询和匹配过程。

(4)量子机器学习算法:量子机器学习算法是专门设计用于量子计算的机器学习算法。这些算法通常利用量子计算的优势,如量子叠加态和量子纠缠态,来加速模型训练和推断过程。一些著名的量子机器学习算法有量子支持向量机、量子神经网络和量子 K – means 聚类等。

(5)量子机器学习的应用:量子机器学习可以应用于各种领域,如化学、生物学、金融等。例如,量子机器学习可以用于分子结构预测、蛋白质折叠预测、金融市场预测等。通过利用量子计算的优势,量子机器学习可以提供更准确和高效的预测和决策。

10.4.2　量子机器学习的应用

1. 量子模式识别

量子模式识别是量子机器学习的重要应用之一。通过利用量子计算的优势，可以加速和改进模式识别算法。例如，利用量子神经网络可以实现更高效的图像识别和语音识别。

2. 量子优化问题

量子优化是另一个重要的应用领域。通过利用量子计算的并行性和纠缠特性，可以加速求解优化问题。例如，量子模拟可以用于求解组合优化问题，量子遗传算法可以用于优化参数搜索。

3. 量子生成模型

量子生成模型是一种用于生成新的数据样本的模型。通过利用量子计算的并行性和纠缠特性，可以生成更多样化和高质量的数据样本。这对于数据增强和生成对抗网络等任务非常有用。

10.4.3　量子机器学习的发展趋势与挑战

量子机器学习是一个新兴的领域，目前仍处于早期阶段。以下是量子机器学习的发展趋势和挑战。

1. 发展趋势

(1)算法优化：研究者正在努力开发适用于量子计算机的机器学习算法，以充分利用量子计算机的优势。例如，量子支持向量机、量子神经网络等算法的发展。

(2)硬件进步：随着量子计算机硬件的不断进步，包括量子比特数目的增加和量子纠缠的稳定性提高，量子机器学习的性能将得到显著提升。

(3)噪声和误差纠正：量子计算机的噪声和误差是一个重要的挑战。研究者正在致力于开发噪声和误差纠正技术，以提高量子机器学习的鲁棒性和可靠性。

(4)应用拓展：随着量子计算机的发展，量子机器学习有望在更广泛的应用领域发挥作用，包括化学、材料科学、金融、优化等。

2. 未来挑战

(1)算法设计:量子机器学习算法的设计是一个重要的挑战。由于量子计算机的特殊性质,传统的机器学习算法往往无法直接应用于量子计算机。研究者需要重新设计和开发适用于量子计算机的算法。

(2)数据表示和编码:量子机器学习需要将经典数据转化为量子态进行处理。研究者需要解决如何有效地表示和编码经典数据的问题。

(3)训练数据和模型规模:量子机器学习的训练数据和模型规模受到量子计算机的限制。目前的量子计算机规模较小,无法处理大规模的数据和复杂的模型。

(4)算法的可解释性:量子机器学习算法往往比较复杂,难以解释和理解。研究者需要开发可解释的量子机器学习算法,以增加算法的可信度和可靠性。

量子机器学习是将量子计算和机器学习相结合的新兴领域,具有巨大的潜力。通过利用量子计算的并行性和纠缠特性,可以加速和改进机器学习算法。然而,量子机器学习仍然面临一些挑战,如量子比特的稳定性、量子纠错与量子错误纠正、量子机器学习算法的设计和硬件限制等。未来,随着量子计算技术的进一步发展,量子机器学习将成为机器学习领域的重要研究方向。

中国科学技术大学在量子机器学习领域取得重大突破,实现数据特征提取。中国科学技术大学的研究团队,在杜江峰、王亚和李兆凯等知名学者的带领下,近期在量子机器学习领域取得了重要进展。他们成功开发了一种新型的量子特征提取算法,并在实验中成功应用,实现了对未知量子系统矩阵的高效分析和信息提取。

这一创新技术为量子计算在数据处理和分析领域的应用开辟了新的道路。通过量子特征提取算法,研究人员能够从大量复杂数据中快速准确地提取出关键特征,为解决复杂问题提供了强大的工具。

10.5 深度学习编程框架

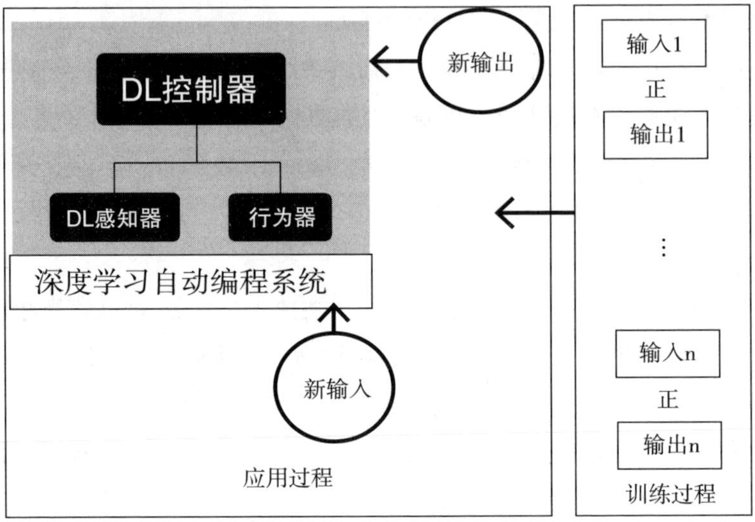

图 10－5　深度学习

10.5.1　深度学习编程框架的常见功能

深度学习编程框架是一种软件工具，用于简化和加速深度学习模型的开发和部署过程。深度学习编程框架提供了一系列的 API 和工具，使得开发人员可以更方便地构建、训练和优化深度神经网络模型。深度学习编程框架涵盖了各种功能，包括模型定义、数据处理、优化算法、分布式训练等，以帮助开发人员更高效地实现复杂的深度学习任务。深度学习编程框架提供了一系列的功能和工具，帮助开发者在构建和训练深度学习模型时更加高效和方便。下面是深度学习编程框架的一些常见功能的详细介绍：

（1）模型定义。深度学习框架提供了一种定义和构建深度学习模型的方式。他们通常包括灵活的接口和抽象，可以用来定义各种类型的神经网络结构，如卷积神经网络、循环神经网络和变换器等。开发者可以使用深度学习编程框架提供的高级接口简化模型的定义过程，并且可以方便地进行模型组合和扩展。

（2）数据处理。深度学习模型的训练通常需要大量的数据，并且这些数据需要进行预处理和转换。深度学习编程框架提供了一系列的工具和函数,用于数据的读取、预处理、增强和转换。例如,可以使用深度学习编程框架提供的数据加载器和读取器,从不同的数据源中加载和处理数据;可以使用深度学习编程框架提供的数据转换函数,对数据进行标准化、归一化、随机化等操作。

(3)优化算法。深度学习模型的训练过程是一个优化问题,需要通过反向传播算法来更新模型的参数,使模型的输出能够逼近真实标签。深度学习编程框架通常提供了一系列的优化算法实现,如随机梯度下降(SGD)、Adam 等。这些优化算法能够根据模型的损失函数和参数的梯度自动调整参数的值,使损失函数的值逐渐减小。

(4)分布式训练。在大规模的深度学习模型训练中,为了加快训练速度和提高模型的性能,常常使用分布式训练。深度学习编程框架提供了分布式训练的支持,允许在多个计算节点上同时进行模型训练,并进行参数同步和通信。这大大加快了模型的训练速度,提高了模型的性能。

(5)可视化和调试工具。深度学习编程框架通常提供了一些工具和函数,用于可视化和调试模型的训练过程。这些工具可以显示模型的结构和参数信息,绘制损失函数和准确率的曲线,以及可视化模型的中间输出结果。这些功能可以帮助开发者更好地理解和调试模型的训练过程,提高模型的性能和可理解性。

深度学习编程框架提供了一系列功能和工具,帮助开发者更加高效和方便地构建、训练和调试深度学习模型。这些功能包括模型定义、数据处理、优化算法、分布式训练、可视化和调试工具等,为开发者提供了一整套的工具链,支持深度学习的开发和研究。

10.5.2 常见的深度学习编程框架

在过去的几年中,深度学习编程框架得到了快速发展和广泛应用。以下是一些常见的深度学习编程框架:

(1)TensorFlow:由 Google 开发的开源深度学习框架,具有广泛的应用和强大的生态系统。TensorFlow 提供了高级 API(如 Keras)和低级 API,支持图形计算和动态计算两种模式,可以在各种硬件平台上运行。

(2)PyTorch:由 Facebook 开发的开源深度学习框架,具有简洁的 API 和易于使用的调试工具。PyTorch 采用动态计算图的方式，使得模型的定义和调试更加灵活和直观。

(3) Keras：一个高级的深度学习 API，可以作为 TensorFlow、Theano 或 CNTK 的前端使用。Keras 提供了简单易用的接口，使得模型的定义、训练和评估变得更加简单和快速。

(4) Caffe：一个由加州大学伯克利分校开发的深度学习框架，以速度和效率为重点。Caffe 提供了一个简单的配置文件语言，使得模型的定义和训练过程更加简洁和易于理解。

(5) MXNet：一个由亚马逊开发的开源深度学习框架，具有高性能和可扩展性。MXNet 支持多种编程语言（如 Python、R、Scala）和多种硬件平台（如中央处理器、图形处理器、FPGA），适用于各种应用场景。

这些深度学习编程框架虽在功能和设计上有所不同，但都提供了丰富的工具和库，以帮助开发人员更好地实现深度学习模型。它们支持各种常见的深度学习任务，如图像分类、目标检测、语音识别、自然语言处理等，并提供了丰富的预训练模型和优化算法，以加速模型的训练和部署过程。

10.5.3 深度学习编程框架的未来发展趋势

深度学习编程框架的发展和普及使得深度学习技术更加易于使用和应用。开发人员可以利用这些框架的强大功能和丰富资源，更快地构建和训练复杂的深度学习模型，从而推动深度学习技术在各个领域的应用和发展。深度学习作为一种强大的机器学习技术，已经在许多领域取得了显著的成果。随着深度学习的不断发展和普及，深度学习编程框架也变得越来越重要。深度学习编程框架为开发人员提供了一种方便、高效的方式来构建、训练和部署深度神经网络模型。在未来，深度学习编程框架将继续发展和演进，以满足不断增长的需求和挑战。以下是深度学习编程框架未来发展的一些趋势：

(1) 更加高效的计算：随着深度学习模型规模的不断增大，计算资源的需求也越来越高。未来的深度学习编程框架将更加注重优化计算效率，包括利用并行计算、分布式计算和硬件加速等技术来提高训练和推断的速度。

(2) 自动化和自动优化：深度学习编程框架的未来发展将更加注重自动化和

自动优化。目前,构建和优化深度学习模型的过程仍然需要很多人工干预和调整。未来的深度学习编程框架将更加智能化,能够自动选择和调整模型的结构、超参数和优化算法,以提高模型的性能和效果。

(3)跨平台和跨设备支持:深度学习编程框架的未来发展将更加注重跨平台和跨设备的支持。目前,不同的深度学习编程框架在不同的平台和设备上的支持程度不同,给开发人员带来了一定的困扰。未来的深度学习编程框架将更加注重在不同的平台和设备上提供一致的接口和功能,以方便开发人员进行跨平台和跨设备的开发和部署。

(4)更强大的模型和算法支持:深度学习编程框架的未来发展将继续注重提供更强大的模型和算法支持。随着深度学习的不断发展,新的模型和算法不断涌现,如生成对抗网络(GAN)、强化学习等。未来的深度学习编程框架将更加注重支持这些新的模型和算法,并提供相应的工具和接口来简化开发和使用过程。

(5)更加友好的开发环境和工具:深度学习编程框架的未来发展将更加注重提供友好的开发环境和工具。目前,深度学习的开发过程仍然需要一定的技术和专业知识。未来的深度学习编程框架将更加注重简化开发过程,提供更加友好和易用的接口、可视化工具和调试工具,以降低开发门槛,吸引更多的开发人员参与到深度学习的研究和应用中。

深度学习编程框架的未来发展将更加注重计算效率、自动化和自动优化、跨平台和跨设备支持、模型和算法支持,以及友好的开发环境和工具。这些发展趋势将进一步推动深度学习技术的发展和应用,为人工智能的发展提供强大的支持。

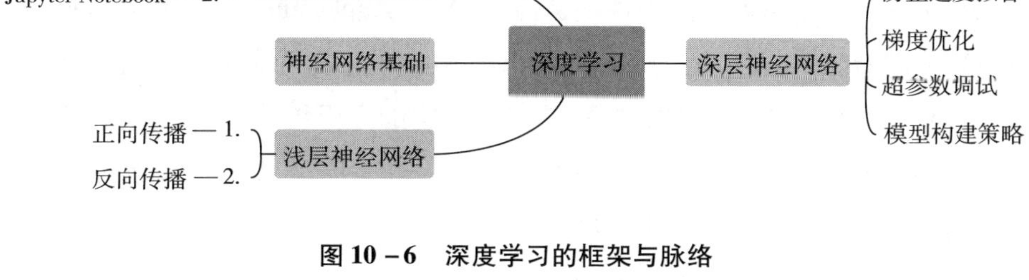

图 10－6　深度学习的框架与脉络

10.6 人工智能生态

人工智能生态是指由各种相关技术、平台、工具、数据和应用组成的一个庞大系统。它涵盖了人工智能技术的研究和开发、数据的收集和处理、算法的优化和训练,以及人工智能应用的实际应用和商业化等方面。人工智能生态系统的构建和发展需要各个环节的紧密配合和协同合作。在人工智能生态系统中,主要包括以下几个方面。

10.6.1 硬件平台

人工智能的快速发展离不开高性能的硬件平台的支持,包括中央处理器、图形处理器、FPGA 等各种硬件设备,以及云计算平台和边缘计算设备等。这些硬件平台为人工智能算法的计算需求提供了强大的计算能力和存储能力。下面将详细讲解人工智能生态系统中的硬件平台。

(1)中央处理器:中央处理器是计算机中的核心组件,负责执行程序的指令和控制计算机的操作。传统的中央处理器在人工智能应用中被广泛使用,具有通用性和灵活性的特点。然而,由于人工智能算法的计算密集性,中央处理器在处理大规模数据和复杂模型时性能相对较低。

(2)图形处理器:图形处理器最初是为了处理图像和图形计算而设计的,但由于其并行计算的能力,逐渐被应用于深度学习和人工智能领域。相比于中央处理器,图形处理器具有更高的并行计算能力和浮点运算性能,能够加速深度神经网络的训练和推断过程。

(3)专用硬件加速器(如 ASIC、FPGA):为了进一步提高人工智能的性能和效率,许多公司开始研发专用的硬件加速器。ASIC(Application - Specific Integrated Circuit)和 FPGA(Field - Programmable Gate Array)是两种常见的专用硬件加速器。ASIC 是一种定制化的集成电路,专门为特定的应用领域设计而优化,具有高性能和低功耗的特点。FPGA 是一种可编程的硬件,可以根据需要重新配置电路结构,具有灵活性和可定制性的优势。

(4)边缘计算设备:随着物联网和移动计算的快速发展,边缘计算设备(如智能手机、物联网设备等)逐渐成为人工智能应用的重要平台。边缘计算设备通常具有较低的计算和存储能力,由于其便携性和实时性的要求,其对于一些轻量级的人工智能应用(如语音识别、图像分类等)具有重要意义。

除了以上提到的硬件平台,人工智能生态系统中还涉及存储设备、网络设备和传感器等。存储设备用于存储大规模的数据集和模型参数,网络设备用于数据传输和通信,传感器用于采集环境信息。这些硬件平台的发展和创新为人工智能的应用提供了更大的空间和潜力。总而言之,人工智能生态系统中的硬件平台包括传统的中央处理器、图形处理器、专用硬件加速器(ASIC/FPGA)以及新兴的边缘计算设备等。这些硬件平台的不断创新和优化将进一步推动人工智能技术的发展和应用,为实现智能化的未来提供强大的支持。

表 10－2　各硬件平台的优缺点

技术架构	优点	缺点
图形处理器(GPU)	通过处理器,编程灵活性高。相比CPU,有更强的并行计算能力。成熟的开发环境	相对于 FPGA 和 ASIC,价格和功耗过高
现场可编程门阵列(FPGA)	半定制,可对芯片硬件层进行编程和配置。相对于 GPU 有更低的功耗	硬件编程语言难以掌握,相对于 ASIC 有一定的电子管冗余,功耗和成本有进一步压缩空间
专用集成电路(ASIC)	针对专门的任务进行定制,可实现低成本、低功耗、高性能	芯片通用性差,可编程架构设计难度高、投入大

10.6.2　数据集和数据处理

人工智能的训练和应用需要大量的数据支持。因此,数据集的收集、清洗和标注是人工智能生态系统中的重要环节。同时,数据的存储和管理也是一个关键问题,包括数据的安全性、隐私保护和数据共享等方面。人工智能生态系统中的数据集和数据处理是人工智能应用的重要组成部分。数据集是用于训练和评估人工智能模型的样本集合,数据处理则是对数据进行预处理和特征提取的过程。下面将详细讲解人工智能生态系统中的数据集和数据处理的相关内容。

10.6.2.1　数据集的重要性

数据集是人工智能模型的基础,对于模型的性能和泛化能力起着至关重要的作用。一个好的数据集应该具备以下特点：

(1)大规模：数据集应该包含足够多的样本，以覆盖不同的情况和场景，提高模型的泛化能力。

(2)多样性：数据集应该包含不同类别、不同特征的样本，以反映真实世界的多样性。

(3)高质量：数据集中的样本应该经过准确的标注和验证，确保数据的准确性和可靠性。

(4)平衡性：数据集中各类别的样本数量应该相对均衡，避免模型对某些类别的过度关注。

(5)实时性：数据集应该定期更新，以反映不断变化的现实世界。

10.6.2.2 数据集的来源

数据集的来源可以分为以下几种：

(1)人工标注：人工标注是最常见的数据集获取方式，通过人工对样本进行标注，如图像分类中对图像进行分类标签的标注。

(2)传感器采集：一些数据集是通过传感器设备采集的，如物联网设备采集的环境数据、移动设备采集的用户行为数据等。

(3)网络爬虫：网络爬虫可以从互联网上抓取大量的数据，如文本数据、图像数据等。

(4)合作伙伴数据：一些数据集是通过与合作伙伴共享数据来获取的，如医疗领域的病历数据、金融领域的交易数据等。

10.6.2.3 数据处理的步骤

数据处理是将原始数据转化为可用于训练和评估模型的数据的过程，包括以下几个步骤：

(1)数据清洗：对原始数据进行去噪、去重、填充缺失值等操作，确保数据的完整性和一致性。

(2)数据标准化：将数据转化为统一的尺度，以消除不同特征之间的量纲差异。

(3)特征选择:从原始数据中选择出最具有代表性和区分性的特征,以提高模型的性能和泛化能力。

(4)特征提取:将原始数据转化为更有意义和可解释的特征表示,通常使用统计学方法、降维算法等进行特征提取。

(5)数据划分:将数据集划分为训练集、验证集和测试集,用于模型的训练、调优和评估。

10.6.2.4　数据处理的挑战

数据处理在人工智能应用中面临一些挑战:

(1)数据质量:原始数据可能存在噪声、缺失值等问题,需要进行数据清洗和处理,以提高数据质量。

(2)数据隐私:一些数据涉及个人隐私或商业机密,需要进行数据脱敏和安全处理,保护数据的隐私性。

(3)数据量和速度:一些人工智能应用需要处理大规模的数据集和实时的数据流,对数据处理的效率和速度提出了挑战。

(4)数据偏差:数据集可能存在类别不平衡、样本偏差等问题,需要进行数据平衡和样本选择,以减少模型的偏差。

10.6.2.5　数据集和数据处理的应用

数据集和数据处理在人工智能应用中发挥着重要作用:

(1)训练模型:数据集用于训练模型,通过对大规模数据的学习,提高模型的准确性和泛化能力。

(2)评估模型:数据集用于评估模型的性能,通过对模型在测试集上的表现进行评估,了解模型的效果和局限。

(3)模型调优:数据集用于模型的调优和参数选择,通过对不同参数和模型结构的尝试,提高模型的性能。

(4)实时预测:数据集用于实时预测和决策,通过对实时数据的处理和分析,实现对未知数据的预测和判断。

人工智能生态系统中的数据集和数据处理是人工智能应用的重要组成部分。

一个好的数据集和有效的数据处理过程对于模型的性能和泛化能力起着至关重要的作用。数据集的来源多样,包括人工标注、传感器采集、网络爬虫等。数据处理包括数据清洗、数据标准化、特征选择。

10.6.3 算法和模型

人工智能算法和模型是人工智能生态系统的核心,包括传统的机器学习算法和深度学习算法等。这些算法和模型通过对数据的学习和训练拥有了从数据中提取特征、识别模式和进行预测的能力。

10.6.3.1 算法和模型在人工智能生态系统中的作用

在人工智能生态系统中,算法和模型是人工智能应用的核心组成部分,它们负责对数据进行分析、学习和推断,从而实现各种任务和功能。算法和模型的作用主要包括以下几个方面:

(1)数据分析和建模:算法和模型可以通过对数据进行分析和建模,发现数据之间的关联和规律。它们可以自动从数据中提取特征,分析数据的统计属性,并通过机器学习方法构建数学模型来描述数据。

(2)任务和功能实现:算法和模型可以通过学习和推断实现各种任务和功能。例如,图像分类算法可以根据输入的图像判断其所属的类别;语音识别模型可以将语音信号转化为文本;机器翻译模型可以将一种语言翻译成另一种语言。

(3)决策和预测:算法和模型可以基于已有的数据和知识做出决策和预测。例如,推荐系统可以根据用户的历史行为和偏好,预测用户的需求并推荐合适的内容;风险评估模型可以根据客户的信用记录和个人信息,预测客户的信用风险。

(4)优化和改进:算法和模型可以通过优化和改进,提高人工智能系统的性能和效果。例如,强化学习算法可以通过多次尝试和迭代学习最佳的决策策略,以优化特定的目标函数;迁移学习模型可以利用已有的知识和经验,提高新任务的学习速度和效果。

10.6.3.2 常见的算法和模型

在人工智能生态系统中,有许多常见的算法和模型被广泛应用于各种任务和领域。以下是其中一些常见的算法和模型:

(1)监督学习算法:监督学习算法是一种常见的机器学习算法,通过将输入和输出的对应关系映射到一个函数实现对新输入的预测。常见的监督学习算法包括线性回归、逻辑回归、支持向量机、决策树和随机森林等。

(2)无监督学习算法:无监督学习算法是一种从未标记的数据中自动学习模式和结构的算法。常见的无监督学习算法包括聚类算法、降维算法和关联规则学习算法等。

(3)深度学习模型:深度学习模型是一类模仿人脑神经网络结构的机器学习模型,具有多层的隐藏层结构。深度学习模型通过多层的非线性变换,可以对复杂的数据进行高效的特征提取和表示学习。常见的深度学习模型包括卷积神经网络、循环神经网络和生成对抗网络等。

(4)强化学习算法:强化学习算法是一种基于试错的学习方法,通过与环境的互动,通过试验和错误的方式学习最佳的行为策略。常见的强化学习算法包括 Q - learning、蒙特卡洛方法和策略梯度方法等。

(5)迁移学习模型:迁移学习模型是一种通过利用前面任务的知识和经验来改善后续任务学习的方法。迁移学习模型可以将已有的知识和经验迁移到新的任务上,从而加速新任务的学习过程和提高性能。

表 10 - 3 常见算法及其简介

AI 技术	算法类型	算法特点
机器学习(ML)	决策树	决策树是一种机器学习方法,能够将决策流程以树状结构清晰地表示出来。它通过一系列规则对数据进行分类
	随机森林	随机森林是通过构建多个决策树对样本进行训练并预测的一种分类器,其最终输出的类别是由每个决策树输出的类别的众数决定的
	支持向量机	支持向量机能够处理小数据集中的高维变量,可以用于分类和回归问题,但更多用在分类问题上

续表

AI 技术	算法类型	算法特点
机器学习(ML)	K－最近邻算法	K－最近邻算法是一种用于分类和回归的无监督学习算法,是一个理论上比较成熟的方法,也是最简单的 ML 算法之一
	朴素贝叶斯分类器	朴素贝叶斯分类器是应用最为广泛的分类算法之一,只需要少量的训练数据即可估计出一些必要的参数,能够在许多复杂的条件中取得较好的效果
深度学习(DL)	DNN	DNN 由输入层、隐藏层和输出层这 3 个部分组成,每层都包含若干个神经元,是最早应用于药物发现的 DL 算法之一
	RNN	RNN 是一类用于处理序列数据的神经网络[如时间序列数据、基因和蛋白序列数据或分子线性输入字符串(SMILES)等],具有记忆性、参数共享且图灵完备(Turing completeness)的特点,因此在对序列的非线性特征进行学习时具有一定优势
	CNN	CNN 是一种前馈神经网络,其在图像识别领域的表现优异
	AE	AE 是一种用于非监督学习的神经网络,具有非常好的提取数据特征表示的能力,典型的用途是用于数据降维;它是深层置信网络的重要组成部分,如在机器翻译等方面有着广泛的应用

10.6.3.3 算法和模型在人工智能生态系统中面临的一些挑战

(1)数据稀缺:一些任务的数据很难获取,导致训练算法和模型时数据量不足。在这种情况下,算法和模型容易出现过拟合现象,影响其泛化能力。

(2)计算资源:一些算法和模型需要大量的计算资源进行训练和推断,例如深度学习模型等,缺乏足够的计算资源可能会限制算法和模型的应用范围。

(3)解释性和可解释性:一些算法和模型的内部运行机理很难解释,导致其决策过程和结果难以被理解和信任。这在一些需要解释性和可解释性的任务和领域中是一个挑战。

(4)不确定性和鲁棒性:算法和模型的预测结果和决策可能会受到输入数据

的噪声和变动的影响,导致其结果存在一定的不确定性。如何处理不确定性和提高模型的鲁棒性也是一个挑战。

10.6.4 开发框架和工具

人工智能的开发和应用需要一系列的开发框架和工具的支持。这些框架和工具提供了高级 API 和工具,使得开发人员可以更方便地构建、训练和优化人工智能模型。常见的开发框架包括 TensorFlow、PyTorch、Keras 等。

10.6.5 应用场景和商业化

人工智能的应用涵盖了各个领域,包括图像识别、自然语言处理、智能推荐等。人工智能的商业化也是人工智能生态系统的重要组成部分,包括人工智能技术的产品化、落地应用和商业模式的探索等。人工智能在当今社会中的应用场景和商业化已经变得越来越广泛。人工智能的快速发展和不断创新,为各行各业带来了许多新的商业机会和解决方案。以下是人工智能在不同领域中的应用场景和商业化的一些例子。

1. 零售业

人工智能在零售业中有着广泛的应用。例如,通过分析大量的销售数据和消费者行为,人工智能可以帮助零售商预测需求、优化库存管理和定价策略。此外,人工智能还可以通过个性化推荐系统提供更好的购物体验,根据消费者的兴趣和偏好推荐相关的产品。

2. 金融和银行业

人工智能在金融和银行业中的应用场景非常丰富。例如,通过分析大量的金融数据和市场趋势,人工智能可以帮助金融机构进行风险评估和预测,提高投资决策的准确性和效率。此外,人工智能还可以应用于反欺诈和反洗钱等领域,帮助金融机构识别和防止欺诈行为。

3. 医疗保健

人工智能在医疗保健领域中的应用正在迅速发展。例如,人工智能可以通过分析医疗图像和病历数据,帮助医生进行疾病诊断和制定治疗方案。此外,人工智能还可以应用于药物研发、基因组学和个性化医疗等领域,为患者提供更好的医疗服务和护理。

4. 制造业

人工智能在制造业中的应用可以提高生产效率和质量。例如,人工智能可以通过分析生产数据和监控设备状态,实现智能制造和预测性维护,减少生产线的停机时间和故障率。此外,人工智能还可以应用于供应链管理和物流优化等领域,提高供应链的可视性和效率。

5. 农业

人工智能在农业领域中的应用可以提高农作物的产量和质量。例如,人工智能可以通过分析土壤和气象数据,帮助农民制定更合理的灌溉和施肥方案,提高农作物的生长效率。此外,人工智能还可以应用于农作物病虫害的预测和防控,提高农作物的抗病虫能力和减少农药的使用。

以上只是人工智能在不同领域中的一些应用场景和商业化的例子,实际上,人工智能的应用范围非常广泛,几乎涵盖了所有行业和领域。随着技术的不断发展和创新,人工智能在商业化方面的潜力将会越来越大。

人工智能生态系统的发展需要各个环节的协同合作。硬件平台的发展为人工智能算法提供了强大的计算能力和存储能力;数据的收集和处理为算法的训练和应用提供了丰富的数据资源;算法和模型的优化为人工智能的应用提供了更高的准确性和效率;开发框架和工具的发展使得人工智能的开发更加便捷和高效;应用场景和商业化的推动将人工智能技术应用到实际生产和商业活动中。

总之,人工智能生态系统是一个复杂而庞大的系统,涵盖了各个环节和方面。其发展需要各个环节的紧密配合和协同合作,以推动人工智能技术的发展和应用。

10.7 人工智能伦理与治理

随着人工智能技术的迅速发展,越来越多的领域和行业开始应用人工智能。然而,人工智能的广泛应用也带来了一系列伦理和治理问题。这些问题涉及数据隐私、算法偏见、就业、安全等方面。人工智能伦理与治理面临许多重要问题。以下是其中的一些主要问题。

10.7.1 隐私和数据保护

在人工智能伦理与治理中,隐私和数据保护问题是一个重要的议题。由于人工智能系统需要大量的数据来进行训练和学习,涉及个人隐私和数据保护的考虑。以下是人工智能伦理与治理中涉及的隐私和数据保护问题:

(1)数据收集和使用:人工智能系统需要收集和使用大量的个人数据,包括个人身份信息、行为数据等。确保数据的合法性、透明性和目的限制是重要的,以避免滥用和不当使用个人数据。

(2)数据安全和保护:人工智能系统需要存储和处理大量的数据,因此确保数据的安全和保护是至关重要的。这包括采取适当的技术和组织措施来保护数据的机密性、完整性和可用性,以及防止未经授权的访问和数据泄露。

(3)数据共享和合作:在人工智能的发展和应用中,数据共享和合作是非常重要的。因此,确保在数据共享和合作的过程中保护个人隐私和数据安全也是一个挑战。需要制定相关的法律和规定来规范数据共享和合作的流程,并确保数据的匿名化和去标识化。

(4)个人权利和自主权:在人工智能系统的使用中,个人应该拥有对其个人数据的控制权和自主权,包括知情权、访问权、修改权和删除权等。对个人数据和个人权利的保护是重要的伦理和法律问题。

(5)跨境数据流动:随着人工智能的全球化发展,跨境数据流动成为一个重要的议题,在跨境数据流动中,需要考虑不同国家和地区的数据保护法律和规定,以确保个人数据在跨境传输过程中得到适当的保护。

总之,隐私和数据保护问题在人工智能伦理与治理中是一个重要的议题,需要政府、企业和学术界等各方共同努力,制定相关的法律和规定,确保个人隐私和数据的合法及安全使用,以促进人工智能的可持续发展和社会接受。

10.7.2 公平和歧视

在人工智能伦理与治理中,公平和歧视问题是一个重要的议题。由于人工智能系统的决策和行为是基于数据和算法的,存在潜在的公平性和歧视性的问题。以下是在人工智能伦理与治理中涉及的公平和歧视问题:

(1)数据偏见:人工智能系统的训练数据可能存在偏见,这可能导致系统对某些群体或个体做出不公平的决策。例如,如果训练数据中存在性别或种族的偏见,那么系统可能会对某些性别或种族的人做出不公平的判断。

(2)算法偏见:人工智能系统的算法设计和调优也可能存在偏见。例如,某些算法可能更倾向于给予某些群体或个体更高的信用评分,而对其他群体或个体的评分较低。

(3)自我强化偏见:人工智能系统的自我学习能力可能导致偏见的自我强化。如果系统在决策过程中受到偏见的反馈,它可能会进一步强化这种偏见,从而导致不公平的结果。

(4)透明度和解释性:人工智能系统的决策过程通常是复杂和"黑盒子"的,难以解释其决策的依据和原因,给公平性和歧视问题的监督和纠正带来了挑战。因此,确保人工智能系统的透明度和解释性是重要的。

(5)反歧视法律和规定:在人工智能的应用中,需要遵守反歧视法律和规定。包括禁止基于性别、种族、宗教、年龄等因素进行歧视性决策,以及确保公平和平等的机会。

公平和歧视问题在人工智能伦理与治理中是一个重要的议题,需要政府、企业和学术界等各方共同努力,制定相关的法律和规定,确保人工智能系统的决策和行为不受偏见和歧视的影响,以促进公平和平等的社会发展。

10.7.3 透明度和解释性

在人工智能伦理与治理中,透明度和解释性问题是一个重要的议题。由于人工智能系统的决策过程通常是复杂的,很难解释其决策的依据和原因,给监督和纠正带来了挑战。以下是在人工智能伦理与治理中涉及的透明度和解释性问题:

(1)"黑盒子"问题:许多人工智能系统的决策过程是"黑盒子"的,即难以理解和解释。这是因为人工智能系统通常使用复杂的算法和模型,其决策过程可能涉及大量的数据和计算,而这使得难以追踪和解释系统的决策依据和原因。

(2)可解释性需求:在某些情况下,对人工智能系统的决策过程有可解释性的要求。例如,在医疗诊断或法律判决等领域,需要能够解释系统为什么做出了某个决策,以便人们能够接受和信任系统的决策。

(3)透明度和可追溯性:人工智能系统的透明度和可追溯性是确保其决策过程可信和可审计的重要因素。这包括记录和跟踪系统的决策过程,以及提供决策的依据和原因。

(4)解释性技术和方法:为了提高人工智能系统的解释性,需要研究和开发相应的技术和方法。例如,可以使用可解释的机器学习算法,或者开发解释性的模型和规则来解释系统的决策。

(5)法律和规定:政府和监管机构可以制定相关的法律和规定,要求人工智能系统具有一定的透明度和解释性。这包括要求系统提供决策的解释,或者要求系统满足一定的可解释性要求。

透明度和解释性问题在人工智能伦理与治理中是一个重要的议题,需要政府、企业和学术界等各方共同努力,研究和解决人工智能系统的透明度和解释性问题,以确保其决策过程可信、可审计和可接受。

10.7.4　责任和法律问题

人工智能伦理与治理中涉及的责任和法律问题是非常重要的,因为人工智能的发展和应用涉及许多伦理和法律方面的考虑。人工智能伦理与治理中的责任和法律问题是多方面的,需要政府、企业和学术界等各方共同努力来制定相关的法律和规定,以确保人工智能的发展和应用符合伦理原则和社会价值。

1. 责任问题

人工智能系统的使用可能导致一些意外的后果或伤害。因此,确定人工智能系统的责任和追究责任是至关重要的。这涉及制定相关的法律和规定,明确人工智能系统的责任主体是开发者、运营者还是使用者。

2. 隐私和数据保护

人工智能系统需要大量的数据来进行训练和学习,可能涉及个人隐私和数据保护的问题。确保人工智能系统的数据使用符合隐私保护法律和规定,以及确保数据安全和防止滥用是重要的责任和法律问题。

3. 偏见和歧视

人工智能系统的训练数据和算法可能存在偏见和歧视的问题。例如,如果训练数据中存在性别、种族或其他歧视性因素,那么人工智能系统可能会产生有偏见的决策或行为。因此,确保人工智能系统的公正性和避免歧视是一个重要的责任和法律问题。

4. 透明度和可解释性

人工智能系统的决策和行为通常是由复杂的算法和模型驱动的,这可能导致其决策过程的不透明和难以解释。为了确保人工智能系统的可信度和公正性,需要制定相关的法律和规定,要求人工智能系统能够提供解释其决策和行为的机制。

5. 知识产权和专利

人工智能技术的发展涉及知识产权和专利的问题。确保人工智能技术的创新受到适当的知识产权保护并促进技术的共享和合作是一个重要的法律和治理问题。

10.7.5 社会影响和失业

人工智能的广泛应用可能对社会造成重大影响,其中一个主要问题是失业。人工智能技术的发展和应用可能导致许多工作岗位被自动化取代,从而造成大规模的失业。

人工智能系统能够自动完成许多重复性、烦琐或低技能的工作,这意味着许多人可能会失去他们的工作机会。例如,自动化生产线和机器人可能会取代一些工人,智能客服系统可能会替代一些客服人员。此外,一些专业领域,如医疗诊断和法律研究等,也可能受到人工智能技术的冲击。

失业问题可能导致社会不稳定和不平等的加剧。失去工作的人可能面临经济困境和心理压力,而且重新就业可能需要重新培训和学习新的技能。这可能会导致社会的不平等加剧,因为那些没有机会接受再培训和学习的人可能更难找到新的工作。为了应对这个问题,政府和企业需要采取一系列的措施。首先,政府和企业应该投资培训和教育,以帮助人们适应人工智能时代的工作需求。例如提供技能培训、职业转型计划和再培训机会。其次,政府可以考虑实施一些社会保障措施,例如提供失业救济和社会福利,以减轻失业带来的经济压力。此外,需要加强社会对人工智能的认知和理解,以便公众能够更好地适应和参与人工智能的发展。这可能包括加强公众教育、提高人工智能的透明度和解释性,以及促进公众参与和讨论。

总之,社会影响和失业问题是人工智能伦理与治理中的重要议题。解决这个问题需要政府、企业和社会各方的共同努力,以确保人工智能的发展符合社会公平和可持续发展的原则。

10.7.6 安全和军事应用

人工智能的发展也带来了安全和军事领域的挑战,包括自动化武器系统和军事决策支持系统等。如何确保人工智能的安全性和防止其滥用,以及如何制定相关的国际法律和规范,是一个重要的伦理和治理问题。在人工智能伦理与治理中,安全问题是一个重要的方面。随着人工智能的发展,安全问题变得更加复杂和严峻。以下是一些与人工智能伦理与治理相关的安全问题:

1. 数据隐私和安全

人工智能系统需要大量的数据来进行训练和学习,这些数据可能包含个人敏感信息。因此,保护数据的隐私和安全是至关重要的。企业和机构应当采取措施确保数据的安全存储、传输和处理,遵守相关的隐私法规和标准。

2. 恶意攻击和滥用

人工智能系统可能成为恶意攻击的目标,被用于进行网络攻击、欺诈和其他非法活动。为了防止这种情况的发生,企业和机构应当加强系统的安全性,包括防火墙、加密技术和入侵检测系统等。

3. 伦理决策的安全性

人工智能系统在做出决策时可能受到攻击或被操纵,导致不公平或有害的结果。为了确保决策的安全性和公正性,企业和机构应当采取措施防止系统被攻击或被滥用,例如使用多重验证和审计机制。

4. 自主系统的安全性

自主系统是指能够自主学习和决策的人工智能系统。这些系统可能会出现意外行为或不可预测的决策,可能对人类和环境带来风险。为了确保自主系统的安全性,企业和机构应当对其进行严格的测试和验证,并建立监督和控制机制。

5. 军事应用的安全性

人工智能在军事领域的应用可能带来严重的安全风险,包括自动化武器系统和战略决策支持系统等。为了确保军事应用的安全性,国际社会应当制定相关的法律和规范，限制和监管军事应用的发展和使用。

人工智能伦理与治理中的安全问题是一个复杂且重要的议题。政府、企业和国际组织等社会各界应当共同努力，制定相关的政策和采取有效措施，确保人工智能的安全和可持续发展。

10.8 本章小结

本章展望了人工智能的未来发展和趋势，详细介绍了类脑计算、非冯·诺依曼结构人工智能芯片与机器学习系统、量子机器学习、深度学习编程框架、人工智能生态等具有巨大发展潜力的人工智能发展方向，对各方向的定义、发展、分类、应用、特点及优势、问题及挑战等关键性问题做出了详尽的阐释，便于读者纵览人工智能发展全局，精准了解人工智能各方面的术语。同时，就“人工智能伦理与治理”课题展开专题介绍，直击人工智能发展所面临的国际问题，引导读者全面、客观地看待人工智能，培养读者理性对待人工智能未来发展和趋势的能力。

习 题

1. 类脑计算的定义是什么？

2. 简述三种非冯·诺依曼结构的定义、特点及其应用领域。

3. 人工智能芯片的优势有哪些？

4. 简述下列术语：量子叠加态、量子纠缠态、量子态的表示、监督学习、无监督学习、过拟合和欠拟合。

5. 简述图形处理器（GPU）、现场可编程门阵列（FPGA）、专用集成电路（ASIC）的优缺点。

6. 人工智能发展过程中存在哪些伦理与治理问题？

参考文献

[1][美]Stuart J. Russell, Peter Norvig:《人工智能:一种现代的方法》(第3版),殷建平等译,清华大学出版社2013年版。

[2][加]David L. Poole, Alan K. Mackworth:《人工智能计算Agent基础》,董红斌等译,机械工业出版社2015年版。

[3][美]George F. Luger:《人工智能复杂问题求解的结构和策略》,郭茂祖等译,机械工业出版社2010年版。

[4][澳]Michael Negnevitsky:《人工智能:智能系统指南》,陈薇等译,机械工业出版社2012年版。

[5]王万良编著:《人工智能及其应用》,高等教育出版社2016年版。

[6]Tom Taulli, *Artificial Intelligence Basics*, Apress, 2019.

[7]Deepak Khemani, *A First Course in Artificial Intelligence*, McGraw Hill Education, 2013.

[8]王万良编著:《人工智能导论》(第4版),高等教育出版社2017年版。

[9]诸葛建伟、王大为等:《基于D-S证据理论的网络异常检测方法》,载《软件学报》2006年第3期。

[10]孙军、刘莹昕:《基于D-S理论的B2C电子商务推荐信任模型研究》,载《电子商务》2013年第5期。

[11]郑丽莎、尹东亮、王旋:《基于改进D-S证据理论的相控阵雷达作战效能评估》,载《系统工程与电子技术》网络首发论文2023年10月25日,https://link.cnki.net/urlid/11.2422.TN.20231025.1356.017。

[12]姚海鹏、王露瑶、刘韵洁:《大数据与人工智能导论》,人民邮电出版社2017年版。

[13] Lotfi A. Zadeh & Rafi A. Aliev, *Fuzzy Logic Theory And Applications: Part I And Part Ii*, World Scientific Publishing Company, 2018.

[14] 包子阳、余继周、杨杉编著:《智能优化算法及其 MATLAB 实例》,电子工业出版社 2021 年版。

[15] 葛显龙、王伟鑫、李顺勇编著:《智能算法及应用》,西南交通大学出版社 2017 年版。

[16] 高飞编著:《MATLAB 智能算法超级学习手册》,人民邮电出版社 2014 年版。

[17] Lecun Y. & Bottou L., *Gradient – based learning applied to document recognition*, Proceedings of the IEEE, 86(11):2278 – 2324(1998).

[18] Krizhevsky A. & Sutskever I. & Hinton G. E., *Imagenet classification with deep convolutional neural networks*, Advances in neural information processing systems, 2012:1097 – 1105.

[19] Cho K. & Van Merrienboer B. & Gulcehre C. et al., *Learning Phrase Representations using RNN Encoder – Decoder for Statistical Machine Translation*, Computer Science, DOI:10.3115/v1/D14 – 1179(2014).

[20] Girshick R. & Donahue J. et al., *Rich Feature Hierarchies for Accurate Object Detection and Semantic Segmentation*, IEEE Computer Society, CVPR, 2014. 81 (2014).

[21] Ren S. & He K. & Girshick R. et al., *Faster R – CNN: Towards Real – Time Object Detection with Region Proposal Networks*, IEEE Transactions on Pattern Analysis & Machine Intelligence, 39(6):1137 – 1149(2017).

[22] Redmon & Joseph et al., *You only look once: Unified, real – time object detection*, Proceedings of the IEEE conference on computer vision and pattern recognition, 2016.

[23] Redmon J. & Farhadi A., *YOLOv3: An Incremental Improvement*, arXiv e – prints, arXiv. 1804. 02767(2018).

[24] Badue & Claudine Santos et al., *Self – Driving Cars: A Survey*, arXiv e – prints, arXiv. 1901. 04407(2019).

［25］E. Yurtsever & J. Lambert & A. Carballo and K. Takeda, *A Survey of Autonomous Driving: Common Practices and Emerging Technologies*, IEEE Access, ACCESS. 2020. 2983149(2020).

［26］Vaswani A. & Shazeer N. & Parmar N. et al. , *Attention Is All You Need*, arXiv, arXiv. 1706. 03762(2017).

［27］Hu J. & Shen L. & Sun G. , *Squeeze – and – Excitation Networks*, 2018 IEEE/CVF Conference on Computer Vision and Pattern Recognition (CVPR). IEEE, CVPR. 2018. 00745(2018).

［28］Brown T. B. & Mann B. & Ryder N. et al. , *Language Models are Few – Shot Learners*, arXiv. 2005. 14165(2020).

［29］Ahmed A. & Aly M. & Gonzalez J. et al. , *Scalable inference in latent variable models*, Acm International Conference on Web Search & Data Mining. ACM (2012).

［30］Lecun Y. & Bengio Y. & Hinton G. , *Deep learning*, Nature, 521(7553): 436(2015).

［31］周飞燕、金林鹏、董军:《卷积神经网络研究综述》,载《计算机学报》2017年第6期。

［32］杨丽、吴雨茜、王俊丽等:《循环神经网络研究综述》,载《计算机应用》2018年第S2期。

［33］谢富、朱定局:《深度学习目标检测方法综述》,载《计算机系统应用》2022年第2期。

［34］张馨泽、赵晟焯、林艳:《大数据背景下的智慧警务建设及应用》,载《中国人民公安大学学报(自然科学版)》2022年第2期。

［35］高鲁嘉:《人工智能时代我国司法智慧化的机遇、挑战及发展路径》,载《山东大学学报(哲学社会科学版)》2019年第3期。

［36］赵京胜、宋梦雪、高祥等:《自然语言处理中的文本表示研究》,载《软件学报》2022年第1期。